躬耕

智汇十年，从平凡走向新优质

查建生 著

上海教育出版社
SHANGHAI EDUCATIONAL
PUBLISHING HOUSE

实实在在做教育(他序)

十年,我见证了上海市七宝实验中学的成长,见证了一所曾经薄弱的普通公立初中,通过实实在在做教育,终于成长为一所优质学校的全过程。

上海市七宝实验中学的前身是上海市市西实验中学,创建于 1997 年,地处上海市闵行区七宝镇。它最初属于静安区,是一所由老城区拆迁至安置地带的公建配套学校。由于师资、生源等客观原因,该校前十几年的发展极为坎坷,至 2009 年前后,教育质量滑至谷底,办学陷入困境。这时,七宝镇人民政府与闵行区教育局策划,市西实验中学由七宝中学托管三年,学校遂更名为七宝实验中学,同时加盟七宝中学教育集团,成为七宝中学教育集团核心学校之一。

以我的观察,七宝实验中学由弱转强经历了三个过程:托管阶段、后托管阶段、自主发展阶段。

托管阶段(2009—2012)。一所学校拿什么托管另一所学校?不是物质,不是权力的泛化延伸,而是以一种活跃的积极文化去影响另一种固化的消极文化。这一点,首先是当时七宝中学领导集体和七宝实验中学领导集体的共识。七宝中学“润物无声”,七宝实验中学“心领神会”。在阅读中提升,理解七宝中学教育体系,读古今贤人的思想,浸润七宝中学文化,建立身份上的认同感;在实践中迁移,七宝实验中学所主张的人文管理、“活力课堂”,推出的系列文化节日等,均从七宝中学及其旗下的文来中学(初中部)成熟的经验体系中脱胎而来,由于是因地制宜的“嫁接”,便克服了水土不服的干扰,恰到好处地润泽了七宝实验中学的教育。提及影响,最关键、最终极的是对于教师精神境界的影响。托管三年,七宝中学及其旗下的文来中学(初中部)教师的敬业精神、奉献精神、爱生意识,已经在七宝实验中学开枝散叶、飘香落果。

后托管阶段(2012—2013)。记得在 2012 年七宝中学教育集团的暑期集团校长论坛上,七宝实验中学查建生校长这么说:“哺乳期虽然结束,但是喂食期不可缺少。”意思是刚刚经过托管期走出办学低谷的七宝实验中学,还需要得到七宝中学的特别关怀。这一阶段的确很重要。七宝实验中学在集团引领下,历时一年,梳理出版了“名校托管机制下普通公立初中内生式发展研究系列丛书”。

丛书分三册——《同心圆的内聚与张力》《课堂的生态与活力》《人格的化育与养成》，共计150万字，由上海交通大学出版社出版。此套丛书的重大价值在于注重"内生式"，托管三年，重点不在于学了多少东西，而在于"内生"了多少东西，好的教育犹如播种，"内生"的这些东西就是有经验的老农精选的优良种子。在这一点上，七宝实验中学可谓独具慧眼。经过这一时段，学校不仅仅从被托管的模式中平稳过渡出来，巩固了托管成果，更重要的是，辨析出自己增长了什么，要坚持什么，要继续发展什么，沿着什么样的道路走向远方。这一时期，七宝实验中学提出了创建"诗韵校园"的设想，并且付诸实践。

自主发展阶段(2013年至今)。从2013年起，七宝实验中学就开始行驶在普通教育的高速路上。我和七宝实验中学领导集体再三权衡，决定以"创建新优质学校"作为学校继续发展的抓手。其间，学校继续坚持浸润人文关怀的"同心圆"管理，创建以学生自主发展为愿景的"活力课堂"，培养以促进学生全面发展为目标的校园节日系列文化，而且善于坚持、善于扬弃、善于吸收，驱动着学校教育一步一步走向优质。学校最具有教育价值的探索，在于2013年开始的"六维教育"，它力图把教育删繁就简，力图避开教育与教学偏离的误区，促进全面教育、全面发展，让教育回归育人本位。2016年教育部明确提出"六维教育"的六大核心素养，七宝实验中学其实已经先行实践了三年。2020年1月11日，《中国教育报》以整版篇幅报道了七宝实验中学的"六维教育"实践。七宝实验中学已经在2016年升格成为闵行区新优质项目基地校，旗下有五所成员校被命名为"七宝实验中学新优质基地"。其做法与经验正向周边乃至全国更多地区传扬。

我见证的七宝实验中学教育，是实实在在地做教育。不挑生源，不分"重点班""快慢班"，不人为制造教育"亮点"，十年行舟，由弱而强。据此，查建生校长写就《躬耕》，忠实记录了一所学校的实践。我以为，的确可以供教育人阅读、思考、借鉴。是为序。

仇忠海

(仇忠海，特级教师，特级校长，中学正高级教师，上海市教育功臣，全国五一劳动奖章获得者，原任七宝中学校长、七宝中学教育集团理事长)

廿载杏坛千古事　一朝鼓瑟半池歌(自序)

——廿载校庆陈一所普通初中的教育精神

“荷叶罗裙一色裁，芙蓉向脸两边开。乱入池中看不见，闻歌始觉有人来。”平静质朴的七宝实验中学，今天彩云流连，旗幡招展，展示出舞象之年的青春魅力。欢迎您莅临，欢迎您回家！感谢你们，感恩你们！

胸中有猛虎，细细嗅蔷薇。我校诞生于1997年，当时是静安新城区公建配套学校，最初归属于静安区，校名是上海市市西中学静安新城分校；2002年归属闵行区，更名为上海市市西实验中学；2009年8月至2012年7月由七宝中学托管三年，更名为上海市七宝实验中学，成为七宝中学教育集团核心成员学校。20年不到，一所普通公立初中三易其名，起伏跌宕却又执着前行。正值弱冠之年的学校，不事张扬的校史，折射出一所普通公立学校的教育精神。

“新年都未有芳华，二月初惊现新芽。”教育的精神就是生长的精神，随机播种，不择沃土，不辞贫瘠，普泽万物，正是一所普通公立学校所不可或缺的生长精神。往事如烟，却不失悲壮与坚韧。在建的学校道路十分泥泞，但是，拦不住最初18位拓荒者勇敢创业的脚步。在城市文化的薄弱地带跋涉前行，师资力量薄弱，学生生源欠缺，办学条件简陋……伦文强校长带领着最初的教职工，像是一锹一镐地刨平这个操场一样办教育，像不要国家一分钱投资，引进资源“凭空”建起明志楼一样办教育……2002年，春风再拂静安新城，市西实验中学实现属地化管理。有了闵行区教育局、七宝镇人民政府的直接关怀，学校迅速成长，成为上海市文明单位，闵行区革命传统教育特色学校，首任校长伦文强先生荣膺“最可爱的闵行人”称号！

“逆风上水万斛重，前驿迢迢后淼淼。”恰如生命的历程有跌宕起伏，学校的发展也有波谲云诡。然而，这正可以历练一所学校的教育精神，这精神，就是学会在逆境中看到希望，克服困难，勇敢正直，继续生长的精神。2007年，闵行区教育资源布局调整，本校高中部撤离，师资队伍残缺却臃肿，学校高速发展十年所沉淀的矛盾激化……张金波先生临危受命，担任校长。在这期间，张校长率领大家卓有成效地做了两件大事，一是内部精密调整，外部高调引援，使千疮百孔的师资队伍呈现出表面的齐全，其间引进了若干位优秀老师，他们既是教师队伍的火种，也是一所学校的火种，有历史性意义；二是先行一步，进行教学改革，深入研究“杜郎口教学”，这对于今天具有七宝实验中学特色的“活力课堂”，是具有前瞻性意义的奠基！两年多卓有成效的调整，足以彪炳史册。

“百尺游丝争绕树，一群娇鸟共啼花。”七宝实验中学的历史将铭刻在2009年的8月！在闵行区教育局、七宝镇人民政府的全力运作下，学校经七宝中学托管三年，成为七宝中学教育集团核心成员学校。七宝实中抓住这一历史机遇，迸发出如饥似渴的学习精神，这是教育尤其必须具备的精神，是办好一所普通学校不怨天、不尤人，看准方向，自立自强，务实求新，热爱生活，追求卓越的精神。

呼唤读书风。“我有迷魂招不得，雄鸡一唱天下白！”读七宝中学系列教育著作，跟上教育的时代步伐，融入七中教育文化；读《不抱怨的世界》《姥姥语录》，去戾气，识人生，找准平凡人的幸福落点；读《做最好的自己》，让职业意识回归生命范畴；读《孔子如来》，从先贤身上寻找生活的答案；读王阳明心学，净化心灵，提高生命境界……

成就研讨热。“草木知春不久归，百般红紫斗芳菲。”研讨建设“同心圆”，找准自己在学校发展中的位置；研讨“人人都是德育工作者”，让教育的责任在一所曾处于低谷中的学校落地生根；研讨“吹开幸福的花儿：关爱学困生的教育教学艺术”，托住教育的底部，形成教育的良好生态……

潜心学技艺。“静候门前深雪立，不忧户外冷风吹。”请来文来初中教师，也派出教师到文来。组与组结对，个与个结对。教者用心，王垚、施秀琴、陈蔚、向红艳、倪洪武、沈祎等老师，驻守我校，全心投入，传承正道；学者虔诚，戴丽娜、陆静、孔斐、李晓芳、马玉萌、王晓珏等，深入文来中学（初中部），全心求教，取得真经……

“墙头雨细垂纤草，水面风回聚落花。”教育的精神是创造的精神。我校十年磨一剑，潜心打造深受师生欢迎的“活力课堂”，它基于提高教学有效性的目的，努力实现让教学回归育人本位。实施“六维教育”，删繁就简，让优秀成为习惯，习惯化育人格，人格主导人生。践行七宝公益，落实爱的教育，格物致知，去恶存善，让教育守护生命的成长。追梦“诗韵校园”，端正积极乐观的态度，历练锐意进取的精神，体验不拘一格的创造，追求领先标异的唯美，塑造外端内实的气度；主张个性张扬，唤醒生命自觉，借助诗神缪斯的魅力，企图以每一个生命为蓝本，创造一个远方的我，用来呼唤现实的我……

“旧时王谢堂前燕，飞入寻常百姓家。”七宝实验中学中兴的九年，是能够给历史添彩，对未来启迪的九年。我们是上海市安全文明校园，“上海市中学生行为规范示范学校”的荣誉失而复得；我们被誉为“闵行区老百姓家门口的好学校”，2016年，荣膺“闵行区新优质基地学校”称号。

“荷尽已无擎雨盖，菊残犹有傲霜枝。一年好景君须记，最是橙黄橘绿时。”建校20年，学校从市西实验中学时代到七宝实验中学时代，历史虽不长，却也是饱经风霜，摇摇摆摆地走着一条尽管曲折却不失优美的曲线。在这里，我们收获了不择沃土、不辞贫瘠、自由生长的精神；在这里，我们收获了不惧挫折、不惧压力、勇于生长的精神；在这里，我们收获了热爱生活、追求卓越、励志求学的精神；在这里，我们收获了励精图治、与时俱进、乐于创造的精神。学校是文化之源，办学校就是传递文化和弘扬文化，文化的灵魂就是一所学校的精神。因为精神之水长流，所以，这里是生命的故乡，这里有挽留得住的青春！

廿载杏坛千古事，一朝鼓瑟半池歌。让我们用校庆、用欢乐的形式，留住我们青春的记忆，留住一所学校的记忆，朝向光明的未来。

祝福七宝实中之花常开常新，代代流芳！

查建生

（七宝实验中学20年校庆校长致辞　2017年10月28日）

目　录 CONTENTS

第一章

CHAPTER 01

孩子，梦想的方向是天空

同学们,你们所身处的不仅仅是史上最丰富的世界,而且还是色彩缤纷、最具诱惑力的世界,这些诱惑一不留神就可能让你们产生欲望。但是,孩子,欲望只是梦想的前身,不是所有的欲望都能够被允许升格成为梦想,因为梦想的方向只能是天空!梦想不会像毒品一样让人毁灭自己,也不会像沉迷网络游戏一样让人迷失自己,而是让人善待自己,善待他人,让今天的生命充实、快乐,而且能够赐予自己一个阳光灿烂的明天。

开学第一课是校长开学典礼上的致辞。校长要依据学校发展状况,于林林总总的发展需要中,遴选出最重要的、最必需的、最贴近实际的主题。这是学校一学期的核心工作。校长在开学典礼上宣讲后,各部门依据开学主题制订学期工作计划。每个学年的两个主题关系紧密,学年与学年之间的教育主题环环相扣,以此推动学校发展。

美好的思想也要用美好的形式承载。因此,我们主动回避一般公文形式,而采用学生、老师、学生家长喜闻乐见的演讲形式,意图用语言的魅力唤醒沉睡的灵魂。

阅读本章,你可以发现七宝实中十年教育思想发展的轨迹以及教育行动轨迹,体会到教育应是一个不急不躁、循序渐进的过程。

做一名合格的七中人

——2009学年第一学期开学致辞

新学期伊始，百废待兴，就像这初秋的阳光、初秋的风，温馨和谐，沁人心脾！这是一个收获的季节，在这个秋天，我们有幸和沪上名校——七宝中学携手同行，我们的学校加入了七宝中学教育集团并更名为上海市七宝实验中学；我们脸上增添了属于七宝中学的光荣和骄傲——因为，我们成了新的“七中人”！我们成了国内知名教育家仇忠海老师麾下的一兵一卒。老师们、同学们，作为一校之长，我在为您庆幸、为您祝福的同时，也给您提出几点希望：

首先，作为新的七中人，我们应该具备强烈的生命意识。许多事情可以重来，只有生命对于每一个人只有一次。感谢我们的父母，把我们带到这缤纷的世界，让我们有机会观赏美丽的三月开花，让我们有机会品尝幸福的九月落果。感谢我们的老师，和我们一起同行在花季岁月，弹响人生最动人的乐章。做一名合格的七中人，怀着感恩上路，活出生命的尊严！

其次，作为新的七中人，我们应该具备强烈的学习意识。七中的学生是未来社会的栋梁，只有锐意进取，顽强学习，才能成就顽强的意志品质，才能成就新时代的合作精神，才能获得感恩父母亲人、感恩国家民族的知识和能力，才能在茫茫人海中驾驭自己生命的扁舟，乘风破浪驶向更加光辉灿烂的未来。做一名合格的七中人，拥有刻苦学习的健康心理，活出生命的精彩！

再次，作为新的七中人，我们应该具备广博的胸怀。每一片云朵都是上苍赐予我们的风景，每一次挫折都是生活对于我们的锤炼。开在我们行进路边的一株小花，也能让我们感受生命的芬芳；走在我们身边的每一个行人，都能慰藉我们孤独跋涉人生的寂寞。没有花开的世界是苍白的，没有旅伴的人生是悲惨的。我们共享一个世界，共享一所校园，我们有足够的理由，让自己的胸怀广博起来，对别人好一点就是对自己好一点。做一名合格的七中人，沐浴着煦暖的阳光上路，活出生命的高洁！

最后，恭祝老师和同学们身体健康，工作顺利，学业有成，全面发展，无愧于“七中人”这一无上光荣的称号！

热爱生活，追求卓越，做一名优秀的实中人

——2009学年第二学期开学致辞

新的学期伴随着这明媚的春光悄然来临。当我们真切地感受到阳光温暖的时候，当我们真切感受到鲜花芬芳的时候，当我们把温情的问候送给身边每一位朋友的时候，我们心中只有一个信念，那就是感恩生活，热爱生活。

热爱生活，热爱赐予我们生命的父母！

热爱生活，热爱无怨无悔伴我们跋涉人生的师长！

热爱生活，热爱在我们得意时赠予我们一声喝彩、在我们跌倒时给我们一次搀扶的朋友！

热爱生活，用心去体验生活中的每一次感动！

热爱生活，朝着爱我们的人期待的方向发展！

热爱生活，凝聚自我全部的力量去歌唱生活，去追求卓越！

也许我们还不够卓越，也许我们还很平庸——但是，请记住：所有的卓越都是从平庸开始，就像万里征途总是从零点起步！

也许追求卓越的过程很漫长、很艰辛，甚至远在天涯——但是，请记住：生命的精彩就在于有无尽的追求！

在我们居住的这个地球上，没有比人更高的山，没有比脚更长的路！

只要用心去走，万仞高峰可以踩在脚下，万里征程可以回眸笑看！

我们很微小，但是我们可以拥有别样的生命；

我们很平凡，但是我们可以在平凡中寻觅到崇高！

我们七宝实验中学的昨天和今天都很平凡，然而，我们可以齐心协力——乘世博东风，建和谐校园，为七宝教育增光添彩！

自主发展,绽放青春之美

——2010学年第一学期开学致辞

结束了丰富多彩的暑假生活,我们又开始了新的学习。借此机会我代表学校,向如期归来的同学和老师们表示诚挚的问候,向2010级初中预备班的新同学表示热烈的欢迎!

同学们、老师们,走进金色的九月,走进新的学期,不论是对教师还是对每一位同学都将意味着一段新的生命历程的开始。在这新的生命历程中,让我们奋斗同行,快乐同行。

各位老师、同学们,加入七宝教育集团,走进"七中"文化的精神世界,使得我校文化建设蓬勃发展,教育事业蒸蒸日上,社会声誉日益高涨。然而,在学校发展的路上,我们面对的困难还很多,教育的任务还很艰巨。我们要发扬奥运精神,树立"脚踏实地,仰望天空"的风尚,锐意进取、勇于创新,谋求新的进步和发展!

同学们,"学校教育要为学生的一生发展奠基",这是七宝中学的教育理念,是教育者的职业使命。学校教育是同学们一生发展最重要的准备阶段,而初中四年的成长,是同学们一生之中教育的关键。同学们,小草要自己发芽,鲜花要自己开放,树木要自己生长。你们不是小草,却要有小草的韧性;你们不是鲜花,却要像鲜花一样绽放;你们不是树木,却要像树木一样挺拔,因为你们是一颗有着人类生命的伟大种子,你们要在人生的大地上发芽、生长、开花、结果,你们有着独立自由的生命与人格,你们的生命要绽放出最灿烂的色彩。

然而,同学们,一个独立的健康的生命,最重要的心灵支撑就是自主的人格。如果你是一棵树,学校就是你生长的土壤,教育就是你的阳光。你的生命要靠自己支撑,你的灿烂要靠自己吸收能量。而这一切都要生发于生命中的"自主人格"——而这"自主人格"最重要的元素就是:自觉、主动和有目标有韧性的生命力量。

亲爱的同学们,请你看一看自己,问一问自己的内心,这些生命中最重要的元素——你们有了吗?你们有了多少?你们准备怎样?

同学们，请你们从今天起牢牢地记住一句话："自己的事情自己做，我的生命我做主。"人的一生之中，生命永远不能被替代，青春要靠自己绽放。即使我们做不成灿烂的花朵，也要长成一棵坚韧的小草，碧绿一生。

同学们，你们的一切才刚刚开始，人生之梦要从这里启航。让我们仰望天空，志存高远；让我们脚踏实地，扎实起步。让我们有一片宽广的视野和胸怀，有一种自主的人格与品质，有一份独立的精神和追求，让我们朝着人生的目标自由快乐地生长。

同学们，我们坚信：你们的花季最美丽，你们的青春最灿烂，你们的人生充满阳光！

作者：张金波

时任七宝实验中学党支部书记

让自信成为生命的主旋律

——2010 学年第二学期开学致辞

亲爱的同学们，今天，一个属于春天的新学期开始了！寒假生活虽然快乐，却只是学期间的一个驿站，尽管我们在家里可以尽情地享受母爱的温暖、尽情地感受父爱的深厚，然而，没有友谊的渲染，没有师爱的滋润，没有校园生活的快乐，寒假也会有索然无味的时候。

青春岁月，我们注定与书本为伍，注定要抱着厚厚的书本穿梭于拥挤的人群。也许你的成绩暂时还不够理想，不要紧，但是你必须以强者的姿态冷静地反思：我的努力够不够？我的方法对不对？我的求学态度好不好？你有很多必须做的事，唯一不能选择的就是放弃！重拾优秀的过程必然艰难，但你不要害怕，不要退缩，更不必卑微，不必那么落魄，勇敢地朝着你的梦想前行，即使是微弱的光也能照亮一片黑暗。人世间没有走不出的绝境，除非你自己丢掉了希望！请你自信！

青春岁月，我们格外注重我们的外表，我们渴望像明星那样美丽英俊。然而，并非一切都能如我们所愿。事实上，没有漂亮的外表不要紧，更重要的是有漂亮的内心。不能选择自己的容貌，我们可以选择内心的善良；不能选择自己的容貌，我们可以选择优雅的举止言谈。不要沉溺于那些伪装的酷和另类，那并不能成为值得你骄傲的东西，浮躁夸张的与众不同不如朴素深沉的超凡脱俗。人不是因为美丽而可爱，而是因为可爱而美丽。懂得爱的人才是可爱的人，懂得生活的人才是可爱的人，有了自信的人才是真正美丽的人。相信自己平凡的脚步最终能够踏出一条不平凡的道路。请你自信！

青春岁月，我们特别爱做梦，在每一个梦醒时分，不可避免的有失落、有忧伤，但你不必为此失魂落魄。就像这春天开在树梢的花朵，并不是所有的花开都有结果，开花本身就是一种美丽；就像有梦的岁月，并不是所有的梦都会成真，但有梦的岁月就是美丽的岁月，有梦的岁月就是幸福的岁月！所有的梦想都开花，所有的开花都结果，那仅仅是一种祝愿。然而你有理由相信，只要你积极奋进，梦不停歇，梦想总有实现的一天！请你自信！

青春岁月，也许你还算不上优秀，然而，拥有自信，你将一点一点地缩短与优秀的距离。

青春岁月，也许你已经很优秀，你优秀着并且自信着，不久的将来，你会更加优秀，并且如风吹绿枯萎一个冬季的花草树木，给世界展示一个优美的春天！

就让自信成为我们生命的主旋律！

少年当自强

——2011 学年第一学期开学致辞

我今天发言的题目是：少年当自强。古人云："男儿当自强。"我以为随着时代的变迁，自强不再是男孩子的专利，作为一位现代人，无论男女老幼，都必须选择自强！作为一位生活在伟大复兴年代的中国人，必须选择自强！作为一位肩负着伟大历史使命的年轻人，毫无疑问，你们必须选择自强！

是的，古老而优秀的中华民族，从来不缺自强的典范。他们为了一个执着的信念，敢于把毕生的精力甚至宝贵的生命谱写成一曲自强的赞歌。经历了那么漫长的历史，几乎所有的荣华富贵都已灰飞烟灭，唯有自强者的灵魂不朽，精神永存！优秀的民族之所以优秀，就是因为这些大写的人。历史的天空，将永远镌刻着他们伟大的姓名！

是的，以人类为主宰的文明社会之所以文明，就是因为人类社会从不缺失高瞻远瞩、敢为天下先的强者！苏格拉底在雅典广场上声嘶力竭地阐释真理；哥白尼、布鲁诺为了"日心说"，敢于冒天下之大不韪，用生命与皇权抗争；当代的英雄，剑桥大学应用数学及理论物理学系教授斯蒂芬·威廉·霍金，身体孱弱到只剩下最后三根手指能够运动，但他的内心依然强大！他对于宇宙的认识为物理学迈出了重要一步，为全人类作出了贡献！

同学们，作为你们的老师，我们也欣喜地发现，经历了上学期以"扬自信风帆，做阳光少年"为主题的教育活动，我们普遍变得更加自信了！是的，我们有理由自信，数遍全校，可以惊喜地发现，已经没有了一个传统意义上的"差生"。新初三的同学们正摩拳擦掌，惦记着用一年的时间规划自己最精美的人生；初一、初二的同学，已经在闵行区各类竞赛活动的比武场上展现了七宝实验中学的尊严；预备年级的众多同学更是有备而来、慕名而来，因为你们知道，我们的学校是一所欣欣向荣的学校，是一所正在走向辉煌的学校，你们也可以为这份伟大的事业尽一份力，你们必须做到，你们也能够做到！

有了这样的基础，我们便可以信心满满地提出本学期的教育主题，那就是：自强进取，炫青春风采。是的，是花儿就要追求绽放的美丽，是少年就必须选择自强的风采！其实，在我们这个团体中，高年级的同学一定还记得2010届的徐海淳同学，他身残志坚，硬是拖着病残的身体，高质量地完成了初中四年的学业，最后在堪称残酷的中考中，以优异的成绩考入高中。一个寸步难移的同学都能够跨越的艰难历程，我相信，我们，特别是主会场的初三同学，你们必须做到！你们也一定能够做到！因为，在前不久的军训中，我从你们在烈日下的站姿中读出了强者的坚毅！因为，我从你们现在看着我的目光中读出了勇敢！因为，我从与你们朝夕相处的时光中体会到，你们是一群知恩图报的孩子，是一群优秀的孩子。成功之路，将从今天起步，你们必须选择坚强！你们也一定会选择坚强！

老师们、同学们，七宝实验中学历经两年的发展，已经在我们脚下的这片土地上艰难而执着地要回了我们应有的尊严！有作为才有地位，有追求才能获得最大的尊严！为了七宝实验中学美好、辉煌的明天，自强吧，奋斗吧！同学们、老师们，拜托了！

最后，祝愿老师和同学们在新的一学期身体健康，心情愉快，工作顺利，学业有成！

快乐学习，做最好的自我

——2011 学年第二学期开学致辞

“好雨知时节，当春乃发生。”龙年的新春伴随着这绵绵细雨，优雅地走来。这是我们七宝实验中学迎来的第三个春天。我们的学校，历经几个春夏秋冬的洗礼，正以崭新的面貌展现在我们生活的这片土地上。让我们恣意在生命美妙的乐章里翩翩起舞！

我们播种着快乐的种子，已经悄然启开历史冻土的板结：从“热爱生活，追求卓越，做一个优秀的实中人”起步，到“自主发展，绽放青春之美”；从“扬自信风帆，做阳光少年”，到“自强进取，炫青春风采”，我们准确地定位了我们发展的方向，我们倡导自主，树立自信，走向自强！是的，我们的老师们这样追求着，我们已经逐渐地从落后走向先进，从被动走向主动，从弱势走向强势！是的，我们的孩子们这样追求着，你们热爱生活，生活赐予你们无限的活力；你们热爱学习，学习赐予你们愈来愈多的智慧和快乐！老师们，同学们，我们的七宝实中，也在你们的共同努力之下，穿越艰苦的岁月，赢来了生命的尊严！让我们把掌声献给初一、初二的全体师生，是你们为我们的历史，首先翻开了优秀的一页！让我们把热烈的掌声献给初三年级的全体师生，你们凭着执着和智慧，走出了岁月的低谷，登上了全新的高峰！让我们把最热烈的掌声敬献给预备年级的全体师生，你们表现令人惊艳，器宇轩昂，你们的卓越让全校师生看见了灿烂辉煌的明天！感谢你们！

老师们、同学们，一年伊始，万象更新。新的一个学期，我们的教育主题是“快乐学习，做最好的自我”。生命的精彩取决于学习的精彩，精彩的学习不仅包含学习文化知识，更重要的是，还应该包含学会精彩地生活，学会认真地做人！孔子说过：“知之者不如好之者，好之者不如乐之者。”学习的精彩程度，取决于我们是否具备求学者积极、主动、豁达、乐观的求学心态。最有智慧的人，是最具备乐学精神的人；最具备乐学精神的人，最有希望做最好的自我。在今天，立志做最好自我的人，在明天，才有可能成为最卓越的人，才有资格拥有最幸福的人生。

奥斯特洛夫斯基这样诠释着最优美的生命：“人最宝贵的是生命，生命对于每个人只有一次。人的一生应当这样度过：当他回首往事时，不会因虚度年华而悔恨，也不会因碌碌无为而羞愧。”

老师们、同学们，为了拥有最精彩的生命，让我们从今天做起，快乐学习，做最好的自我！

诗歌装点少年梦

——2012 学年第一学期开学致辞

少年时期是多梦的年纪。而诗，热情奔放、婉约缠绵、纯洁质朴，穿越千年历史的阻隔，成为一个民族不老不朽的传奇。让我们用诗为少年梦想着色！

“春江潮水连海平，海上明月共潮生。滟滟随波千万里，何处春江无月明。”诗人张若虚着一袭白色的长袍，静静地伫立江边，听凭风儿撩起衣衫，听凭思绪在了无纤尘的空际放飞……这刻骨铭心的美丽，犹如绽开在生命绿地上的小花，微微耸动一下鼻翼，就能闻到清香阵阵。

“海内存知己，天涯若比邻”意境高远，历久弥新；“劝君更尽一杯酒，西出阳关无故人”虽不及前者豁达，却真真切切，别有一番滋味在心头。料想在那信息传递远远逊于今天的时代，每一次挥手都可能是永别，挚爱的亲朋也许从此天各一方，这“情”字，怎一杯薄酒能尽！也就不难理解李白孤独地站在乍暖还寒的江边，一站站得“孤帆远影碧空尽，唯见长江天际流”了。想来也是，花花世界，茫茫人生，得几个知心朋友有书共读，有诗共赏，有酒同醉，该是何等的幸运！夜深人静，捧诗读来，就想匆忙地抓起电话，向朋友道一声“晚安”，然后甜甜地想：朋友，我们的友谊永恒如我所颂的唐诗，真诚如那诗中的情谊啊！

“黄沙百战穿金甲，不破楼兰终不还”一句意气豪迈，诗中人穿一身冷冷的铠甲，骑一匹威风的黑马，持一杆令敌人胆寒的长矛……这首诗也有侠士文人特有的柔情，“孤城遥望”，玉门虽远，心中的故乡虽远，记忆中的床前，美丽的妻子哼着眠歌，哄着孩儿入睡，任凭两行清泪倾诉心中的思念……战士却别无选择，毅然地掉转身子，策马冲向一片硝烟。这样读着，这样想着，我已是泪眼模糊，想象中战士就是未来的我，为了国土的安宁，把青春和生命放在祖国的指尖，任您挑选，任您挑选……

诗歌装点少年梦，和珍爱生命的妙人交流，接过历史的衣钵，嗅着生命的芳香——真好；诗歌装点少年梦，和珍爱友谊的知音对话，读懂友谊的真谛，养颗永恒的诚心——真好；诗歌装点少年梦，听珍爱祖国的战士倾诉，领略绵亘千年的柔情侠骨、忠肝义胆，效仿先贤续写一首不朽的诗——真好！

做优雅少年，创“诗韵校园”

——2012学年第二学期开学致辞

新年的钟声刚刚敲响，属于七宝实验中学的第四个春天，伴随着这喜庆的细雨如约而至。走在这绵绵的细雨中，听风梳理我们繁杂的思绪，看雨滋润我们诗意的校园……

我们的思绪在主题文化节优美的琴音中荡漾：爱生节，我们倾听着彼此热切的心跳，教与学在我们这块热土上无比和谐；体育节，我们的青春在五线谱一般的跑道上优美地舞蹈，蓝天大地映衬着我们婀娜多姿又充满力量的倩影；读书节，我们诵读先贤佳作，诗意的精灵如火炬一般照耀着我们跋涉青春的路径；班主任节，我们深深地铭记，伴随我们成长的不只是父亲母亲的目光，还有那牵着我们向前的老师的温暖的手；感恩节，我们领悟出这样的哲理——我们不是爱的终端，我们接受爱，是为了传递爱，是为了把同样的温暖传递给同样需要温暖的人……

我们的思绪在“活力课堂”的笑声中回荡：课程统整，让我们聚焦知识与能力的精华，逐渐成就我们一双双辨识林林总总文化的慧眼；自主学习，我们恣意遨游在知识的海洋，日复一日地主动探索，强劲着我们能力的臂膀，响应着当代“终身学习”的主题，为我们一生发展扎扎实实地奠基；量化评价，激活了我们的学习兴趣，让我们的学习透着一份主动，增添一份自信，蕴含着无限的期待。我们的学业成绩，就这样一点一点地提高了，我们果敢地告别了令人难以启齿的末流，成绩册上，红灯一盏一盏地熄灭，取而代之的是在区域内的渐渐领先，在全市竞赛中的攀蟾折桂！

我们的思绪在校园的芳草地、在充满诗情画意的九曲回廊、在如同镜面般洁净平整的硬地广场徜徉：青青芳草，迎风起舞，弱小而美丽的生命感谢我们，因为我们路过的脚步轻轻，从不惊扰一个生命的酣梦；洁净的地面也用目光赞美我们，因为我们是一群优雅少年，从不肯随手丢弃一张废纸，唯恐玷污了地面洁净的环境。于是，我们可以用有我们特色的镜头记录这一切，记录一群优雅的少年在这理想的境地中优雅而幸福的生活；于是我们可以谱一首小曲，用管乐的特色来吹奏，吹奏出理想的天籁，吹奏出少年美妙绝伦的明天！

老师们、同学们，新的学期开始了，学习的生活是紧张的，但是，为一生发展而学习又是充实而快乐的。让我们以少年唯美的、纯净的心，投入新学期的生活之中吧！做优雅少年，创“诗韵校园”，是我们彼此的责任！半年前我们预设的“穿越平庸，走向优秀”即将在这一个春夏变为现实，那么，就让我们伸展我们优雅的手臂，去拥抱有无限诗情画意的明天！

创“诗韵校园”，做追梦少年

——2013 学年第一学期开学致辞

送走了一个炎热的夏季，又一个赏心悦目的秋天正款款而来。天上飘着些微云，地上吹着些微风，美丽温暖的太阳在无际的天空、在广袤的大地，无私地播撒着浓浓的爱意——这一切，恰如我们的教育；这一切，仿佛是为我们，为一所新优质学校即将诞生而举行着无比盛大的庆典！

2013 级的新生们，欢迎你们的到来！也许你们是从无限的憧憬中走来的，憧憬着新的校园为你们插上少年梦想的翅膀。于是你们把第一次军训的号子喊得那么嘹亮，你们整齐的步伐，你们激情的诵读，强有力地诠释着什么是新优质学校，什么是诗韵校园！是的，我们暂时还没有获得一些高端民办学校的荣耀，但是，请记住，荣耀从来不是别人赐予的，既然来到一所活力无限的新优质学校，你们就必将亲手缔造属于自己未来的荣耀！因为你们是一群优秀的追梦少年！

初一、初二的同学们，经过一个暑假的休息，欢迎你们坚定地归队！初二的同学，你们代表着一所学校全新的高度，我赞美你们在第二次全区文化测试中的优秀表现，这是你们的骄傲，也是我们全校师生的骄傲！初一的同学，你们是上一届师哥师姐的后来者，你们不仅仅在六校教研共同体内独领风骚，还在全国、全市多项竞赛中闪亮登场，展现你们强者的姿态。这一切都是你们热爱生活、追求卓越的斐然成果，是“活力课堂”的结晶，又是自主发展的必然结果。你们有理由感恩自己的过去，一个梦生，一个梦圆，青春和生命在幸福的梦的旋律中欢畅绽放！你们有足够的理由感恩你们的父母和老师，是这些你们生命中的“守梦人”呵护着你们美丽的生命之梦。你们更有充分的理由感恩我们的学校，我们一起呕心沥血营造的七宝实验中学，是少年梦想的温馨摇篮！我们的学校正在酝酿“诗韵校园”，我们的学校正在迈向新优质，在这一光荣伟大的征程中，你们有骄傲，你们更有不可推卸的责任！这份骄傲、这份责任，将伴随着你们去追逐你们的少年梦想！相信你们，因为你们是一群优雅的追梦少年！

初三的同学们，这个暑期你们享受着一点轻松，但我相信你们也多了一份沉重。是的，初三了，初三就将面临人生路上的第一次选择。但你们有理由自信，因为2013届的初三，你们的师哥师姐们，就为你们做足了自信、自立、自强的榜样。优异的成绩，对于已有16年办学历史的我校，是第一次！有了你们，我相信，第二次的荣誉到来，就在于你们，就在来年六月！长江后浪推前浪，雏凤清于老凤声，你们要有勇气站在巨人的肩上！你们的老师正愈加优秀，文来班的同学又在倾情示范，七宝中学教育集团这艘教育航空母舰也无时无刻不在给予我们强劲的推动力，前进的路上，没有人会孤单！有梦想，就会有奇迹！怀揣“热爱生活，追求卓越”之心，梦想就没有凋零的日子！拜托你们，因为你们是一群勇敢的追梦少年！

新的学期已然开始了，涛声依旧，依旧的涛声将托举“活力课堂”崭新的战舰，带挈我们在生命的海洋里劈波斩浪，直抵梦想的彼岸！依旧的涛声将继续烘托出自主发展的德育旋律，激活我们生命的潜能，教我们成长为最强大的生命水手！希望你们仔细参阅《七宝实验中学优秀学生系统创建方案》，多读几本书，多跑几圈步，多写几篇美文，多做几次演讲，多想几个创意，人人争当优秀学生，在“诗韵校园”的理念指引下，树立积极的人生态度，历练锐意进取的精神，体验不拘一格的创造，追求标异领先的突破，塑造外端内实的气度！让“做一名优秀的实中人”成为我们每一名师生的梦想，让优秀成为一种习惯！“诗韵校园”、新优质学校必当成为挡不住的风，吹绿一池一池的春水，吹开一树一树的金黄，叫未来闪行教育的天空，大写七宝实验中学的尊严！

让优秀成为习惯

——2013 学年第二学期开学致辞

马年的春天，吹着和风，沐着细雨，款款而来。让我们以创业者的激情，敞开温暖的怀抱，拥抱属于七宝实验中学的第五个春天！

“律回岁晚冰霜少，春到人间草木知。”回首刚刚过去的蛇年，我心里升起许多骄傲！

我听同学们说：生活在七宝实中，我们很幸福！因为这里的老师最懂得尊重少年的生命；因为这里鳞次栉比的节日文化充实了我们的生活；因为这里的“活力课堂”激发了我们学习的欲望；因为这里的生日祝福特别地打动人心；因为这里的“活力课堂”积分换奖品超市带给我们无数的快乐和憧憬！是的，同学们，你们是幸福的！亲爱的同学们，我为你们拥有的幸福而骄傲！

我听到老师们说：生活在七宝实中，我们越来越享受到职业的尊严！因为加入七宝中学教育集团五年以来，我们完成了神奇的历史性跨越，我们的学校再也不是落后的代名词，走在大街上，我们可以展露幸福的笑脸，接受着父老乡亲对于一所学校的敬意！因为“人人都是德育工作者”的理念已经深入教师心中，“吹开幸福的花”——关爱每一位学生的教育举措已经卓有成效，融洽的师生关系不仅幸福了学生，也幸福了我们自己！因为五年前我们就力举课堂教学改进的大旗，“活力课堂”的春风早已吹绿一池一池教学活动的春水，当大地苏醒的时候，我们猛然发现自己已经傲立在潮头！是的，老师们，您正在逐渐赢得职业的尊严和生命的尊严！敬爱的老师们，我为您拥有了越来越厚重的尊严而骄傲！

漫步在如诗如画的校园，我听到脚下这块土地在说：我是一块沃土！因为我用 5 年的灵气与精华，托举起娇艳美丽的实中教育花朵！因为在蛇年的教育盘点中，我们的毕业生创造了前所未有的佳绩，全体同学学业发展度列全区第三位！因为我们高举课堂教学改进的大旗，“活力课堂”已经“走出深闺人渐识”，在过去的蛇年，逐渐获得区内外、国内外专家的赏识，带挈我们的课堂教学效益列全区第四位！因为我们在区教育局、教育学院领导和专家指引下，在七宝中学教育集团的亲切关怀下，坚定夯实科学的教师发展路线，我们的教师发展度居于全区第一梯队！我们在蛇年绩效考核中荣膺二等奖！是的，我感激我脚下的土地！感激与我们血脉相连、呼吸与共的学校！校兴我荣，感激您凝聚着每一位实中人进入创建新优质的行列！

“新年都未有芳华，二月初惊见草芽。”业已启动的马年，对于我们来说，是至关重要的一年。在马年，我们要切实为建成新优质学校奠基！我们要劲吹“活力课堂”的春风，舞动“诗韵校园”的旗帜，端正积极乐观的态度，历练锐意进取的精神，体验不拘一格的创造，追求标异领先的唯美，塑造外端内实的气度！我们要以全方位厚实的文化底蕴去夯实新优质校园的根基！宏伟的大业不可能一蹴而就，教育更是百年大计，路漫漫其修远兮，然而，天底下，没有比人更高的山，没有比脚更长的路！只要用心去做，只要用力去做，我们总是越来越接近我们既定的目标！有你在，有我在，有我们的学生在，总有胜定回眸，谈笑凯歌还的日子！

“燕子不归春事晚，一汀烟雨杏花寒。”教育不可媚俗，也不可随波逐流！坚持理应坚持的，抛弃理应抛弃的；吸收理应吸收的，改变理应改变的！从事教育事业，要做我们能够做的事，做我们必须做的事！新的学期，我们要继续夯实我们的班级小小图书馆建设，让人人爱读书、人人会读书、人人读好书成为七宝实验中学的风尚，成为七宝实验中学学生的习惯！我们最要做的是，全员关注七宝实验中学优秀毕业生的创建体系：重视身体素质，让锻炼身体成为生命的自觉；重行规，用良好的行规滋养优秀的品质；习得学习能力，拥有在未来生活的天空中翱翔的强劲翅膀；爱读书，让书的精华滋润我们的生命；讲体验，在体验中懂得生活，懂得感恩；立兴趣特长，为少年的梦想添一抹绚烂的色彩，让特长成为风景迥异的小径，为我们的未来展现无限的精彩！

老师们、同学们，几年的奋斗，让我们已经拥有了一些值得我们骄傲的好习惯、好传统和好经验。今天，我们骑在高高的马背上扬鞭催马，更要清醒地认识到，正是我们业已形成的好习惯，带挈我们走向了新优质！因此，我们有一千条理由，坚持并且发扬光大这些好习惯！那么，请铭记我们的信条：让优秀成为习惯，叫习惯化育人格，用人格主导人生！

当优秀成为习惯的时候，就是现实中梦想开花的日子！就是我们每一个人梦想开花的日子！

培养习惯，化育人格

——2014 学年第一学期开学致辞

首先，让我们用热烈的掌声欢迎六年级新生的到来！告诉你们，为了迎接你们的到来，老师们早已做好了准备，他们早已成竹在胸，有足够的信心培养你们拥有良好的习惯，成为一流的学生！你们的师哥师姐们也为你们的到来做足了准备，他们有能力时时刻刻为你们作出充满正能量的示范。在此，我还要告诉你们，我们的校训是：热爱生活，追求卓越。我们的办学理念是：让优秀成为习惯，叫习惯化育人格，用人格主导人生！

我校上学期的教育主题是“让优秀成为习惯”，全校师生团结在这面旗帜下，在创建新优质的征途上，洒下辛勤的汗水，付出智慧的劳动，创造出一系列优秀的成绩：2014 届毕业生，继 2013 年全面创优后，再次获得优异的成绩！让我们用最热烈的掌声，表达对 2014 届全体师生的感谢和敬意！

我还要告诉大家，在 2014 年 7 月闵行区教育学院公布的一系列数据中，我们也有一个利好消息：43 所公立初中里，我校师生关系排在优秀档第二位；我校教师敬业精神排在优秀档第一位；我校教师业务能力排在优秀档第一位！

老师们、同学们，我们的努力证明：我们能行！我们齐心协力就能创造属于我们学校新的高效教育，就能让优秀成为习惯！因此，本学期，我们确定的教育主题是：培养习惯，化育人格。

心理学家威廉·詹姆士曾经指出：播下一个行动，收获一种习惯；播下一种习惯，收获一种性格；播下一种性格，收获一种命运。哲学家培根认为：习惯是人生的主宰，人们应该追求好习惯。我们可以得出这样的结论：最有效的基础教育，就是脚踏实地地培养学生拥有良好的习惯；通过习惯的培养，积累知识，习得能力，化育人格！

幸运的是，我们已经探究出这个规律，并且顺应这个规律采取了有效的教育行动：我们建立了以爱生节、体育节、读书节、班主任节、感恩节五大节日为主题的校园文化，旨在通过对行为的强化，培养良好的习惯，渗透美好的思想，养成健康的人格；我们历经五六年的时间，打造成七宝实验中学标志性的“活力课堂”，旨在培养同学们养成良好的学习习惯，为你们的一生发展奠基！2013学年第一学期，我们郑重推出了“六维创优工程”，主张健康第一，希望同学们从小养成锻炼身体、爱惜身体的好习惯，为美好的生命大厦奠基；倡导行为规范素养，以良好的行为促成良好的修养和美好的品德；要求具备文化素养，习得好的学习方法，培养刻苦学习的精神和巧于学习的能力；还有读书素养、社会实践与体验、特长素养，均从素质教育的主张出发，通过培养习惯，达成全面发展。一年的实践证明，我们的决策是正确的，我们的教育是高效的！今天，我们最要做的就是坚持与改进，继续创新，才能继续前进！

著名教育家乌申斯基有一个精彩的比喻：好习惯是人在神经系统中存放的资本，这个资本会不断地增长，一个人毕生都可以享用它的利息。而坏习惯是道德上无法偿还的债务，这种债务能以不断增长的利息折磨人，使他最好的创举失败，并把他引到道德破产的地步。同学们，建立一种好习惯的前提是不沾染坏的习惯；若是以前不小心沾染上坏的习惯，就必须用坚强的毅力去克服它，用更强大的毅力去彻底改变它！什么是坏的习惯？对初中生而言，网瘾和游戏瘾应该等同于成人吸毒；对他人缺乏礼貌，不尊重他人劳动，不遵守纪律，对长辈缺乏尊敬，不懂得感恩，对学习不上心，人生没有追求、没有目标，等等，都是少年生命肌体中的病菌，都会或多或少影响我们生命的健康，都会或大或小地削弱我们生命的精彩！我们要有勇气说：“拒绝一切坏习惯，我们需要正能量！”我相信高年级的同学们一定能够为低年级同学作出良好的示范！我更相信七宝实验中学全体老师一定会铭记：身教重于言传，在少年生命的视野里，我们是他们的榜样，因此，作为教师，我们必须克勤克勉，牢记身正为范，用职业生命和职业良知为孩子们一生发展奠基！

培养良好的习惯，化育优秀的人格。让我们共同期待新的学年新的更大的收获！

学着穿越春季

——2014 学年第二学期开学致辞

“爆竹声中一岁除，春风送暖入屠苏。”我们满怀喜悦，迎接属于七宝实验中学的第六个春天！放眼我们的春天，天蓝地阔，草长莺飞；海棠浅睡，梅香沁人；青瓦红墙一刻不停地阐释着一所新优质学校成长的骄傲！感谢你们，是你们的智慧，是你们的活力，是你们凝聚起的无与伦比的正能量，让学校得以跋涉过成长的寒冬，行进在充满希望的春天！

莫言春季尽好雨，穿越泥泞需徐行。同学们，你们正行进在人生的春天。春天固然美好，但是成长的路上依然泥泞。走在青春最美好却又是最潮湿的路段，我们有千万条理由嘱托你们倍加小心。我们将心愿化作了“活力课堂”的评价积分，希望你们拥有恒久的学习动力，在学习的路途上善追求、不懈怠；希望你们拥有良好的伙伴关系，在成长的路上不感到孤单！我们将心愿化作七宝实验中学优秀毕业生“六维创优机制”，希望你们拥有健康的身心，有能力品味美好的人生；希望你们养成良好的行为习惯，用习惯滋养品德，形成高尚的人格；希望你们学业有成，为构筑人生大厦夯实基础；希望你们勤于读书，用书的精华滋润生命之花开；希望你们注重实践体验，不做家雀，学做雄鹰；希望你们习得一两门特长，开拓人生路上风景迥异的小径！总之，一切从养成习惯做起，善待自己，善待他人，欣赏每一对扶风直上的云雀的翅膀，敬畏每一朵绽放在草丛里的小花；勿以善小而不为，勿以恶小而为之，让优秀成为习惯，叫习惯化育人格，用人格主导人生！

碧野朱桥当日事，韶华不为少年留。多少事，从来急，一万年太久，只争朝夕。同学们，就像张金波书记曾经在讲话中提到的：十四岁的花只绽放一次！这唯一的一次应该怎样走过？这决定着你今天的幸福，这决定着你明天的姿态！所幸的是，和你们一样，六岁的七宝实验中学已然展露无限的生命力，充满希望！“新优质”“家门口的好学校”，社会赞誉纷至沓来。然而，“诗韵校园”梦正酣，夜还长，穿越春季成长的路径，和一所年轻的学校一起成长，是一份责任，也是一份幸运，未来的某一天，必然会有人记起，和你一样，和我一样，我们都是七宝实验中学“诗韵校园”的奠基人！

优化习惯，超越自我

——2015 学年第一学期开学致辞

首先，让我们以热烈的掌声欢迎六年级的新同学。我要告诉你们的是，你们来到的新学校，是一所经你们的学长和你们的老师营造的“诗韵校园”；七宝实验中学，正以全新的面貌，展现在七宝镇这块人杰地灵的土地上，已经广为周边百姓信任；七宝实验中学，作为七宝中学教育集团的核心学校，有着作为沪上翘楚的七宝中学的引领，已经开始走在了公立学校的前列。成为七宝实验中学的学生，是你们的骄傲。在难忘的新生军事夏令营中，六年级的小朋友们，你们已经第一次显露出你们的坚强、你们的优秀！

让优秀成为习惯。老师们、同学们，2011 学年，我们正式宣告：我们已经走出了办学低谷，同年的中考，我们已经摆脱下游，进入中游；2012 学年，我们光荣地进入了闵行区首批新优质学校创建的行列，中考成绩第一次接近一流；2013 学年，我们在创建新优质的道路上走得流畅，走得稳健，中考成绩再次接近一流；2014 学年，我们在闵行区人民政府综合督导中获得高度评价，在创建新优质学校团队中处于领先地位，7 月揭晓中考成绩时，我们终于让一流中学的梦想变为现实！这是在七宝中学教育集团先进的教育教学理念引领下的胜利超越！这是实中优秀师生“活力课堂”“六维创优”的智慧超越！历届初三毕业班的老师们，因为你们，我们接近了优秀，因为你们，我们实现了优秀，因为你们，我们已经能够让优秀成为一所学校的习惯！现在，让我们把最热烈的掌声献给每一位初三毕业班的师生！

坏的习惯是一笔沉重的负债，好的习惯是一笔巨大的财富。什么是好的习惯？有哲人告诉我们：好的习惯包括尊重他人的习惯，尤其是对父母、老师以及共行生命旅程的同学、同事的尊重。好的习惯也包括良好的反思习惯。曾子曰：“吾日三省吾身：为人谋而不忠乎？与朋友交而不信乎？传不习乎？”用现在的话说就是“我每天多次反省自己：为别人办事尽力了吗？与朋友交往诚实了吗？老师传授的学业复习了吗？”反思，只有反思，才能保证你今天高于昨天，明天高于今天，这就是超越。俗话说得好：今日事，今日毕。更有一首著名的《明日歌》是这么唱的："明日复明日，明日何其多，我生待明日，万事成蹉跎，世人若被明日累，春去秋来老将至……"守时、守信等都是良好的习惯。同学们，我们路过这花季岁月，我们憧憬着诗意人生，我们向往着自由的生活，就必须在最基础的学习阶段，优化习惯，超越自我。

优化习惯必须超越自我。因为，好的习惯有待于我们去养成，坏的习惯需要我们去纠正。有了良好的反思能力，我们就能够找准坏习惯的病灶。譬如有的同学热衷于游戏，或者是手机低头族，你必须试一试读书，然后比较一下，是游戏之后快乐，还是读书之后快乐！超越自我，还要真诚地欣赏他人的优点，还要睿智地捕捉到自己的缺陷，还要有最勇敢地否定自己的勇气，这样，"明天更美好"才不单纯的是一种祝愿，而是实实在在可以实现的诺言。

古人云："由高及卑易，由卑及高难。"也可以这样理解，染上一种坏习惯容易，但是坏习惯送人下地狱，譬如吸毒；形成一个好习惯虽然要经历很长一段时间的磨砺、强化，但是好习惯送人上天堂，譬如读书！唯其易，所以我们必须谨慎，必须自觉抵御各种不良的诱惑；唯其难，我们才欢迎一所有着良好生活习惯的学校，我们就需要一群可以为人师表的老师，我们就有了"活力课堂"，我们就有了"六维创优"！我们必须超越自我，让每一个人都拥有一颗善良的心，都拥有一个诗意的、纯洁的灵魂！

良好的习惯是成功的阶石

——2015学年第二学期开学致辞

寒假结束了，欢迎大家回家！本学期，我们继续2015学年的教育主题：优化习惯，超越自我。今天我发言的题目是：良好的习惯是成功的阶石。

著名的思想家查·艾霍尔这样描述习惯的重要性：有什么样的思想，就有什么样的行为；有什么样的行为，就有什么样的习惯；有什么样的习惯，就有什么样的性格；有什么样的性格，就有什么样的命运。

古今中外，大凡青史留名的成功者皆有良好的习惯。民族英雄岳飞，背上刺字“精忠报国”，爱国便是他终生的思想习惯，乱世之中，他坚持习武，练就岳家枪，文韬武略，终于威震沙场，名垂千古；著名画家齐白石，惜时如金，“不教一日闲过”，勤于丹青，终于练成生花妙笔，成为一代大师；千古不朽毛泽东，习惯于中流击水，以七十多岁的高龄横渡长江，证明他有足够的勇气和力量，带领一个孱弱的民族走向新生。

“少年强则国强，少年智则国智，少年独立则国独立，少年胜于欧洲，则国胜于欧洲，少年雄于地球，则国雄于地球。”梁启超先生一百多年前的呐喊，至今仍然振聋发聩。今天的我们，不应该只是把纪念停留在诵读上，而应该深化到思考上，落实到行动上。养成良好的习惯，就是走向成功的人生；养成良好的习惯，就是精忠报国，就是尽匹夫之责去呼唤伟大的中华民族复兴！

曾子曰：“吾日三省吾身：为人谋而不忠乎？与朋友交而不信乎？传不习乎？”反思，就是良好的习惯之一，反思自我，往往伴随着刻骨铭心的痛，但是深刻的反思能够有效剔除自己思想上的糟粕，纠正行为的不足，让自己的灵魂臻于洁净。

善良始于习惯。孝敬父母，是因为感恩父母赐予自己生命，是因为感恩父母费尽心血又无微不至的关爱；尊敬师长，是因为感激师长勤勤恳恳的教育，是因为珍爱成长之路的精神导师；尊重同学，是因为我们成长的路上因他们而不再孤单。同样的，一草一木、一桌一椅也是我们生命世界的有机组成，不珍爱这些，损坏了它们，我们生活的世界也可能因此蒙尘。

追求成功、追求幸福的少年要养成的习惯有很多，著名的教育家叶圣陶告诉我们，好的习惯多多益善，但是有两种习惯养成不得：一是不养成什么习惯的习惯，二是妨碍他人的习惯。譬如作为学生，没有自主学习、勤奋学习、乐于思考的习惯，纵使他的天资很好，也只能是暴殄天物，这是不养成习惯的习惯；再如进入游戏厅、网吧，不仅麻痹了自己，伤害了自己，还会影响同学，影响班风校风，让最为关爱自己的父母和老师无尽地担忧，这就是妨害他人的习惯。希望同学们抽出时间认真读一读叶圣陶先生的《两种习惯养成不得》，它对于你们的成长大有裨益。

老师们、同学们，新的学期开始了，“让优秀成为习惯，叫习惯化育人格，用人格主导人生”是我们的教育理念，是我们的成长格言。希望你们在日常的生活中，习得一个个良好的习惯，走在追求成功的路上，充分体验生命的幸福与快乐！让我们以满满的正能量，去拥抱七宝实验中学的春天！

深化“六维创优”，培养核心素养

——2016学年第一学期开学致辞

艳阳高照，秋风送爽，新的一学期开始了，首先，让我们以热烈的掌声欢迎新的预备年级的同学们，欢迎你们加入我们这个优秀的集体，成为我们的家人。你们在八月中旬进行的入学军事夏令营中经受了考验，得到了锻炼，证明了自己。在此，我代表学校，向你们表示热烈的祝贺！

老师们、同学们，刚刚过去的2015学年，是我们学校发展的关键年。在这一年里，我们的“活力课堂”进一步成熟，我们的“六维创优”愈显效益，我们经历了三年新优质学校创建，于2016年6月向全市同行汇报创建成果。在2015年闵行区办学绩效评估中，我们再次荣获二等奖；2016年5月，我们荣获闵行区“依法办校示范校”称号；2016届毕业生，在中考中不负众望，继2013年之后，连续第四次取得辉煌战绩，进入闵行区上游水平。让我们把掌声献给2016届毕业班的全体师生们！

新学年的钟声已经敲响。老师们、同学们，七年来，七宝实验中学高举建设“同心圆”的大旗，一路披荆斩棘，一路高歌猛进，是和谐的氛围带挈我们走过苦难的岁月，赢得今天的尊严，除了团结、团结、再团结，进步、进步、再进步，我们别无选择！我们能够从低谷中勇敢地爬出来，我们就一定能够不忘初心，扛起今天这面优秀的旗帜，一直走在闵行区普通公立初中教育的最前列。

老师们、同学们，每当学期结束，考试结果尘埃落定，我们兴奋地盘点着在闵行区平台上斩获的成绩的时候，千万不要忘记我们的过往——那些在低谷里挣扎徘徊的日子！感谢我们的老师和同学们，尤其是已经毕业的学生们，你们潜心造就了让学子们乐学的“活力课堂”，是“活力课堂”让我们进步，让我们快乐，让我们赢得在闵行区七宝镇静安新城这块土地上生存的尊严！我们用统整网罗文化的精髓，教自主唤醒学习的潜能，以评价激发探究的动力，让课堂充满生命的活力。沿着这条成长的坦途，你们中有的已经走了许久，有的才刚刚开始启程，希望你们一直坚定、勇敢、睿智地走下去，去收获美好幸福的人生！

老师们、同学们，2016学年，对于教育，对于我们，是挑战与机遇共存的一年！教育部明确提出，要聚焦培养中学生的核心素养。具体地说，就是培养学生的社会责任、国家认同、国际理解、人文底蕴、科学精神、审美情趣、学会学习、身心健康、实践创新。最幸运的是，三年前，我们已经提出并且切实地实施了“六维创优”，“优秀成为习惯，习惯化育人格，人格主导人生”成为我校教学的主旋律，引领我们走过新优质创建，成为老百姓家门口的好学校。新的学年，我们的教育主题是深化“六维创优”，培养核心素养。深化“六维创优”，让教育之阳光普照每一位学子，吹开成长路上幸福的花儿；聚焦核心素养，实现全体学生全面发展，持续进步，让学校教育真真切切地为学生的一生发展奠基。

最后，感谢老师们、同学们在这个暑期的努力。感谢您在六维创优 6A 级优秀学生夏令营中的成长和历练；感谢您在暑期军事夏令营中的坚持与进步；感谢老师们在烈日炎炎下的家访，感谢老师们在放学后的校园里加班；感谢您一次一次参与上级部门组织的培训，感谢您身在校外对于学校发展的点滴关注！特别是感谢七宝实验中学老书记张金波同志为七宝实验中学从弱到强所付出的一切努力，祝福您身体健康，万事如意！

新的学年已经开始，新一轮新优质学校持续发展的大旗在秋风中招展，让我们凝聚在这面教育的旗帜下，品味辉煌，再创辉煌！

祝老师们、同学们在新的学期工作顺心，课业进步，心想事成！

夯实基地校建设，献礼二十年华诞

——2016 学年第二学期开学致辞

开学了！欢迎你们回家！我最为怀念并且希望永久流传的七宝实验中学开学流行语是："终于开学了！"简洁朴实，意蕴芬芳。

是的，终于开学了，因为春天来了，友谊的树苗期待主人浇水，希望的种子要赶上季节播种。

回望学校发展的进程，在七宝镇政府、闵行区教育局的关怀下，2009 年至 2012 年，学校由七宝中学托管，这是我校发展的关键三年，我们受到了七宝中学先进校园文化的浸润，聚焦"同心圆建设"，补足历史遗留的差距，走出了办学低谷；2012 年至今，我们精进了"活力课堂"，开发了"六维创优"，提出了"诗韵校园"的主张，加入了闵行区首批新优质创建团队，在闵行区这片教育的热土上，在七宝中学教育集团温暖的怀抱里继续成长，四年间获得闵行区办学绩效考评三等奖一次，二等奖三次，进入先进校行列，一所新优质学校已具雏形。2016 年 11 月，我们接受了闵行区教育局综合评估，成功获评闵行区创建新优质基地校。这是上级领导和社会对于我们历年来热爱生活、追求卓越的校园生活态度的积极肯定，同时也为我们学校持续发展指明了方向。我衷心希望每一位实中人珍惜这一份历史机遇，从各个不同的岗位为我们共同家园的美好明天尽心尽力，夯实新优质基地校建设，不辱学校发展的使命，以扎实的、智慧的教育行动为学校二十年华诞献礼！

夯实新优质基地校建设，必须从教育者做起。老师们，我们的教风是亲和、智慧、担当、进取。基地学校的老师，已经不仅仅是莘莘学子的先生，还必须具备师中之师的风范：一方面，"同心圆建设"凝聚成的人际关系的灵魂不能遗失，它曾经让我们重拾信心，统一思想，更提升了我们生活的幸福指数；依仗"活力课堂"建设、"六维创优"行动所逐渐成长的教师观、学生观、教育观、教育教学的业务能力，还应该与时俱进，丰富教师职业的内涵。另一方面，我们还要拥有更加广阔的心胸，学校的发展离不开每一个实中人的敬业奉献，但是这还不是我们品评功勋、居功自傲的时候，更不是我们停止前进脚步的时候，可以说，奋进的学校，积极的人生，永远不应该有那样的时候。我们不仅仅要继续保持谦虚上进的生活姿态，还应该形成和升华济世的思想，建设基地学校需要我们成长自己，助力他人。七宝中学教育集团前任理事长仇忠海校长、现任理事长朱越校长都对我们提出了同样的希望：向社会辐射自己的办学经验。七宝实验中学，是时候了！

夯实新优质基地校建设，必须着眼于受教育者的普遍成长。同学们，我们的学风是自主学习，自觉成长。基地学校的学生，应该是勇领风骚的少年。“七宝公益”教你学会善良，因为善良是美好人生的基础，善良是社会发展的保障。心学大师王阳明告诫我们：“无善无恶心之体，有善有恶意之动；知善知恶是良知，为善去恶是格物。”前两句说的是人的本性，后两句说的就是教育。“六维创优”引领我们全面发展，“活力课堂”教会我们学会思考、学会学习、学会创造。在这个不缺乏思想的世界，能够吸收最有利于自我发展的思想才是我们需要的思想。于是，我们基于善良的心灵，饱满生命的根基，长出新鲜的秧苗，树起茁壮的枝干，开出灿烂的花朵，结出殷实的硕果。在今天，我们潇潇洒洒面对身边的世界，在未来，我们无怨无悔笑谈充实的人生。这些，应该是每一位实中学子的幸福生活！

夯实新优质基地建设，归根到底就是营造出“团结紧张，严肃活泼”的校园文化，凝聚成可以继承发扬的校园文化。这文化集中体现在我对于老师们、同学们的以上期望之中。文化的实质，就是我们的“热爱生活，追求卓越”的校训，就是我们亲和、智慧、担当、进取的教风，就是我们“自主学习，自觉成长”的学风。前些年，我们缔造出“诗韵校园”这个概念，套上时髦用语，历史已经证明，未来更能证明，“诗韵校园”满足了所有对于学校的美好想象！作为培育人的沃土，“诗韵校园”不仅仅主张对民族文化的传承，对世界优秀文化的吸收，更主张老师和学生在一个积极、祥和、高雅的环境中主动而优美地成长。文化不一定能够使你在经济上富有，然而，有了文化，就可以托起人生的高度，就可以增长世界的广度，有文化本身就是最大的富有！成长因为文化而无比美妙，生命因为文化而倍显高贵！

夯实新优质基地校建设，新的学期，我们应该以这样的教育行为，为我们共同的家园二十年庆献礼！

孩子，梦想的方向是天空

——2017 学年第一学期开学致辞

法国思想家帕斯卡尔有一句名言：“人是一棵会思想的芦苇。”

东西方文化对于生命最高境界的畅想有着惊人的一致：都谓之为天堂！天堂就在天空之上。这份畅想提示人类：生活着，必须有梦想，而且，梦想的方向是天空。

北宋的文学家王安石写过一篇文章，叫作《伤仲永》。文中主人公方仲永幼小的时候天资过人，无师自通，能够缀文吟诗。然而他的父亲却以为奇货可居，为了获得富人们的几个赏钱，天天带着他走门串户，不让他继续学习，不帮助他构建梦想。结果，本有可能像王安石一样文章千古的仲永之花，长到十四五岁，就过早枯萎凋谢，滑落到很普通的高度。这个故事告诉我们，无论你天资多高、基础多好，如果你没有梦想，随波逐流，你的生命就会迷茫，你的前途就可能暗淡。同学们，你们正在经历的世界，比以往的任何时候都要丰富，如果单单从物质的层面看，简单的吃的、穿的，也许不能激发你们拼搏的斗志，也许不能点燃你们的梦想，但是你们必须明白一个道理，人类之所以区别于其他的一切生物，最显著的标志就是直立着并且行走，最深刻的标志就是有思想，有精神的追求，追求的远方就叫作梦想。

我还读过这样一则童话，说的是一个穷人家的孩子，他原本勤劳、向上，这份真性情感动了天上的太阳鸟。在一个黑夜，太阳乘着太阳车出巡了，太阳鸟把孩子驮到了太阳山。这孩子一睁开眼，就只顾低着头看，遍地都是黄金珠宝，于是他贪婪地埋着头，不停地向口袋里装啊，装啊。太阳鸟善意的提醒他听不见，太阳车返程的刺眼的光芒他看不见，他只顾低着头，只顾向他已经装满的口袋里塞黄金珠贝……最后，他被返回的太阳烤成一股青烟……这是一个比方仲永更令人感到悲情的孩子。他曾经指向天空的梦想让他登上了太阳山，可是他一登上太阳山，抬头向上的梦想就退化成为低头向下的欲望。他不得不吞下贪婪的苦果，让年轻的生命成为贪婪的陪葬！同学们，你们所身处的不仅仅是史上最丰富的世界，而且还是色彩缤纷、最具诱惑力的世界，这些诱惑一不留神就可能让我们产生欲望。但是，孩子，欲望只是梦想的前身，不是所有的欲望都能够被允许升格成为梦想，因为梦想的方向只能是天空！梦想不会像毒品一样让人毁灭自己，也不会像沉迷网络游戏一样让人迷失自己，而是让人善待自己，善待他人，让今天的生命充实、快乐，而且能够赐予自己一个阳光灿烂的明天。

同学们，新的学期已经开始了，欢迎你们回家！欢迎你们带着关于新学期的梦想回家！六年级的新同学，你们一定开始梦想着，初中的生活是怎样的充实和快乐；九年级的同学，你们也一定开始梦想着，毕业学年的生活该是怎样的紧张而且充满挑战；全体同学，你们也许都在梦想着在新学期的“活力课堂”上怎样绽放青春的活力，在新学期的“六维创优”中可能达到什么样全新的高度，梦想着你们一颗虔诚的、向上的心，可以赢得多少爱护你的人为你骄傲，为你喝彩！

老师们、同学们，我们的校园也在梦想，我们梦想着在连续五届中考的辉煌之后，继续谱写第六届的辉煌；我们梦想着全校师生的共同表现为闵行区“创全”活动增光添彩；我们梦想着七宝实验中学新优质基地上鲜花盛开；我们梦想着在本年度的办学绩效评估中再次荣获大奖；我们梦想着定在10月28日的二十周年校庆庆典精美绝伦！

老师们、同学们，上海市关于教育的新举措是贯彻实施个性化教育，这与我们“诗韵校园”的主张不谋而合。“诗韵校园”就主张个性张扬：所谓诗与远方，就是借助诗神缪斯的力量，意图以每一个生命为蓝本，创造一个远方的我，用来呼唤现实的我。这是成长的梦想！

梦想不在多。然而，人们，尤其是少年，就必须有梦想。梦想善良而壮美，指向高空，了无纤尘！

愿你有一个灿烂的前程

——2017 学年第二学期开学致辞

春天来了，寒假结束了，欢迎你们回家！今天，我演讲的主题是：愿你有一个灿烂的前程。

狗年春节，盛传着一首被冷落了三百年的小诗："白日不到处，青春恰自来。苔花如米小，也学牡丹开。"暖暖的诗意用美好的未来向我们召唤。五年来，我们一直在致力酝酿"诗韵校园"，其核心内容就是：主张个性张扬，唤醒生命自觉，借助诗神缪斯的魅力，意图以每一个生命为蓝本，创造一个远方的我，用来呼唤现实的我。希望你们端正积极乐观的态度，历练锐意进取的精神，体验不拘一格的创造，追求领先标异的突破，塑造外端内实的气度。

"灿烂的前程"就是"远方的我"，就是一个生命的最终模样：学者有学者的渊博，工匠有工匠的精巧；商人有商人的良知，政客有政客的担当；教师有教师的博爱，医生有医生的仁心；英雄有英雄的伟岸，凡人有凡人的崇高……她没有固定的格式，却总是着一身暖色，不失"灿烂"。如果一定要归纳，就请您记住奥斯特洛夫斯基的一段名言："人最宝贵的是生命，生命对于每个人只有一次。人的一生应当这样度过：当他回首往事时，不会因虚度年华而悔恨，也不会因碌碌无为而羞愧。"

"灿烂的前程"是远方的灯塔，可以照见您良好的习惯。东晋时期，有一对志同道合的朋友叫作祖逖、刘琨，年少的时候，他们就梦想建功立业，报效国家，于是互相勉励，半夜听到鸡鸣就起床练剑。历史用"闻鸡起舞"这个成语铭记着他们的令名。

"灿烂的前程"是温暖的火炉，可以炼就您坚韧的性格。秦朝末年有一位青年，一身布衣却佩剑走过闹市，面对无赖的纠缠，因为远方而果敢地放下眼前，从容地接受"胯下之辱"。他的名字大家耳熟能详，他就是一代名将韩信。

"灿烂的前程"是生命的格局，可以决定您的人生。因为灿烂，所以光明，您可以用光明击退黑暗，用生命之火燃烧掉每一个腐蚀肌体的毒菌；因为灿烂，所以博大，您可以不计较一城一池的得失，您可以从容地"立德立言，无问西东"；因为灿烂，所以辽远，您可以有始有终，让坦途开满风景，教弯道写满芳华。

于是，我们就此凝成了我们的育人理念，并且写进了我们的校歌："优秀成为习惯，酝酿成长的力量；习惯化育人格，定位青春的朝向；人格主导人生，铺垫生命的辉煌。"

于是，我们把信仰写成校训："热爱生活，追求卓越。"热爱生活，从今天的生活起步，走好今天，就是为明天做了最好的准备，每一个今天既是终点又是起点，一个没有认真走好今天的人，没有过硬的资格向往明天！追求卓越，卓越不是用未来显赫与否的地位来衡量，更不是用未来拥有多少的金钱来衡量，追求卓越的人积于跬步，终其一生，拥有一个自由、正直、善良、积极、朝向天空的优美的灵魂！

最后，我套用著名诗人查海生的诗句来结束今天的演讲：

亲爱的，我为你祝福
愿你有一个灿烂的前程
愿你春种秋收
虽有坎坷却勇往直前
愿你在尘世获得幸福
我只愿面朝大海，春暖花开

教育的使命就是教人学会尊重

——2018 学年第一学期开学致辞

“不觉初秋夜渐长，清风习习重凄凉。炎炎暑退茅斋静，阶下丛莎有露光。”暑假已经过去，欢迎你们回家，欢迎六年级新朋友的到来！今天，我演讲的主题是：教育的使命就是教人学会尊重。

教育的使命就是教人学会尊重，这是由教育的性质决定的。社会兴办教育的基本意图是促进生命个体的社会化，就是教一个个生命个体熟悉和实践人类社会的基本规范、风俗人情，浸润人类的文化，获取知识，锻炼能力，融入社会。这是一个复杂而漫长的过程，它几乎等同于生命的长度。学生时代是这一漫长过程的起始期和关键期：尊重自我，更懂得生命的宝贵；尊重他人，悦纳他人，同时也被他人悦纳；尊重社会，融入社会，生命之舟便从容而优雅地划行在岁月的河流。

学会尊重，从尊重自我做起。古人有训：“志士不饮盗泉之水，廉者不受嗟来之食。”因为是“盗泉”，所以宁愿渴着；因为是“嗟来”，所以宁愿饿着。这便是足以标榜千秋的气节，这便是中华民族代代流芳的自尊！马斯洛这样诠释着尊重的需要：“尊重需要得到满足，能使人对自己充满信心，对社会满腔热情，体验到自己活着的用处和价值。”懂得自尊，灵魂就拥有俏丽的模样，您也极有可能成为受欢迎、被敬慕的人；懂得自尊，您会更加了解到生命的意义，生命只有一次，这仅有的一次生命是由无数个瞬间构成的，“谁能以深刻的内容充实每个瞬间，谁就在无限地延长自己的生命”。懂得尊重自我的人，总是顺应这一生命的方向。

学会尊重，尊重他人是最优美的语言、最靓丽的名片、最环保的人际关系润滑剂。只有懂得自尊的人才渴望得到外界的尊重，只有舍得把尊重之花自觉地献给他人的人，才最有可能获得更多的被尊重的芬芳。弗洛姆说过：“尊重生命，尊重他人也尊重自己的生命，是生命进程中的伴随物，也是心理健康的一个条件。”大卫·希尔这么说：“拥有怎样的气场，决定你在别人心中的价值，这种价值不能通过金钱来衡量，它往往和尊重联系在一起。”“宰相肚里能撑船”，支撑起这份宽敞的，其实就是懂得尊重。北宋有个吕蒙正，初任参知政事时曾被下级幕僚指为“小子”，然而他假装没有听见，用尊重回报他人强加的不尊重，最终成为一代名相。我们熟知而且永远缅怀的周恩来总理，风度翩翩，满腹经纶，尊重同仁，礼遇四方，为当时一穷二白的中华人民共和国赢得全世界的尊重。尊重他人时，我们的思想行为在源源不断地传递给他人以温度，我们传递出的温度，在很大的程度上，决定了我们获得的温度。

学会尊重，还体现在对由自然与人文构成的社会的尊重。哲学家老子说：“人法地，地法天，天法道，道法自然。”诗仙李白也曾经这样说：“天不言而四时行，地不语而百物生。”尊重自然，于是我们从无数次挫折中总结出环保的理念，您爱护着山，那就是青山；您爱护着水，那就是绿水；您爱护着校园，这里才能被称为“诗韵校园”。校园的洁美与否，与您荣辱与共、息息相关，请您尊重！我们所处的社会正处在重大的变革之中，它比以往更加多姿多彩。尊重，就是用自己明亮的眼睛去观察，用自己理性的大脑去甄别，用自己热情的姿态去参与。请您掸落社会的尘埃，哪怕只是一小点一小点；请您为每一份正能量注入您青春的活力，哪怕仅仅是一小股一小股。这些都弥足珍贵！

老师们、同学们，七宝实验中学已经走在十年正确发展的轨道上。“同心圆建设”呼唤良好的人际关系；“活力课堂”的打造谋求在合作中自主发展；“六维教育”为学生的一生发展奠基，让梦想走进现实。提醒诸位：梦想的方向是天空，脚踏实地地活在当下，就能拥有一个个灿烂的明天。“诗韵校园”呼唤尊重。

养成了尊重，就是懂得了敬畏！你们的今天和未来，正因为有尊重与敬畏而变得愈加灿烂美好！

学会沟通，让生活更美好

——2018 学年第二学期开学致辞

“雪消门外千山绿，花发江边二月晴。”欢迎你们踏着春光，揣着梦想回家！今天，我演讲的主题是：学会沟通，让生活更美好。

生活离不开沟通。著名诗人北岛有一首简洁到极致的诗《生活》，全诗只有一个字——网。这首“一字诗”深沉而精当地诠释了生活的全部内涵。诚然，生命的个体以生活的形式存在于丝丝缕缕的网中，需要智慧穿行才不至于被网眼锁死，而若想从容优雅地穿行，唯有学会沟通。

学会沟通，要具备韬晦隐忍的智慧。战国时代赵国名相蔺相如，曾为大将军廉颇所不容，将军宣称，一旦直面蔺相如，将当众羞辱他。蔺相如没有选择针锋相对。后来，廉颇从侧面了解到蔺相如之所以躲避他，其实是以国家大事为重，不计较个人恩怨。此后，两人成为知交，一文一武，开创赵国的辉煌时代。沟通，换来了良好的同事关系，演绎了彪炳史册的将相之和。

学会沟通，要具备开怀纳谏的胸襟。唐太宗李世民与魏徵就上演了一段君臣佳话。面对魏徵屡屡不回避他人的直谏，唐太宗忍无可忍，在长孙皇后面前宣称要给魏徵一点厉害瞧瞧，皇后却选择向李世民贺喜，恭贺他有魏徵这样不藏私心杂念的良臣。这真可谓一语惊醒梦中人，李世民放下皇帝的架子，开怀纳谏。沟通，换来了良好的君臣关系，开创了影响千秋万代的贞观之治。

学会沟通，要具备谨慎判断的情怀。苏霍姆林斯基是苏联著名的教育家，在他当校长的时候，校园里开出了一朵特别大的玫瑰花，全校的学生都非常惊讶，每天都有许多学生来看。这天早晨，苏霍姆林斯基在校园里散步，看到一个 4 岁女孩在花园里摘下了那朵玫瑰花，抓在手中，从容地往外走。苏霍姆林斯基很想知道这个小女孩为什么摘花，他蹲下身子，亲切地问：“孩子，你摘这朵花是送给谁呀？能告诉我吗？”小女孩害羞地说：“我奶奶病得很重，我告诉她校园里有一朵大玫瑰花，奶奶有点不信，我现在摘下来送给她看，看过了我就把花送回来。”听了孩子天真的回答，苏霍姆林斯基的心颤动了。他牵着小女孩，从花园里又摘下两朵大玫瑰花，对孩子说：“这一朵是奖给你的，你是一个懂得爱的孩子；这一朵是送给你奶奶的，感谢她养育了你这样好的孩子。”沟通，是教育最有效的渠道，也是成长最可靠的路径。这个故事影响了教育近百年。

学会沟通，要具备与自己和解的通达。父辈们经常说，望子成龙，望女成凤。现实生活中，芸芸众生，成龙成凤者其实只是凤毛麟角，但是这并不意味着您就可以放弃。所谓“龙”“凤”，是您生命的美好的朝向。我们其实是希望您走在朝向美好的生活之路上，每一阵清风都可以润肺，每一簇鲜花都可以养眼，每一声叮咛都是珍重……您也经常被激励着，“不想当元帅的士兵不是好士兵”，我们不妨把这份励志改换一下语序：当好了一个士兵才有可能成为元帅。因为作为士兵的长年累月的历练，作为士兵的身经百战的艰辛，作为士兵的历历可见的伤痕，作为士兵的风雨不惊的军姿，都写进了未来元帅的人格！或许在未来，您当真成了统率千军万马的元帅；或许，更多的是，您成了自己的元帅，带着当士兵时历练出的品格，驾驭自己的青春，驾驭自己的生命小舟，穿行在岁月的河流。学会沟通，友善待人，披荆斩棘，幸福平安！

生命是高贵的，个体是渺小的。关爱您生命的人可以很多很多，但是再多的关怀也抵不上您自己对于自己生命的关怀。爱有多种语言，学会与他人沟通，学会与自己沟通，是爱的最好表达。也许眼前还有烦恼喧哗，仿佛生命中的污泥，扰乱着我们的心境。然而，当我们愿意沟通，我们的心便会安静下来。我们会等到，有几朵洁净的莲花、几丝博大的智慧，从彼此未名的心池，开启！——只要我们愿意沟通！

沟通之河犹如生命体的血脉，是生命的智慧之源，是生命的活力之源。学会沟通，让生活更美好！

骄傲地做中国人

——2019 学年第一学期开学致辞

开学了，欢迎你们回家。首先，让我们以热烈的掌声，欢迎 2019 级新同学的到来！希望你们以高年级的学兄学姐们为榜样，迅速融入七宝实验中学的文化，沉浸到“六维教育”，历练于“活力课堂”，快乐在“诗韵校园”！

今天，我宣讲的主题是：骄傲地做中国人！

骄傲地做中国人，泱泱中华，物华天宝。有柳永《望海潮》为证：“东南形胜，三吴都会，钱塘自古繁华。烟柳画桥，风帘翠幕，参差十万人家。云树绕堤沙，怒涛卷霜雪，天堑无涯。市列珠玑，户盈罗绮，竞豪奢。”史传完颜亮读罢这首词，如痴如醉……我曾经游览绵延数千里的海岸线，目睹“秋风萧瑟，洪波涌起”；我曾经造访广袤无垠的南疆，沉醉在“大漠沙如雪，燕山月似钩”般的景色里；我曾经登上长城烽火台，“望长城内外，惟余莽莽；大河上下，顿失滔滔；山舞银蛇，原驰蜡象，欲与天公试比高……”

骄傲地做中国人，五千年文明古国，历史的长河，浪花滚滚，奇珍屡现。“蒹葭苍苍，白露为霜，所谓伊人，在水一方”，绝美千年的诗情，依然唱响；“三军可夺帅也，匹夫不可夺志也”，孔子的教诲，依然铿锵；“路漫漫其修远兮，吾将上下而求索”，屈大夫的正能量，穿越两千年，丝毫不减炽热；“人生自古谁无死，留取丹心照汗青”，文天祥诗如其人，光芒照世。造纸术、火药、指南针、活字印刷，从各个不同侧面推动着人类社会的文明进步，泽被后世。

骄傲地做中国人，泱泱中华，人才辈出。20 世纪三四十年代，日本帝国主义入侵，山河破碎，多少华侨青年放弃优渥的生活，毅然决然返回祖国，“把我们的血肉，筑成我们新的长城”！2001 年 4 月 1 日，为了保卫祖国的蓝天，空军飞行员王伟驾驶战机与入侵的美国侦察机发生碰撞，壮烈牺牲，他留给战友最后的声音是：“我已无法返航，你们继续前进！”发展中的中国、崛起的中国不愿意受制于人，力求全面突破，华为集团一马当先，5G 技术独步天下，华为“掌门”任正非这样阐述：“世界上一切资源都可能会枯竭，只有一种资源可以生生不息，那就是文化！”他还启发我们：时光不能倒流，如果人能够从 80 岁开始倒过来活的话，人生一定会更加精彩。近期，部分香港民众为境外反华势力所利用，气焰嚣张。与此形成鲜明对比的是，世界各地的华人华侨纷纷走上街头，高举五星红旗，谴责“港独”，维护统一，颂扬一国两制……

骄傲地做中国人，古老的中华，迎来伟大的复兴。四十多年改革开放的成就，有目共睹。我们已经逐步拥有了强大的国力，经济实力跻身世界前列，人民生活水平日益提高；我们拥有了强大的国防，先进的现代化军队足以捍卫祖国的安宁，任人宰割的历史已经一去不复返；我们的科技正在提速，高速铁路独步天下，航天航空技术突飞猛进，中国制造正一步一步地转向中国创造！身处这一伟大的时代，创建人类命运共同体，是幸运更是使命。伟大的航行，波澜起伏，暗礁重重，然而，正因为波浪碰着礁石，才得以激起美丽的时代浪花。

骄傲地做中国人，天下兴亡，我的责任。教育是廉价的国防，同时也是最可保证的国防。我们要做有理想、有道德、有文化、有纪律的人，立志为人民作贡献，为祖国作贡献，为人类作贡献。做“四有新人”，便是我们莘莘学子最好的爱国举措。在七宝实验中学新优质基地校，我希望你们在“活力课堂”中历练，在“诗韵校园”里成长，在“六维教育”铺就的教育跑道上奔跑！

最后，我提议把最热烈的掌声献给2019届毕业年级的全体师生！向你们学习，向你们致敬！

祝全体同学和老师们新的学期身体健康，精神愉快，学业进步，工作顺利！

直面人生，最高级的教养是生命自觉

——2019 学年第二学期开学致辞

今天是计划中正式开学的日子。然而，由于新冠病毒肆虐，大家不能如常到校，但我的致辞从不缺席：直面人生，最高级的教养是生命自觉！

什么是生命自觉？一个生命来到这个世界上，释放出第一声啼哭，宣告一个新生命的诞生，这就是生命自觉。再以后，他用啼哭来报告自己的饥渴、寒冷，他用疼痛或燥热来暴露肌体的病恙，这就是生命自觉！

什么是生命自觉？18 世纪初，有一部风靡欧洲，此后又席卷全球的小说《鲁滨逊漂流记》，作者是丹尼尔·笛福，这是根据真人真事创作的纪实体小说。最让我铭心刻骨、数十年不敢忘的不是小说离奇曲折的故事，不是海岛异域的风情，而是几个叙事细节：每天，鲁滨逊都坚持穿衣服，哪怕无人注视，哪怕衣衫褴褛，哪怕在很炎热的夏季！每天，鲁滨逊都坚持开口讲话，哪怕总是自言自语！因为他懂得，这是人性！因为他始终坚信，总有一天能够重返社会！28 年悠长的等待！28 年他凭借生命自觉的等待！

前年我应邀去延安讲学，朋友推荐我去了梁家河，到了习书记曾经生活和战斗过的地方。在那里，我有幸了解了习书记的青年时代。这些年，我一直在思考关于习书记的这样几个问题：出身高干家庭、皮肤过敏的他，居然抵得过大西北炕上跳蚤的叮咬，这是生命存活的自觉；在那个读几车书也换不来一斤棒子面的时代，他竟然痴迷读书，历史定格了他挂在牛角上的书包，这是生命成长的自觉；在那个贫瘠的时代，一个爱美爱生活的青年，居然把优秀知青的奖品——一辆三轮摩托车兑换成供乡亲使用的电磨盘，这，或许就是实现生命价值的自觉。成功的机会，总是留给具备生命自觉的人！

有道是："天有不测风云，人有旦夕祸福。"又有人告诉我们："福兮祸所伏，祸兮福所倚。"苦难拉长了岁月，但也可以磨炼我们的意志，坚定我们的信仰，丰满我们的精神，发展和提升我们的生命自觉！

我希望你们在这段特殊时期，经营管理好自己的时间。生命的全部精彩都在于怎样用智慧去打理自己的时间。我们日常面对的吃饭、穿衣、锻炼、学习、工作、交友、游戏等，其实都不过是赤橙黄绿青蓝紫的颜色，我们生命的自觉才是最好的画笔。生命的画作水平高低，取决于生命自觉程度的高低！由于新型冠状病毒这场灾难，你们意外地拥有了大把大把的可以自由支配的时间。我只是希望你们，运用生命自觉，合理支配时间；通过自由时间的实践，提升生命自觉！

我希望你们，在这段特殊时期，丰富自己的学习途径，整理自己的学习体会。这些天，教育界的上上下下都在关心你们，怕你们孤独难忍，怕你们学业受阻。有从身体上的关爱，有从心理上的关爱，有从文化方面的关爱，各种视频网课正在纷至沓来。我希望你们从心底接受这份关爱，把这些有序地融进自己的生活。当然，说到学习，我只强调四个字：看书学习。没有什么比看书学习更能助长生命自觉！

我还希望你们，在这段特殊时期，开始了解生活，感悟生命。也许，这是一个高难度的命题，但是，生活才是最好的课堂，你可以由浅入深，掌握一些生命的道理。面对肆虐的病毒，我们不得不静候在家里，直观的一荣俱荣、一损俱损正好教育我们，家是最小的最可依赖的幸福单元，渐而扩大成家族、社区、城市。面对肆虐的病毒，并不是武汉在独立支撑，而是全国各地纷纷驰援，渐而扩大成来自世界友好国家和地区的支持。这里有国家的情怀，这里有共建人类命运共同体的主张！

我最希望你们，在这段特殊时期，再次阅读著名诗人北岛的《回答》。世人读得最多的是“卑鄙是卑鄙者的通行证，高尚是高尚者的墓志铭”，往往没有耐心读到第五节后两句：“我不相信梦是假的，我不相信死无报应。”这就有正能量了：只有审判的迟到，没有审判的缺席！生当作人杰！一个没有家国情怀的人，即使学富五车，也只会贻害无穷。只有像钟南山院士那样有国士胸襟，只有像数以万计的白衣逆行者，其中也包括七(6)班李澜升同学的妈妈何青青大夫，像他们一样为国担当，为民造福，才不愧这唯一的一次生命！这是生命自觉的最高境界！

一切都会过去！然而，请不要放松每一刻的成长，尤其是不要放松生命自觉！

祝安好！

第二章

CHAPTER 02

节日承载的校园文化

初中四年，你所经历的每一个校园节日都承载着我校的文化内涵。爱生节，大千世界、朗朗乾坤，有难以计数的生命与您同行。有那么一群人，他们犹如您父母一般，负有呵护你们成长的使命，她们的名字叫作老师。体育节，年轻的生命在充满希望的旷野里奔跑，晶莹的汗珠反射着太阳的光辉。读书节，你们深刻地体会着“书是人类进步的阶梯”，书尽管不能增加生命的长度，却可以拓宽生命的广度。班主任节，你们开始懂得爱是人类最美的语言，爱是无私的奉献。艺术节，你们尝试着为生命增添一双会飞翔的翅膀。科技节，你们懂得与时俱进，懂得科技是第一生产力，从而提升学习的动力。感恩节，开主题队会，做“七宝公益”，你们明白了感恩是人类高贵的情怀。活在这美好的世界，融进那漫长的历史，你们不是爱的终端，你们有接受爱的权利，同时肩负传递爱的使命……

七大主题文化节串联而成七宝实中的教育，犹如上下翻飞的彩练，伴随着你轻舞飞扬，锻炼着你年轻的生命！构成生命的时空尽管不完全是节日，就像我们所有的日子，不可能全是快乐，但是你们不可以放下追求快乐生活的权利，而且要铭记一个道理：真正的快乐永远属于充实的生命。此刻，你们的校长希望你们带走一切一切关于成长的渴望，带走健康的身心，放下生活的不快；带走爱读书的良好习惯，放下无聊的游戏和虚空的幻想；带走理解，带走善良，终身只播种善良的种子，放下隔阂的阴影，铲除仇恨的杂草！

七宝实验中学用十年时间，逐渐开发了由爱生节、体育文化节、读书节、班主任节、艺术节、科技节、感恩节七大节日组成的节日文化体系，意图用最为孩子们喜爱的节日形式，渗透我们主张的教育思想。在探索的过程中，我们侧重：

（1）学生主动参与，在实践中体验、发展。

（2）不是一哄而上，而是视学校发展的需要而有序设计。

（3）在时间的安排上，拒绝走过场、贴标签，而是把节日文化做到实处。在学校发展的初级阶段，每一个节日的时间安排比较长，随着全体师生教育认知水平的提高，正有计划地缩短节日时间。由于顶层设计有序，节日文化早已有序地融进学校教育，深受师生、家长喜爱，达成了良好的教育效果。

阅读本章，你能了解到七宝实验中学的文化传授不是在灌输，不是在说教；七宝实验中学的节日文化也不是“解闷教育”“花式教育”，而是借长期的系列节日文化，传播我们一贯主张的教育思想。让我们在节日中愉悦，在节日中期待，在节日中成长。

爱生节：孩子，我们为什么爱你

孩子，你要明白，你不应该是爱的终端！我们付出爱不只是因为我们期望得到爱，更重要的是，人类还要一代一代地繁衍下去，你也会像我们一样成为大人，你也会是老师，是父母，是比另一群人早起一程的人。因此，我们有足够的理由期望我们的爱平淡而朴实如草籽，铺展开人类生生不息的春天！是的，你有被爱的理由，也有不可懈怠的传递爱的责任！

自 2009 学年开始，我们在 9 月份第一周举办爱生节，为期一周，迄今已经举办了 11 届。我们之所以把教师节做成爱生节，是因为我们认为，既然我们贯彻的是爱的教育，在学年伊始，应该播种的是爱的种子，教师是播种爱的人。我们通过播种爱开始新一学期的教育。在之后 12 月份的班主任节、次年 5 月份的感恩节，我们用不同范畴和数量的样本，来检验我们爱的教育的收获。

七宝实验中学首届爱生节活动方案

一、 指导思想

爱生节是七宝实验中学教师的一次教育实践，更是在启示所有教师：教育的真谛就是爱。因此，教师对学生的爱应播撒在一年 365 天中的每一天。在这样的爱的实践中，教师们用自己的行动把教师节过成了爱生节，从而形成了实中独特的校园文化。

二、 活动目的及意义

为了让每一个实中学子都能幸福成长，教师们深入困难学生家庭，和学生的父母交谈，体验学生家庭生活环境，了解造成困难的原因，送去他们所急需的钱物，帮助学生更加健康地成长。用心关爱每一个学生的成长，是建设和谐校园的最重要的主题。

三、 活动安排

表 1　七宝实验中学首届爱生节活动安排表

序号	活动名称	活动时间	活　动　内　容	活动负责人
①	“人月两团圆，共画爱心圆”	9 月 4—12 日	教师分头到经济困难、学习困难、行为失当、心理有偏差或单亲家庭的学生家探访，送去学习用品、月饼等，与他们结对帮扶，送去一份关爱和鼓励	班主任、任课教师、学校领导
②	“我的小心愿”	9 月 10 日	每班利用周五下午的班会课，让学生们童言无忌地说出他们心里一直想对班主任和任课教师说的话，要求教师们满足自己一个小小的愿望，教师们也根据孩子们的要求尽量满足学生	班主任
③	“心愿板”展示活动	9 月 10—17 日	将班会课上同学们的“小心愿”制作成“心愿板”，展示在校园的橱窗、走廊上	班主任

四、 奖励措施

通过对“心愿板”的设计评比，选出最具创意奖（每年级一个），最佳心愿奖（每年级两个），其余为优秀心愿奖。

五、 活动延伸

通过班会课诉说“小心愿”，教师们知道了孩子最需要的是关爱，所以为将“爱生节”的活动意义延伸下去，每班班主任和任课教师每月给当月过生日的同学送上一张贺卡。要走进学生的心灵，首先要走进学生的生活。关爱学生生活，能够让学生感受家的温暖；关爱学生生活，更能让学生懂得爱的力量。

活动策划：七宝实验中学德育处

孩子，我们为什么爱你

——写在七宝实验中学第一届感恩节

那是一个下午，放学了，我因事要乘校车去华东师大，待我处理好事务来到校车上的时候，座位已经被占满了，我当然不在乎这些，便随便靠着个地方站着。

忽然，我瞥见了一个熟悉的面孔，她是我的学生，刚刚还在听我侃侃而谈的学生。她成绩不很理想，但不厌学，为了她的进步，我也称得上是耗了不少的心血。在我打量她的同时，她也发觉了我，朝我望了望，算是打了个招呼。

我赶紧将目光移向别处——因为我历来受不得客气，我怕我的学生会给我让座，人多的地方推三让四的样子不好看。然而，我的担心纯属多余，什么事也没有发生，学生依然正视着前方，间或瞧我一眼，那眼里看不出什么感情。

我的心紧缩了一下，先前最担心的事情现在却成了我的期盼：我期盼她欠起身向我让座，哪怕是假意的客套我都情愿。那时我会亲切地按住她的肩，用整个车厢的人都能听见的声音说："不，孩子，你坐！"可依然什么也没有发生。

车行了将近半个小时，有人下车了，就在我左边的座位上。我热情地招呼着站在前面的一位老教师，老教师坐下后谢了我。可我并不注意老教师的举动，我的全部的活力几乎都凝滞了，我期待我率先垂范的做法会带给孩子一点启示，然后听到一个熟悉而甜美的童音："老师……"

终点站到了，我逃也似的离开了。

是我脆弱吗？是我有些自私吗？扪心自问，这些不属于我，我历来不期望恩赐，乃至不期望正常的帮助，因为我们这一代人总是习惯于"克服"；我也不自私，假如孩子能为我谦让一次，我的确愿意付出几十次、几百次的代价。在期望之火折磨着我的时候，我甚至希望孩子并没有看见我，或者哪怕是装着没有看见我。

孩子，因为我们是你的老师，我们是你的父母，我们是比你的生命早起一程的人，在你花季的岁月里，揩着辛劳的汗，倾听你花开的声音——爱你，是我们无悔的选择。

孩子，你的名字是弱者，你稚嫩的肩膀还荷不动潮湿的空气，你柔弱的腰肢还挡不住岁月的来风，你学步不久的双脚还掸不开大地的泥泞——爱你，用热情驱赶逼你的潮气；用胸脯遮挡吹你的寒风；用心血消释缠你跋涉的泥泞。爱你，是我们不可推卸的责任。

可是孩子，你要明白，你不应该是爱的终端！我们付出爱不只是因为我们期望得到爱，更重要的是，人类还要一代一代地繁衍下去，你也会像我们一样成为大人，你也会是老师，是父母，是比另一群人早起一程的人。因此，我们有足够的理由期望我们的爱平淡而朴实如草籽，铺展开人类生生不息的春天！是的，你有被爱的理由，也有不可懈怠的传递爱的责任！

长长的历史切割给我们一个短暂而狭小的共有时空，你们并不是唯一需要关爱的人！多么期望，我们共同走好……

爱生节，我们一起去逛街

——写在七宝实验中学第二届爱生节

逛街，似乎是很久很久以前的事儿了。男孩发展成为男人，标志之一就是不轻易逛街，一年中难得一次，也多半是迁就同行的她，为了重温一下往日的温度。遗憾的是不欢而散的境况多，过在男人，男人总以为自己有很多重要的事儿要做，渐至不屑于那么漫无目的地在流淌的人流里放逐自己。

然而，这个爱生节要逛街！尽管男人依然有许多事儿要做；尽管男人忌惮逛街有如忌惮拼酒的应酬，但是最后，男人还是决定要逛街——和一群孩子一起逛街！

是的，孩子，爱生节我们一起去逛街！

为你挑选一本《开心钥匙》，期待那美妙的文字能够打开你锈蚀的心锁，期待阳光渗入你有些干涸的心田；为你挑选一本《钢铁是怎样炼成的》，期待那传奇的故事能够振奋你的精神，改写你软弱的性格；为你挑选一本《作文原来可以这样写》，期待那长者的智慧能够带领你走出学习的窘境，期待你也能用笔描绘你美丽的心花……

是的，孩子，爱生节我们一起去逛街！

为你精心挑选一款新颖的书包，知道你的书包已经很旧很旧，旧得盛不稳你少年的梦想；为你精心挑选一款活泼的短裙，知道你是爱美的孩子，知道你早已忘记了你母亲的模样，知道你常常梦呓着一个叫作“亲情”的宝贝；为你精心挑选一件同龄的城里孩子早已不玩，但是一直生活在乡间的你却从来不曾玩过的玩具。孩子，既然我们走在一起，我们就必须给你补上一课，叫快乐……

很忙——一个叫作都市男人综合征的幽灵，也许正在折磨着我们的身体，还在锈蚀着我们的神经。于是，爱生节，我们决定一起去逛街！

必须的，对吗？

可怕的乌鸦

——发表在第三届爱生节

这是一个真实的故事。

七岁的孩子放学回家，眉飞色舞地讲起了他们今天的故事会，老师的命题是：乌鸦被骗之后。

“第一个小朋友讲得棒！”孩子说。乌鸦那块肉被狐狸骗走了，越想越气愤，找来了朋友小山羊、小白兔、穿山甲，当晚在狐狸家门前掘了一口很深的陷阱。第二天清晨，狐狸刚出门，伸了个懒腰，一下子掉进陷阱，乌鸦和他的朋友们一哄而上，把早已准备好的大石块推了下去……

“第二个小朋友讲得更棒！”孩子说。乌鸦那块肉被狐狸骗走了，他越想越气愤。但他一连几天在狐狸面前假装若无其事，心里却不停地盘算着复仇的办法。一天，他衔着一只青蛙，在狐狸家门前飞来飞去。狐狸瞧见了，故伎重演，乌鸦又开始唱歌，青蛙又掉进狐狸的嘴里。狐狸吃着吃着突然滚倒在地，口吐白沫——原来那是只被农药毒死的青蛙。

……孩子不停地讲述着，眼中溢出令我陌生的复仇的快乐。

我折服于孩子们惊人的想象力。他们几乎每一个创造都远胜于几十年前的我们。多少年来，我一直同情着那只有些虚荣、有些蠢笨而又无奈的乌鸦，我也曾寄希望于他遭受挫折后的坚强与睿智，却想也未曾想过，他何以能够变得如此的狡黠和残忍，而这一巨变却仅仅因为失去了一顿可口的佳肴啊！

孩子，我们芸芸众生来到这个世界，为了各自的生存，自免不了发生碰撞，也许碰撞会导致仇恨，但消释仇恨非得以死亡为代价吗？的确，我们居住的这个世界很拥挤，可我们的心要宽敞，宽容和大度是我们生命小车上的灯光，它可以照亮自己的路，也可以警示他人。相比以牙还牙，它或许更能有效地避免产生仇恨或是消释仇恨呀！祖先们给我们留下一句颇有生活哲理的名言，叫作“相逢一笑泯恩仇”。这“一笑”，笑出了许多宽容的潇洒。

听着可怕的乌鸦的故事，我联想起许多。日前报载某名牌大学两名博士生，就是因为些许小事而以性命相搏，最终双双坠楼。多么珍贵的青春，多么不值得的高昂付出呀！孩子，为了生活，你有很多要播种，可千万别轻易播种仇恨。倘若你生活的土壤中不可避免地长出了仇恨的杂草，别忘了试着以宽容和大度去清除——哪怕是一遍又一遍。

哦，孩子，你没有错，你只是不懂得。有错的可能是我们这些大人，我们或许是淡忘了对你们的责任，甚至是对人类生生不息、世代繁衍的责任。当然，一旦我们明白了我们理应肩负的责任，那我们应该做的，就不能单单是言传了。

假以时日，孩子，我再听你讲故事。

（本文曾发表在《铜陵日报》）

和谐与创新并进，机遇与挑战共存

——第四届爱生节致辞

今天，是我们共同的节日。在这个喜气洋洋的日子里，我们倍感祖国的关怀、社会的深爱、生活的厚赐、合作的愉悦！在这个无比温馨的日子里，所有的快乐都以微笑的形式绽放在我们的脸上；所有的不快乐都如岁月的风，吹过成熟的秋林，化作一片橙黄的秋叶，飘落到大地母亲温柔宽广的胸怀！

都道人生苦短，而我们有理由不觉得如此！屈指算来，我们进入七宝中学教育集团已然三年。三年来，我们有太多的辛苦；三年来，我们有太多的挑战；三年来，我们又收获了太多成功的快乐！感谢生活，感谢命运，把我们维系在一起，让我们同呼吸，共命运，为了共同的目标——热爱生活、追求卓越，做一名优秀的实中人！为了这一句庄严的承诺，我们艰难地打拼，我们幸福地品味！

深情地道一声感谢，亲爱的同学们！当你们融入以爱生节、读书节、体育节、班主任节、感恩节为主线的七宝中学教育集团特色的校园文化的时候；当你们投入以课程统整、自主学习、过程评价三维度为主体的“活力课堂”的时候；当你们一点一点地理解自主人格发展、自主学习能力发展是为学生一生发展奠基的高效途径的时候，我们惊喜地发现，我们的师生关系是这样的和谐。共同学习、共同成长的生命历程，让我们倍加珍惜我们共同行走的生命历程！我们惊喜地发现，你们美丽红润的脸庞，少了一丝幼稚，多了一份思考：少了的是对于生活的懵懂，增长了的是对于文化的热衷，是对于师长的感恩，是对于学校发展的期待，是对于报效祖国时不我待的少年情怀！一切一切的不良习惯渐渐离你们远去，一切一切的好习惯，渐渐成为你们的素养！你们好了，学校才会好，你们强了，学校才能强。进入校门，你们不仅仅是不可或缺的最优美的风景，你们更是学校的生命！学校因为你们，才能绽放时代的活力；学校因为你们，才能活出生命的尊严！

既往的一切，都是美好的故事，站在昨天的肩头，倚住今天，眺望明天的风景——风景如画。生命的精灵在前方不远的芳草地上信马由缰，那是幸福的诱惑，那是诗意的舞蹈。同学们，少年的追求，诗意的人生，这是挑战，这是机遇！不同的是生命，相同的是精彩，既然生命对于每个人来说只有一次，那么，你们有足够的理由去经历这仅有一次的幸福、神圣而精彩的生命！诗云："江山代有才人出，各领风骚数百年。"你们已经有勇气穿越昨天的低迷，创造今天的骄傲，那么，你们一定更有毅力、更有信心去拥抱明天的精彩！

深情地道一声感谢，敬爱的老师们！感谢你们和我一起共同奋斗的一千多个日日夜夜，这占生命历程的二十几分之一的时光，你们大度，你们宽容，你们博爱，你们更懂得让生命在庄严的教育事业中绽放精彩。于是三年来，在七宝中学教育集团这个大家庭里，我们创造的即使算不上是奇迹，但至少是精彩与充实，至少是前所未有的和谐！

感谢你们接受了"同心圆"的管理理念，逐步建立起校兴我荣、校衰我耻的理念，坚信只有团结协作，才能走出低谷，创造未来！感谢你们迅速地融入七宝中学的先进文化，对于社会，对于学生，对于同事，常怀感激之心，善待生活，善待教育，善待每一株绽放在草丛中的花朵，善待每一对扑扇着路过的蝴蝶翅膀！您把最热烈的掌声，献给了初次体验成功快乐的莘莘学子，献给了从挫折中坚定地站立起来的身边的老师——您的同事！您留给自己和亲人的时间定然是大大地缩减了，因为每每在万家灯火亮起的时候，您还滞留在办公室，或是忙于盘点一天的工作，或是绘画明天的蓝图；也有时候，您在与一个白天闯了祸的孩子促膝谈心，您在一点一点地辅导一位学困生的作业……窗外朦胧优美的月色，和着室内白炽灯明亮的灯光，这就是您的教育的智慧。您是最拥有爱心的人，您又是最懂得传递爱心的人！感谢你们坚定不移地开始了"活力课堂"的探索！是啊，每一份创新都是一次对于传统的继承与背叛，这继承需要甄别，这背叛需要勇气。改变一种长期形成的工作习惯，要有深刻的反思精神，要有强烈的学习与探索的欲望，要有对于组织、对于校长办学思想的信任，要有对于科学、对于真理的坚定不移的信仰，更要有对于教师——这份清贫却无比高尚的职业的无限忠诚，才能下得了这份决心，才能付得出这份努力！老师，您与时俱进，您智慧时尚，于是，您选择了在"活力课堂"探索的征途中，迈出坚定的第一步！

桃李不言，下自成蹊。我们挚爱的校园，一改曾经门可罗雀的惨淡，蜂拥而至的学生，反反复复地书写着一所学校的尊严！老师，这是您的骄傲呀！尽管，这可能带给您更多的辛劳，然而，这就是我们职业的价值，这就是我们的生命价值，自从选择了教师，这辛苦、清贫却无比高尚的职业，我们的使命、我们生活的目的，就是为了成全孩子！就是为了成全更多的孩子！

许多天来，面对过去，我一直在反思，得出的其中一条结论是：老师，您有理由和权力对我和我领导下的行政干部团队提出更多的要求与建议。因为这些呼吁的存在，会从根本上改变我们可能存在的一些管理陋习，会更有利于培养一支服从于学生发展、服务于教师发展、忠诚于学校发展的领导队伍！孜孜不辍，兢兢业业，敬畏自己的领导岗位犹如敬畏生命，理应——也一定会成为我和我领导下的行政干部队伍的共识！老师，期待您的参与，期待您的智慧，期待您的严格要求！因为这些，是我，同时也是学校党支部书记张金波同志，在学校从平庸起步，向优质蜕变这一关键时期，对于全体领导干部的严肃要求！

敬爱的老师们，挥一挥手，我们仅仅三年就掸开了曾经滞留在校园天际的愁云，蓝天美丽慈爱，映衬着校园的笑脸，夏雨秋风穿梭忙碌，一刻也不稍停地弹奏着这一所学校中兴的主旋律！让我们一起展望未来吧，只要我们一如既往地勠力同心，和谐发展，夯实基础，促进诗文化特色，那么，今天已然美丽，明天会更加美好！

和谐与创新并进，机遇与挑战共存！敬爱的老师，亲爱的同学们，我们期待着，社会期待着，七宝实验中学必将揭开发展史上崭新的一页！

为爱留门

——写在第五届爱生节

童年的山村，夜晚是一片漆黑，可我们这群“野孩子”，不玩到筋疲力尽是不愿意归家的。母亲不赞成，却也很无奈。每每我惶恐地靠近家门时，总发现一线黯淡却温暖的光从门缝里溜出——劳作一天的母亲睡了，却为我留着晚归的门……

——为爱留门，是母亲的教育，也是我一生的职业财富。

轮椅上的太阳

2009 年 9 月，我刚刚受命担任七宝实验中学校长。开学数天了，初三(2)班的海醇同学还未上学。

海醇是一个特殊学生，高位截瘫，父亲身患重病，母亲不堪家庭重压，离家出走。我了解到，前不久，海醇父亲与学校发生了一场争吵——前三年，海醇到楼上教室上课是靠老师和同学背，但是，现在的海醇身高已超过一米八，体重达到 160 多斤，况且前胸有固定的身体支架，海醇怕累着大家，再不愿意由老师同学们背着上教室。家长提议学校启用已经多年没有使用过的电梯。校方认为，电梯多年闲置，已经不适合运行。于是，海醇和他的父亲选择了休学。

教师节这天(我校把该节定义为“爱生节”)，我偕同副校长、德育处正副主任一行四人去往海醇家家访。海醇家住十楼，这天不巧停电，我们爬到十楼时，已是大汗淋漓。海醇父子为我们的诚心所感动，终于同意上学。

我们起初想用滑竿抬海醇上楼。回到学校，我们试着赶制了简易滑竿，让体重相当的副校长坐在上面，我和两位主任抬起来——不仅费力，而且实在存在较大的安全隐患！

怎么办？众说纷纭！恰闻有报道称闸北区某校为了一位同样瘫痪的同学，把整个年级搬到一楼。可是我们学校不行，我们地面有小树林，一楼教室潮湿阴暗，基本上被安排作其他用途。为了一个同学上课方便，让全年级学生承担由此带来的不利，显然也有失教育公允。

还是初三年级组长吴老师想出了办法：在一楼体育组办公室专门为海醇准备一套桌椅，由两位身强力壮的体育教师负责照顾海醇的生活（特别是上厕所）；鉴于海醇学习能力较强的特点，对海醇采用任务驱动式教学——每节课的 25 分钟由海醇自主学习，15 分钟为教师指导学习，全体初三老师分工，为海醇单独备课；为了丰富海醇的课余生活，初三（2）班同学分成六组，课间休息时下到一楼，陪海醇说话，推海醇到户外晒太阳……

经过一段时间，海醇适应了学校为他准备的一切，微笑又回到海醇的脸上，海醇父亲也与学校冰释前嫌。11 月期中考试，海醇位列年级前茅。海醇父亲特地制作了锦旗，送到七宝中学。

在 2010 年七宝中学教育集团迎新年诗歌朗诵大赛上，我创作了诗歌《轮椅上的太阳》，由书记、副校长、初三（2）班班主任、海醇，以及海醇的老师和同学合诵，感动了全场，集团理事长仇忠海校长也流下了热泪。此节目获得特别大奖。

2010 年 7 月，海醇以优异的成绩顺利毕业，并升入高中继续学习。海醇家长再次把锦旗送到七宝中学教育集团。

最好的决策是理想，更好的决策是现实。

你只是暂时还不适应

2011 年 11 月底的一天，我收到×老师的一条短信："校长，我真害怕，这次月检测不知结果会怎样……"

×老师是一位优秀青年教师，此前在一所高中任教，调入本校才不久。在刚刚过去的三个月里，其教学成绩与另一位执教同年级学科的教师形成了很大的差距。压力可想而知！几乎可以这样说，由于该学科的各班成绩极度不平衡，毕业班年级办公室的气氛很压抑。

我被邀请参加了该年级期中考试质量分析会，会上，我告诉×老师，同时也是告诉全体初三老师：你不是不行，你只是暂时还不适应！你不仅要关注初中学科教学，你还必须多关注初中学段的师生关系！

此后，我多次进入×老师课堂听课，×老师的带教老师也陪同一起听……

这次收到消息，我不仅回了短信，告诉她"要自信！只要感觉自己有进步，那么学生就一定会进步！"还用了一个多小时时间与她交谈。记得那是一个星期天的下午，我刚刚从医院病房赶回学校——我的一位亲人刚刚遭遇严重的车祸，正躺在医院的病床上等待手术……

奇迹居然发生了。月检测中，×老师学生的成绩与她的带教老师的学生成绩几乎持平！

此后不久，×老师又经历了病痛的折磨，然而，为了初三的孩子，她一边与病痛斗争，一边带着她的学生，一路“高歌猛进”。

2012 年 5 月 4 日，学校工会及教师发展中心主持的“校训指引我成长”青年教师演讲比赛中，×老师一诉衷肠：“珍惜生命中的选择！热爱生活，追求卓越，就必须伸出自己的手，接受优秀的‘实中人’的搀扶；热爱生活的人，是在心灵上为他人留一些空间的人；追求卓越的人，是敢于直面困难的人！”×老师的演讲荣膺一等奖！

一位校长，关怀的对象不仅只有学生。

做一名有思想的教师

——第六届爱生节致辞

今天是中华人民共和国第30个教师节，也是我校的第6个爱生节。在此，我衷心祝愿全体师生员工节日快乐，幸福安康！

“万壑泉声松外去，数行秋色雁边来。”在七宝实验中学第6个秋天来临的时刻，让我们首先盘点一下在七宝中学先进校园文化引领下，我们思想发展的轨迹：2009年，构筑“同心圆”统一了我们的信念，“做一名有尊严的老师”成为我们的共识；2010年，“人人都是德育工作者”的大讨论，更新了我们的教师观和学生观，逐渐建立的良好师生关系，让我们走近“幸福的教师”；2011年，我们用爱的春风吹开幸福的花，聚焦学困生教育教学艺术研讨，学校走出低谷，开始了“创优”征程；2012年，“活力课堂”从教师自发状态转变成为学校主张，逐渐成为教师们的自觉状态，于是，我们开始走在全区公立初中的前列！“新优质学校”、闵行区绩效评估二等奖等荣誉，是我们用以回报七宝中学教育集团的薄礼！

我们有缘，生活在一个急剧变革的时代；我们有幸，生活在中华民族伟大复兴的年代！我们选择做一名教师，做时代的守望者；我们选择做一名有思想的教师，用纯洁思想指导下的教师行为，为中华民族的伟大复兴殚精竭虑！不是每一个人都能经历这份辛苦，同时，更不是每一个人都能拥有这份荣幸！不是所有的鲜花都能够代表爱情，但是玫瑰做到了；不是所有的职业都能成就孩子们的幸福，但是教师做到了！

做一名有思想的教师，像总书记所期待的那样：学为人师，行为世范，自觉做中国特色社会主义的坚定信仰者和忠实实践者，忠诚于党和人民的教育事业。为人师表当然辛苦，但这不单是总书记的期望，也是民族的期望！一所学校拥有优秀的教师，是一所学校的幸运；一个民族有优秀的教师，是一个民族的幸运！是以，社会需要我们的教师队伍能人辈出！要求我们坚定一个民族的信仰，做一个时代的鼓手，发出就像五四运动一样振聋发聩的呼号；要求我们严于律己，取法乎上、见贤思齐，在物欲横流的现实中，做一株荷花，亭亭净植、清香四溢！也许，我们可以这么想，社会对我们的要求和赋予的责任越多，就越能够显示出我们的职业和生命无可替代的地位！

做一名有思想的教师，用智慧、用青春、用生命为学生的人生发展奠基！习近平同志指出："做好老师，要有扎实学识。扎实的知识功底、过硬的教学能力、勤勉的教学态度、科学的教学方法是老师的基本素质，其中知识是根本基础。好老师还应该是智慧型的老师，具备学习、处世、生活、育人的智慧，能够在各个方面给学生以帮助和指导。做好老师，要有仁爱之心。爱是教育的灵魂，没有爱就没有教育。好老师要用爱培育爱、激发爱、传播爱，通过真情、真心、真诚拉近同学生的距离，滋润学生的心田。好老师应该把自己的温暖和情感倾注到每一个学生身上，用欣赏增强学生的信心，用信任树立学生的自尊，让每一个学生都健康成长，让每一个学生都享受成功的喜悦。"幸运的是，在受七宝中学托管的时代，我们开始了"活力课堂"的探究，这是融师生共同发展的具有现代教育思想的探究。六年过去，探究已经显示出成效。据官方统计，我们的教师在精神层面走在了全区前列；我们的教师发展走在了全区前列；我们的学生发展走在了全区前列！我们幸运，一年前我们开始了"六维创优工程"，热爱生活、追求卓越成为校园文化的主旋律，"让优秀成为习惯，叫习惯化育人格，用人格主导人生"逐渐深入人心，成为广大师生员工的普遍追求。创造"诗韵校园"，向往现代教育的伊甸园，做一名有思想、有信仰的筑梦人，端正积极乐观的态度，历练锐意进取的精神，体验不拘一格的创造，追求标异领先的唯美，塑造外端内实的气度……是的，这些，是属于七宝实验中学的思想！

在七宝中学教育集团热情的怀抱里，我们已经初尝走在前列的喜悦，我们还要拥有习惯于走在前列的能量和信心！而这份能量和信心的来源，正是正确思想指导下的行动。教育不可一成不变，然而，教育也不可媚俗，不可随波逐流。坚持理应坚持的，抛弃理应抛弃的，吸收理应吸收的，改变理应改变的，便可以保持思想水渠的流畅。有思想，就有理想；有理想，灵魂就可以盛放在干干净净的地方，让生命之花常开常新！

零落成尘

——写在第七届爱生节

大学毕业那年，我22岁。最大的学生比我小六岁。他们有足够的理由崇拜我，在他们眼里，我样样精通，除了专业学习（比之于当年大部分大普生或者高中留校生，那自然厉害），连体育也那么出色，跳高能把刻度跳没了……

是的，我在学生崇拜的目光中二度发育，学生的期待让我成长！记得我曾经对我的第二届学生说过："我必须成为全市、全省最优秀的老师之一；要么做一个成功校长！"

说实话，在故乡，我离梦想只有一步之遥！

2001年，按世俗的眼光看，我陷入低谷。我的一位亲人说："你好赖也曾是一校之长，而今混成小学教师。"（我进入上海市文来初中，带六年级）我的一位挚友说："好赖你也指挥过百来号教师，千余名学生，可是现在，你连班主任都当不上，管5号人（当备课组长），上面那么多人管你，你能够适应？"

为了能够适应，我把自己装在套子里，很多很多年——我已经适应了！……

不知道是自己"高调了"，还是因为学校的影响在日益扩大，十多年没有联系的往日弟子纷纷来电。最为感人的是在四月的一天，我和仇校长及上海市第三届名校长基地一班人，在我曾经工作过的安徽省铜陵市参观学习。待公务活动结束，回到下榻的宾馆，已经10点多了，料峭的春风中，十几名昔日的弟子居然在寒风中肃立等我……能够证明他们一直在我心中的是，我依然能够准确地叫出他们每一个人的名字，甚至能够准确地说出他们当年中考的分数。尽管他们已经接近或超过不惑之年了，尽管他们中有的人与我已近二十年未相见了——从来不需要想起，永远也不会忘记啊！

两周前我接到一个电话，那头问我还记不记得他。我说听不出来。他说出名字，我说当然记得——你当年中考全市第一呀！你浙江大学博士毕业后去了哪里？你的小个头长高了没有？老师现在留着和你当年一样的发型呢！……学生说在上海，在一家外资企业做高管，又说故乡亲友送来两斤好茶，要送给我……

一周前，我接到一条短信，问我是否还记得她，说自己千方百计才找到我的手机号。我回话说："你是我 1991 年至 1994 年教的学生，你的爸爸妈妈在某某公司工作，你家住在某某小区四楼，你是当时的文艺委员。当时设了两个文艺委员，一个现在上海做副教授、导演，一个是你。我走的时候你已在某幼儿园上班了，中考前我曾几点到你家辅导你最不好的数学课程……"那时，考前总是要放三天假，我是骑着自行车"逛"遍全城的，不布置作业，但是督促学生看书，因为考前最好的学习是看书，是假寐着"放电影"——概括回忆书本内容，是查漏补缺，为学生解答一些疑难问题(其实已经用处不大，但是这是心理安慰)，是用自己的行为告诉孩子：中考，你不是在孤军奋战，老师与你同在。

多想还像当年那样，纯净而充实地过一次……往事随风，零落成泥碾作尘，只有香如故……

少年：生命中最美好的遇见

——在第十一届少代会上的讲话

首先，我代表全校师生，热烈祝贺七宝实验中学第十一届少代会隆重召开！并且深情地赞美你们，赞美你们脱颖而出，代表全校630名中国少年先锋队队员，出席本次盛会！

少年是生命中最美好的遇见。尽管作为师长的我们，无一不有所经历，但你们的特殊与骄傲是，你们正在经历！

少年的世界，草是绿的。那适度的柔软、适度的温润，像是母亲轻声的呼唤，像是老师细致的叮咛，像是朋友殷切的呵护……请你们珍惜！

少年的世界，水是清的。正所谓“沧浪之水清兮，可以濯吾缨”，其实岂止于“濯吾缨”？这川流于少年草地的一股股清流，宛若翻开的书页，宛若人世间最美好的思想。她闪亮了少年的明眸，让少年的视线不受世俗的侵扰，让少年的情感和思想总是那么清澈动人……请你们珍惜！

少年的世界，天是蓝的。少年的季节是属于梦想的季节，五彩缤纷的世界总是催生少年形形色色的欲望，但是欲望只是梦想的摇篮，它只有经过思想的筛选，才有可能被允许升格成为梦想，因为梦想的方向是天空！“江天一色无纤尘，皎皎空中孤月轮。”那一轮明月，兴许是为了盛放你们的梦想；而那了无纤尘的天路，就是为你们实现梦想，预设了登天的阶梯……请你们珍惜！

少年是生命中最美好的遇见。作为师长的我们，不停歇地在你们的耳边絮絮叨叨我们的往事，那是因为我们对她无比怀念却永远不能重来。你们比我们幸运，你们正在经历！

你们正在经历七宝实验中学特色的“活力课堂”。它基于自主学习，着眼于提高课堂教学效率，促进减负增效；它重在培养能力，努力让教学回归育人本位！这一切，需要你们来实践，来创造！请你们珍惜！

你们正在经历着七宝实验中学特色的“六维教育”。它基于生命成长规律，放下教育的“身段”，主张全面发展，自觉成长。我们四年多的教育实践，扎扎实实地证明了这一教育举措的高效性！这一切，还需要你们献计献策，踊跃参与！

请你们珍惜!

你们正在经历着“七宝公益”特色课程。它从人性的需要出发,小而言之,是格物致知,去恶存善;大而言之,是关注自己的命运,关注他人的命运,关注人类的命运,是我国主张的“共建人类命运共同体”的校本化实践!是的,你们可以不选择伟大,但是你们不可以不善良!请你们珍惜!

你们正在“诗韵校园”里享受着少年时光。我们教你们读诗,其实是在教你们阅读前人的智慧,“坐地日行八万里,巡天遥看一千河”,读出几多人生旷达;我们教你们读诗,其实是在教你们读懂生活,“春蚕到死丝方尽,蜡炬成灰泪始干”,生命中有太多美好的人和事值得我们珍爱;我们教你们读诗,其实是在教你们读取信心和勇气,“仰天大笑出门去,我辈岂是蓬蒿人”,人生不可缺少的是梦想,信心与勇气就是梦想的空气和翅膀;我们教你们读诗,其实是教你们读懂追求,“人生自古谁无死,留取丹心照汗青”,强国梦也是你们的梦,民族在复兴,你们正少年!促进生命自觉才是“诗韵校园”最核心的文化……请你们珍惜!

少年是生命中最美好的遇见。在今天,你们是代表,作为630名少先队员的代言人,你们不仅仅拥有骄傲,你们还必须有参与的热情和担当的道义,为了630名同学组成的命运共同体,为了七宝实验中学更加美好的未来!更加重要的,作为代表,作为中华人民共和国的公民,你们要拥有民主的意识,锻炼议政的能力,练就精英的素质!……请你们珍惜!

不是所有的日子都行色匆匆,许多艰难、苦难你们还没有经历,那段岁月可能格外的拖沓;不像现在,不像今天,少年是生命中最美好的遇见,她香飘满径,她隽永悠长!

请你们珍惜!

体育文化节：爱运动的人更爱生命

持之以恒地锻炼吧！“千淘万漉虽辛苦，吹尽狂沙始到金。”每一次的奔跑，起点是对于成功的憧憬，终点是闪烁在红绳上的诱惑，沿途是不可或缺的人生历练。落后了，赶上去，这叫自信；跌倒了，爬起来，这叫意志；松懈了，再振作，这叫坚持；领先了，还向前，这叫执着！生命之路不会仅是一马平川，但只要拥有强健的体魄，只要拥有健康的心理，人生，就没有过不了的坎！

自2009年起，我校在9月、10月举办体育节。我们认为，在教育所能够给人施加的影响中，体育是重中之重，而且也是最有可能实现的。体育之本位在于培养一个人良好的锻炼习惯，这一点，不少发达国家都有着很正确的认知。体育带给人的影响还是多方面的，它在所有的教育形式中都有着不可替代的作用。我们举办为期一个月的体育节，就是为了贯彻这样的教育思想。体育节的教育意图是：培养体锻习惯，增强体锻技能，奠基健康身心，促进意志品质。

体育节的前三周，一般用于班级、年级的体育赛事；体育节的节庆日即传统的秋季田径运动会。运动会主要分成三大块：

（1）入场式，展示班级文化，弘扬体育精神。

（2）田径赛以及教职工运动项目。

（3）颁奖，彰显体育精神。

七宝实验中学第八届体育文化节活动方案

为进一步贯彻《学校体育工作条例》的精神，深入开展“阳光体育”活动，活跃校园生活，增强学生体质，促进学生全面发展，学校将于 9 月份举办丰富多彩的体育节活动，具体方案安排如下。

一、 指导思想

通过体育节活动推进学校体育工作的发展，树立“健康第一”的思想以及终身体育锻炼的意识，丰富体育文化内涵，培养学生合作、自信、勇敢、公平竞争及团队精神等良好品质，发展学生特长，促进学生在身体、心理及社会适应能力等方面的和谐发展，提高团结合作、抵御挫折的意识和能力。

二、 活动主题及形式

本次体育节以“追求卓越，挑战自我”为主题，大力推广实施“快乐体育”“阳光体育”等体育游戏活动，以班级为单位，鼓励人人参与，增强学生体质，使学生充分享受运动带来的乐趣。

三、 领导小组

组长：查建生、张金波。

副组长：束涌、杨秀英、郁铁俊。

成员：康健、项志萍、王乃彬、董良祥、陈海华、国海英、魏澜、袁静芬以及各年级组长、各班班主任、全体体育教师。

四、 活动内容

（1）10 月 19—23 日 7:30—7:55、15:40—16:20　初一年级趣味比赛。（项目负责人：杨秀英）

（2）10 月 19—23 日 7:30—7:55、15:40—16:20　初二年级趣味比赛。（项目负责人：魏澜）

（3）10月19—23日 7:30—7:55、15:40—16:20　初三年级趣味比赛。（项目负责人：曹志飞）

（4）10月28日　体育节运动会入场式彩排。（项目负责人：束涌、郁铁俊、项志萍）

（5）10月30日　体育节运动会暨体育节闭幕式。（项目负责人：束涌、郁铁俊、项志萍）

五、 工作要求

（1）请上述相关活动的项目负责人在9月16日（周五）下班前拿出相关项目的具体方案，并通过数字平台发给郁铁俊老师汇总并印发。

（2）请各项目负责人按既定方案调度好相关人员，按时推进工作。

（3）师生积极配合，听从领导小组的调度安排，不误时、不误事。田径运动会期间，校办将对所有老师进行严格考勤。

第八届体育文化节组委会

跑出活力，活出精彩

——第四届体育文化节致辞

“闲云潭影日悠悠，物换星移几度秋。”又是一个丹桂飘香的季节，又是一个秋风送爽的日子，我们迎来了第四个体育节、第四届秋季田径运动会。首先，我代表运动会组委会向为筹备本次运动会付出了大量心血的裁判员、运动员和其他工作人员，表示衷心的感谢！

“不到西湖看山色，定应未可作诗人。”同学们，本届运动会，是我们七宝实验中学进入后托管时代的第一个运动会。在由七宝中学托管的三年里，我们谦虚上进，我们勤奋好学，我们以昂扬的姿态坚定地走出了办学的低谷，并以崭新的面貌出现在静安新城，展现在七宝古镇！我们骄傲，在我们的列队中，没有一个是逃兵，我们都迈开矫健的步伐，行进在热爱生活、追求卓越的道路上。我期待你们在即将举行的比赛中，赛出风格，赛出水平，赛出新实中人严格的纪律，赛出新实中人良好的文明习惯和精神风貌！我期待你们以强者的姿态第一个撞开终点的红线，接受全场师生的喝彩；同时也希望你们能以钢铁般的意志，去正视随时可能遇见的失败！通过激烈的角逐，获得一颗强大的内心，才是我对你们寄予的厚望！

“眼中形势胸政策，缓步徐行静不哗。”老师们，一如我们共同的理解，我们的学校正处在发展的关键路口，这是蜕蛹化蝶的时刻，前进或是倒退、生存或是死亡，缘于我们的意志是否坚强，成于我们的行动是否智慧！理解生命，关注健康，领悟生命，为学生的一生发展奠基——这就是我们的爱生意识，这就是我们的爱生艺术。那么，就让我们用慈爱而充满力度的手臂，把我们的学生高高举起！相信我们滴下的汗水，会滋养孩子们的生命！因此，我要求全体老师，忠于职守，公平裁判，用我们阳光下的辛勤工作，传递给孩子们阳光下的大爱！老师们，这是我对你们的要求，同时也是我对于你们不变的信念！

“相逢意气为君饮，系马高楼垂柳边。”我们渴望着学校的进步，我们期待着学校跨出平庸，走向卓越——就像现在，我们以满腔热忱期待精彩的比赛！最后，请和我一起大声朗读体育馆墙面上的文字：跑出活力！跳出快乐！舞出青春！活出精彩！

热爱生活，重视体育

——第五届体育文化节致辞

昨天和前天都有点凉，今天，又一轮红日高挂，又一阵秋风送爽，这是属于我们的季节，是属于我们的灿烂秋天！我们热爱生活，我们感恩生活！

在这个近于完美的属于运动的日子，我们迎来了第五个体育节。在过去的四年多时间里，扎实而科学的体育运动让我们的身体素质逐步提高，和我们的学科成绩一样，我们的体育水平终于可以站在闵行区的前列！我知道，在第五个体育节，老师们、同学们，你们都恪守着“热爱生活、追求卓越，做一名优秀的实中人”的校训，全身心地投入了，所以，你们一直在收获着！

都道“高处不胜寒”，是的，既然收获了秋天，就必须有坚强的体质抵御八面来风！你们要有勇气在风中成长！我希望你们永远把体育锻炼摆在生活中最显眼的位置，不要以任何借口拒绝！没有健康的身体，就几乎等同于失去了一切！

我希望你们热情地投入以创建“诗韵校园”为核心的新优质学校的创建中，去以诗为媒，端正积极乐观的态度，历练锐意进取的精神，体验不拘一格的创造，追求标异领先的唯美，塑造外端内实的气度。未来的社会中，你们一定要学习你们的父辈，你们还将超越你们的父辈，做一个高雅、坚强、有内涵的人！

我希望你们热情地投入“活力课堂”的学习，为了今天，为了明天，练就良好的学习能力，始终站在时代的高点，做一名充满正能量的时代的弄潮儿！

我希望你们在接下来的11月，以儒雅的姿态走进我们首创的七宝实验中学系列读书活动，相信读书能塑造人类最优雅的气质，是人类最高贵的习惯！让优秀成为你们的习惯，让优秀成为七宝实验中学的习惯！

让好的运动习惯伴随一生

——第六届体育文化节致辞

艳阳高照,秋风送爽,在这最适合运动的季节,我们迎来了第六届体育节。今天,我们又迎来了第六届田径运动会。首先我代表运动会组委会对在体育节中及运动会筹备过程中付出辛勤劳动的全体工作人员表示衷心的感谢!向全体运动员、全体裁判员表示崇高的敬意!

我校从2009年开始举行体育节,这是落实素质教育的具体行动,给同学们自我管理、自主发展、展示个性特长提供了舞台。这次运动会是对同学们心理素质、身体素质、体育运动水平的一次验收,也是对全体实中人组织纪律性和精神风貌的大检阅。我们深知运动场上每一项成绩都是运动员身体素质和顽强毅力的结晶,但我们更懂得那是团队精神、协作精神、奉献精神的具体体现。为使这次校运动会达到预期的目的,我代表大会领导组对全体与会人员提出以下要求:

希望每位运动员精神饱满、斗志昂扬,拼出成绩、赛出风格,让青春的活力迸发在赛场上的每个角落。发扬"更高、更快、更强"的奥运精神,安全参赛、文明参赛、规范参赛。赛前做好准备活动,赛中遵守各项规则,服从裁判。参与就是成功,坚持就是胜利。好的名次值得骄傲,而顽强的毅力更是每个运动员优良品格的展示,不论比赛成绩如何,我们都将为每一位在赛场上拼搏的运动员加油助威。

要求全体裁判员、工作人员忠于职守,树立安全第一意识、热情服务意识、严守规则意识,做到公正裁判、热情服务,为各项竞赛创造良好的工作氛围,保证竞赛的顺利进行。

没有比赛项目的同学,要服从大会管理,文明观赛,主动服务,为运动员摇旗呐喊、加油助威,为争创精神文明代表队、争创优秀文明班级作出应有的贡献。

让好的运动习惯伴随我们一生,请从今天做起!

爱运动的人更爱生命

——第九届体育文化节致辞

今天是我校第九个体育运动节的启动日。第九个运动节，我的节日致辞是：爱运动的人更爱生命。

“才饮长沙水，又食武昌鱼。万里长江横渡，极目楚天舒。不管风吹浪打，胜似闲庭信步……”伟大的领袖毛泽东 64 岁时横渡长江，写下了这脍炙人口的传世之作；美国前总统布什也是一个酷爱运动的人，他的专机“空军一号”的会议室里，居然摆放着一台供他专用的跑步机。法国思想家伏尔泰告诉我们：“生命在于运动。”伟大的诗人泰戈尔这样讴歌：“静止便是死亡，只有运动才能敲开永生的大门。”

晨起的时候，迎着朝阳跑步，风儿撩拨着你的头发，鸟鸣梳理了你的思绪，新一天的计划就随着你有节奏的步点酝酿；黄昏时分，在暮霭中健身，扫却了心的疲惫，掬一捧空气的芳香，一天的收获像滴落的汗珠一般晶莹剔透。春的美妙，夏的热情，秋的喜悦，冬的冷峻，这一切一切的生命风景，因为你的勤劳，因为你的运动，不曾错过，她渗透到你的血脉中，凝练到你的骨骼中，融合到你的生命中。运动，赐予你的是生命的态度！这态度，就是热爱！

持之以恒地锻炼吧！“千淘万漉虽辛苦，吹尽狂沙始到金。”每一次的奔跑，起点是对于成功的憧憬，终点是闪烁在红绳上的诱惑，沿途是不可或缺的人生历练。落后了，赶上去，这叫自信；跌倒了，爬起来，这叫意志；松懈了，再振作，这叫坚持；领先了，还向前，这叫执着！生命之路不会仅是一马平川，但只要拥有强健的体魄，只要拥有健康的心理，人生，就没有过不了的坎！蔡元培先生说过，完全人格，首在体育。我们主张学校教育为一生发展奠基，其中最为重要的，就是在年少时养就自己良好的体育运动的习惯。运动，不仅仅赐予我们强健的体魄，还会让我们拥有强大的人格！

教育家张伯岑先生呼吁过：“强国必先强种，强种必先强身！”思想家梁启超也曾经这样呼吁：“少年富则国富，少年强则国强……少年雄于地球，则国雄于地球。”同学们，你们身体强健与否，于己而言，是对于生命的态度。爱运动的人，更热爱生命，更有力量向天空释放自己的梦想，更有资格去拥抱光明灿烂的未来！比这些更加重要的是，你们是否能够养成体育锻炼的习惯，这不仅仅体现了自己的人生态度，还体现了对祖国的态度、对民族的态度。因为对于一个国家而言，国民身体强健与否，是决定一个历史悠久的民族能否实现伟大复兴的决定性的因素！同学们、孩子们、未来社会的栋梁们，投入运动，形成习惯，热爱生活，我们责无旁贷！

最美好的是健康

——第十届体育文化节致辞

“秋风起兮白云飞，草木黄落兮雁南归。”这个季节不仅属于赏秋，还是最适合于运动的季节。在此，我谨代表学校领导班子，热烈祝贺第十届田径运动会隆重举行。今天，我演讲的主题是：最美好的是健康。

爱美是人类的天性；爱美更是心灵的觉醒，是教育的最高追求！遗憾的是，流行数十年的追星风，搅扰了我们的视野，让我们部分地迷失了美的方向。或以为白皙单薄是最美的，殊不知“玉树临风”之美首在于“树”，树的姿态是栉风沐雨、傲然孑立，这是健康的姿态，这才是美丽的本质；或以为风花雪月是最美的，殊不知这只是简单的感官冲击，细细品味，你会发现春风的慈善，花儿的柔软，雪片的滋润，月色的温和。这一切一切，洗涤着你有些躁动的内心，引起你心灵的悸动……你的精神也为之升华，这是深入到骨髓里的美丽。

最美好的是健康！春是美的，“梨花风起正清明，游子寻春半出城”，足见春的美艳绝伦。然而无论如何，世界没有能力也没有理由永远驻足在春天，那么，就让我们凭着健康的脚力，一路行走，遇见的都是美丽：夏是美的，“晴日暖风生麦气，绿阴幽草胜花时”；秋是美的，“落霞与孤鹜齐飞，秋水共长天一色”；冬是美的，“烟霏霏，雪霏霏，雪向梅花枝上堆”。迈着健康的步子，走在四季，美美地收获视觉的享受，美美地激起心的涟漪。人生宛若四季，豆蔻有豆蔻的芬芳，而立有而立的张扬；不惑有不惑的睿智，耄耋有耄耋的慈祥。大凡生命，无论高贵与贫贱，谢却得了的是芳华，挽留得住的是健康。健康，是人的一生最可以信赖的朋友！

哲学家伏尔泰有句名言：“生命在于运动。”现代奥林匹克之父顾拜旦说过：“一个民族，老当益壮的人多，那个民族一定强；一个民族，未老先衰的人多，那个民族一定弱。”最美的真不是流淌在林黛玉脸颊上的泪珠，也不是赵飞燕在人掌心上的轻舞，更不是一群性别不明的所谓“小鲜肉”在“比心”！如果一定要言必称星，那么，我可以负责任地提醒您，史泰龙那健硕的肌肉才是男人的至美，詹姆斯·邦德那睿智的思维、敏捷的身手才是男人的至美；影视剧中的茜茜公主算不上苗条，然而她风一样的行走，精灵古怪的性格，影响了几乎一个世纪，美美地席卷全球。

老师们、同学们，学校教育要为学生的一生发展奠基。教育要关注的问题很多，但是教育真正有把握做好的事情并不多，幸好培养运动习惯是其中之一。因为运动是获得健康最重要的途径，而健康是生命最可信赖的朋友。没有之一，最美好的是健康！

做一个体育时尚人

——第十一届体育文化节致辞

“今日云景好，水绿秋山明。”和风吹送中华人民共和国成立 70 周年的喜庆，我们迎来了第十一届体育文化节、七宝实验中学第十一届秋季田径运动会。我和你们一样，正在期待之中！我对你们寄寓的希望是：做一个体育时尚人！

做一个体育时尚人！站在 50 余岁的生命高度回望过往，令我懊丧的事情很多，值得骄傲的事情很少。譬如高考前如果我再努力一点，或者甚至是答卷的字迹再工整一点，依仗全县文科前三名的成绩，兴许就能入读复旦、北大；35 岁的“高龄”读研，假如理想能再坚定一点，兴许能成为一名学问家……唯一值得骄傲的是，名胜赭山下的田径场，田径十项全能的赛事，印下了我年轻的汗滴；传奇丽娃河畔的篮球场，张扬了我青春的风采……它强健了我的身体，丰满了我的精神！我可以负责任地告诉大家，即使在今天，我仍然可以轻松地完成半程马拉松。也许我不时尚，但我很“体育”！

做一个体育时尚人！在我的心目中，唯一的国民女神非郎平莫属。最早目睹她矫健的身姿是在遥远的 1984 年洛杉矶奥运会，那嘶声的呐喊，那凌厉的重扣，激起生命的活力，向整个世界宣告中国女排的回归！以后长长的岁月，郎平经历了艰难的海外求学、异域谋生，甚至令她黯然神伤的家庭变故，却不改初衷，精忠报国。祖国一声召唤，立刻横刀立马；伤痕累累的躯壳，披着难以计数的共和国绶带。此刻，今天，日本东京的赛场上，年近六旬的郎平风采依旧，为了祖国的荣誉，为了中国女排第十座金光灿灿的奖杯！沧海横流数十年，花儿谢了几十轮，而郎平之花常开常新！还有洛杉矶凌晨四点见证科比的风，还有姚明高大坚挺的身影，还有为我校体育运动节热情寄语的刘翔，无不印证着那句名言：人，不是因为美丽而可爱，而是因为可爱而美丽！

做一个体育时尚人！体育运动强身体，长精神！这是教育的本质，这是成长的核心，这是生命的立柱！如果凡领先必称美国，那么，我不得不承认，美国学校教育对于体育的格外重视，值得我们真心效仿！“更高、更快、更强”是奥林匹克运动的口号，也是成长的走向！七宝实验中学在闵行区教育局的领导下，在七宝镇党委、人民政府的关爱下，在七宝中学教育集团、文来中学的引领下，健康生长，长成闵行区新优质基地的模样，就是因为具备了这种精神！老师们、同学们，我欣赏你们在晨风下奔跑，看风在梳理你们年轻的思绪；我欣赏你们在体育课上的站姿，看你们渐渐地成长为青松的模样；我欣赏你们在黄昏的球场上嬉闹，为一天的学习、工作添上快乐的句点……爱运动的人爱生活，最美好的是健康！做一个体育时尚人，可以被击败，却永远不会被打倒！

预祝第十一届田径运动会圆满成功！

读书节：爱读书的人生更精彩

只有读书。读书为生命开启一扇窗，一扇奇妙的窗：有孔子聆听韶乐的余音，有庄子路过的池塘；有屈原生命的绝唱，有太白酒后的狂歌；有柳永用情的缠绵，有易安唯美的太息；有纳兰不尽的忧虑，有红楼怅惘的风雨；有《女神》殷切的召唤，有《雷雨》惊起的暗涌；有志摩挥别的衣袖，有海子幸福的花开……

只有读书。读书为生命开启一扇窗，一扇奇妙的窗：有奥林匹斯山不老的神话，有广场妙趣横生的问答；有安徒生和格林兄弟的小屋，有弗洛伊德不歇的梦呓；有卢梭原生态密林定格的幽静，有马克思斗室里酿就的风雷；有《哈姆雷特》的悲欢离合，有《我的大学》的坚毅人生；有相对论精辟的理论分析，有洞穿宇宙黑洞的那双炯炯有神的眼睛……

古人有训：读书明理。学生的主要任务就是读书，但是我们也不赞成死读书、读死书。其一在于读书的面的选择，教材系列内容只是很少的部分，这部分主要通过传统的课堂形式夯实，我们应该加强的是课外书籍的阅读；其二是读书要调动读者个人的生活体验，结合个人生活阅历把书读活。

上海市一般规定期中统一学业调研在 11 月上旬开展。一待调研结束，我们就启动读书节。我们的教育意图是：培养读书习惯，盘点读书收获，开阔生命视野，垫起灵魂高度。

七宝实验中学第二届读书节系列活动实施方案

一、 活动宗旨

本届读书节将继续秉承七宝中学"节日文化育人"的教育理念，开展为期一个月的七宝实验中学第二届读书节系列活动。旨在通过本次活动，营造校园高品位的文化氛围，让实中学子在阅读与写作中享受成长的乐趣。通过读书，品味别样的人生，让生活充满阳光；通过读书，搭建思想的阶梯，让青春绽放璀璨的光芒。

二、 活动主题

读好书，绽放青春之美。

三、 时间安排

10 月 18—22 日 成立活动组委会，负责前期准备工作。

10 月 25 日 开展读书节系列活动一：读书节启动仪式。

10 月 26—29 日 开展读书节系列活动二：推好书，荐美文。

10 月 29 日 开展读书节系列活动三：校园图书义卖活动。

10 月 26—11 月 5 日 开展读书节系列活动四：征文比赛。

10 月 26 日—11 月 19 日 开展读书节系列活动五：美文朗诵比赛(中英文)。

11 月 15—22 日 开展读书节系列活动六：名家讲座。

11 月 24—25 日 开展读书节系列活动七：教师博客颁奖。

11 月 26 日 15:30 开展读书节系列活动八：读书节闭幕式暨文艺汇演。

四、 活动组委会

领导小组组长：查建生、张金波。副组长：杨秀英、岑美玲、康健、项志萍。

统筹负责：束涌。

成员：董良祥、王乃彬、吴培琦、陈海华、魏澜、国海英、恽怡、吴静华、张春、汪名媛、湛萍。

注：读书节系列活动由学校党支部、工会、校办、德育处、教导处（教科研、图书馆、语文教研组、英语教研组）、教师发展中心、信息中心、总务处联合组成活动组委会，负责领导、组织和协调学校第二届读书节的各项活动。

五、 宣传工作

1. 校园宣传

（1）启动仪式：（周一升旗仪式）宣布读书节开幕。学生代表宣读七宝实验中学第二届读书节倡议书。（由年级团队负责）

（2）营造书香校园的浓厚氛围：校刊、文化窗、宣传橱窗均以读书节为主题进行宣传，内容不拘，形式多样。（由信息中心、图书馆负责）

2. 年级、班级宣传

（1）年级主任负责本年级读书节宣传展板的设计和展出。

（2）班主任在班级宣传读书节活动方案，鼓励学生积极参加读书节各项活动。

（3）各班营造读书节的文化氛围（开展名人名言搜集，自荐“我最喜欢的一本书”等活动）

3. 网络宣传

（1）在校园网上向全校师生发出积极参加读书节的倡议书。

（2）利用校园文化窗，向全校师生推荐100本青少年优秀读物。（由信息中心、图书馆负责）

4. 横幅悬挂（总务处负责10月25日的启动仪式）

悬挂内容为“读好书，绽放青春之美——七宝实验中学第二届读书节启动仪式”的横幅，加强宣传效果。

六、 主题活动

本届读书节以推荐中学生必读书目为开端，引导学生诵读、品读并鼓励学生展开思维的翅膀开创我校原创写作之先河，掀起一个读、品、颂及独立创作同步的形式多样的校园读书热潮。

具体活动安排如下，另附表 2。

1. 主题活动一：读书节启动仪式

(1) 10 月 25 日，升旗仪式上，组委会主任查校长致开幕词，宣布第二届读书节开幕。(由德育处、年级团队负责)

(2) 学生代表宣读七宝实验中学第二届读书节倡议书。(由德育处、年级团队负责)

2. 主题活动二：推好书，荐美文

(1) 百本好书介绍：在校园网及学校屏幕上向全校师生推荐 100 种青少年优秀读物。指导学生根据推荐书目的内容好好读书，读经典，读名著，这既能增加学生个人的人文底蕴，又能培养其优良品德，提高其读写能力，还能让思想漫游古今中外，享受阅读的快乐，品味经典所拥有的永恒魅力。(由图书馆负责)

(2) 书香集市：搜集一批优秀图书进行集中展销，使学生能够方便地购买优秀读物。(由图书馆负责)

(3) 读书寄语征集活动：由学科老师引导学生推荐美文或英文名言警句，届时用视频滚动播出的形式推荐给全校师生阅读或颂唱。(由语文组、英语组负责)

(4) “关于读书的凡人名言”征集活动。(由工会负责)

3. 主题活动三：跳蚤书市，爱心义卖——校园图书义卖活动

举办为期半天的校园图书义卖活动，旨在让师生家中一些尘封于书架上的书或已经阅读过的书以爱心义卖的形式流通起来，既献出了个人的一份爱心，又为他人阅读新书提供机会。(由德育处负责)

4. 主题活动四：读好书，绽放青春之美——征文比赛

为了丰富校园文化生活，给同学们提供展示才华和交流的舞台，激发同学们对读书的热情，拓宽阅读范围，活跃校园文化生活，营造良好的读书氛围，举办以“读好书，绽放青春之美”为主题的中英文征文比赛。

(1) 本届征文鼓励原创，自拟题目，形式不限。要求主题鲜明，语言流畅，富有真情实感。

(2) 由学科主任组织学科老师做好学生征文创作的辅导及选拔推荐工作，组委会将对获奖的原创作品进行评比并整理成册，在全校内部发行。(由语文

组、英语组负责）

5. 主题活动五：美文朗诵比赛（中英文）

以“读好书，绽放青春之美”为主题，广泛开展经典美文诵读活动，通过对精美中英文选文的诵读，感受中外文学之美，提升学生的人文素养。（各年级主任上报活动时间，由德育处统筹，信息中心协助）

地点：电教厅。

比赛内容：世博、经典美文、英语歌曲。

比赛程序：比赛分初赛（班级）和复赛（年级）。班级美文朗诵以中队会的形式展示，要邀请家长参与互动（每班不少于10位家长）。

（1）各班级在初赛的基础上择优推荐人选参加各年级组织的复赛。复赛中产生的获奖选手将参加11月26日的闭幕式汇演。

（2）评审组长：国海英、恽怡。评审成员：语文教研组成员、英语教研组成员。

注：教师美文朗诵参赛者由支部、工会负责选拔。

6. 主题活动六：名家讲座

邀请著名学者鲍鹏山做名家讲座。目的在于增强教师人文素养，提升教师专业化水平。（由校办负责）

7. 主题活动七：教师博客颁奖（由教师发展中心负责）

8. 主题活动八：第二届读书节闭幕式暨文艺汇演

组委会主任张书记宣读闭幕词。

七、评比、表彰、总结

（1）表彰活动：组织评选读书节各项活动奖项。

（2）组委会将对获奖的原创作品（征文）做好评比工作并整理成册，在全校内部发行。

（3）对读书活动及成果进行总结反思以便改进。

七宝实验中学第二届读书节活动组委会

2010年10月9日

表 2　七宝实验中学第二届读书节主题活动一览表

（2010 年 10 月 25 日—11 月 26 日）

时　间	主题活动	详　　情	负责人	地　点
10 月 25 日	读书节启动仪式	1. 查校长致开幕词 2. 学生代表宣读七宝实验中学第二届读书节倡议书 3. 国旗下的讲话(主题“读好书，绽放青春之美”)	德育处、年级团队、初二(3)班	操场主席台
10 月 25 日—11 月 26 日	宣传	1. 横幅“读好书　绽放青春之美”——七宝实验中学第二届读书节启动仪式 2. 网络、视频宣传	总务处、信息中心	操场主席台、文化窗
10 月 26—29 日	推好书，荐美文	1. 好书介绍 2. 书香集市	图书馆	一号教学楼底楼
		3. 读书寄语征集活动	语文组、英语组	
		4. “关于读书的凡人名言”征集活动	工会	
10 月 29 日	校园图书义卖活动	跳蚤书市，爱心义卖——校园图书义卖活动	德育处	操场
10 月 26 日—11 月 5 日	征文比赛	读好书，绽放青春之美——中文、英文征文比赛	语文组、英语组	教室
10 月 26 日—11 月 19 日	美文朗诵比赛	班级美文朗诵比赛(邀请家长)(10 月 26 日—11 月 5 日)	班级组	教室、电教厅
		年级组自拟主题美文朗诵比赛(展示时间 11 月 15—19 日)	年级组	
		教师美文朗诵	工会	
11 月 15—22 日	名家讲座	主讲：鲍鹏山	校办	电教厅
11 月 24—25 日	教师博客颁奖	教师开博情况统计与颁奖	教师发展中心	电教厅
11 月 26 日 15:30	闭幕式暨文艺汇演	1. 张书记宣读闭幕词 2. 闭幕式暨文艺汇演	德育处、信息中心、总务处	电教厅
备注：读书节各项主题活动(征文、美文朗诵、博客颁奖、图书义卖等)的责任人请写好相关的评比细则及活动附件方案				

读书——垫起人生的高度

世界之博，岂止四方六合，穿越太阳系的桎梏，漠漠宇宙比思阔；

历史之悠，哪就万载千年，听盘古开凿的斧音，茫茫史海竟梦长。

生命犹如掠过时空的萤虫，任你扑闪翅翼，能照亮多少黑暗，吻遍几株花香？

那么，登楼如何——更上一层楼，虽不能增长生命的长度，却可以垫起人生的高度。登楼时刻，清风扑面，极目千里，可以养眼，亦可养心。

在这校园的最高点，手握一卷，俯瞰一方遥远的世界，捉住一段飘忽的历史：金庸的侠骨，琼瑶的柔情，余秋雨的苦旅，马尔克斯的孤独，霍顿的深刻与辽阔，柳永的唯美与忧伤，时而如电光霹雳，叫你醍醐灌顶，时而如彩蝶翩翩，叫你如醉如痴。

余思古今中外之巨人，尽是因读书垫起了人生的高度，遂命七宝实验中学图书馆为“更上一层楼”。

是为记。

（七宝实验中学图书馆高居明德楼5楼，庚寅年春修葺，遂为之写一铭文。）

写出人生的品位

——2010年读书节为教师全员开通博客而作

写作，不仅仅是文学家的事。

因为写作是倾诉。生活在这急剧变革的时代，每一个生命都犹如上紧发条的时钟，在亲人、同事、学生之间和朋友圈的轨迹上不停歇地奔跑！智慧的生命，往往会找一片可以小憩的树荫，轻轻地揩一揩身体的汗液，静静地呼吸几口纯净的空气，最好是有一支笔，也许它还不至于妙到生花，然而，感受最深的人自会有传神的笔调，绘声绘色地传递心的音律。

因为写作是梳理。我们是文化人，思考是文化人的品质。然而稍显遗憾的是，我们往往是始于思考而止于思考。有时我们有一些美丽的思想萌芽，由于不能经过笔的深耕细酝，如同未经沃土充分养育的种子，急急地钻出地平线，终于敌不过风吹日晒和雨淋，稚嫩的萌芽只能枯萎成一声叹息。

因为写作是收藏。我们所处的大千世界无奇不有，加之以心的感受的打磨，美好的故事就犹如古河道里五光十色的卵石。然而我们总是行色匆匆，忙乱的脚步让我们成了天涯过客。我们甚至不愿意或者根本想不起，我们本可以用笔，挽留那万千变幻的云彩，挽留那稍纵即逝的昙香，挽留那也许永不回头的流水，挽留那渐行渐远的青春年华……

因为写作还是一种品位。也许你肌肉发达，可以媲美米开朗琪罗的雕塑；也许你有花容月貌，仿佛西施玉环重生，但当你一旦见识到李白的飘逸、杜甫的深沉、苏轼的豪放、柳永的缠绵、易安的忧伤，美妙的文字唱着美丽的歌谣，你空白的灵魂又将如何的自惭形秽？写作真的是一种品位，这品位不因生命的消失而消失，相反地，能穿越千古，旧迹犹作新墨香。生命虽不可永恒，但文章可以千古！

没有人生来就是文豪！或者说，我们勤于用笔，并不是为成为诗人，只是为了像诗人一样，有思想、有激情地生活着。

读书：记忆里那些遥远的故事

我的童年是在乡间度过的。那个年代，书的种类有限，我们见得最多的便是铺天盖地的“红宝书”，从牙牙学语时就跟着大人读，有时候还十分有趣地看着被斗倒的地主读，看他们一脸痛楚，一脸虔诚，更不懂为什么他们“搬起石头打自己的脚”。站着看久了，我们就唱着语录歌起哄，往往在那个时候，民兵排长就要赶我们走了。

但我终于找到了我喜欢的书。那大约是二年级的时候，在我姑妈家的阁楼里，年长我一岁的表哥和我一起找到了一本叫《封神榜》的书，书页发黄，还是我们从未见过的竖排版，字是繁体。两个孩子头碰头读了好几天。姑妈姑父是不识字的，见我们读书他们也乐得清净，好几天都没有邻居来告我们在外惹祸的状。这下美了我们，我们发现世上竟然还有这么好看的书，那运筹帷幄的姜子牙，那神通广大的闻太师，那踩着风火轮、舞着混天绫、擎着乾坤圈、扛着三尖两刃枪的小英雄哪吒，真叫人神往；弄不清狐狸怎么就变成美丽的妲己，更弄不清那么美的妲己如何就有蛇蝎一般的歹毒心肠。待回家向父亲询问时，父亲大惊失色，连连掩我的嘴，说：“这是‘毒草’！”

但父亲毕竟有些了不起。父亲是乡下少有的学问人（后来知道父亲读过中学的一年级，是日本鬼子占领我们家乡那年失的学），他有计划地让我读书了。我开始读《西游记》《水游传》《红楼梦》《三国演义》，百看不厌地读（因为有趣，也因为书少），那一百零八将的排序和绰号现在我张口即来，至今还不曾忘了《好了歌》《葬花吟》的一字一句，全仗了当时成十、成百次的读。那时，家中的自留地被当成“尾巴”割了，下饭菜就成了稀罕物，许多饭就是看着书下咽的；那时，乡下的夜晚是用煤油灯照明的，灯光昏暗，书就得靠近着灯看，以至于往往是读得灰头土脸，用手一抠鼻孔，手指头油黑油黑的。这我不怕，就怕母亲从床上一声断喝：“油不要钱买呀！”这时，我只得依依不舍地吹灭了灯，钻进被窝，等待明天的太阳。

可是书还真没有白读。由于读了书，我成了伙伴中的骄子，成了大家拥戴的“智多星”。每每有伙伴闯了祸要逃避处罚时，都找我出谋划策。现在回忆起来，那时计策成功的概率也不高，然而这并不影响他们对我的信任，多半是因为他们心中原始的对书的崇拜吧。想起来有些惭愧的是，什么砍柴、挖野菜的事我几乎可以不动手就满载而归，为什么？因为我可以跟他们讲故事（我们那儿叫“翻经”）来做交换。我可以跟他们颠来倒去地讲，讲不下去的时候就用“且听下回分解”来搪塞……更何况，他们中也有不少盼着向我借书。

第一次买书的经历有些残酷，有些苍凉。那是一个寒冬腊月天，要过年了，父亲拿出了大约家中的全部积蓄，叫年幼的我和姐姐一起去供销社置办由他指定的年货，记得是让买写春联的红纸、拜年用的砂糖什么的。可我一来到供销社，看见摆得齐扎扎的书，艳羡得眼睛都绿了。姐姐是拗不过我的，我竟然将买年货的钱一骨碌全买了书。那书现在还有几本摆在我的书架上。书名我全记得：《金光大道》《艳阳天》《泰山压顶不弯腰》《海岛女民兵》，还有一本《雷锋的故事》。待买好回家的路上，听到姐姐在哭，我才意识到闯了祸，可那时没有退货的规矩呀，我们便硬着头皮回家。父亲看着我捧了一怀的书，一脸无奈地看着我，现在想来，那已经有些黯淡的眼睛里肯定是悲伤，但或许还有几分欣喜、几分期待。那一年，十分讲究礼节的父亲没有像往常一样指派我和哥哥去向亲戚拜年，想来是因为没有拜年的砂糖，就连给外婆拜年也没有砂糖。不过春联还是写的，记得大门口那副的词儿是：春风杨柳万千条，六亿神州尽舜尧。可我晓得还有一首歌儿是这么唱的：七亿人民七亿兵，万里江山万里营。我向父亲提出了疑问，父亲说，这是毛主席的诗，改不得的。我再不敢言语，便想父亲究竟怎么弄到了买红纸的钱。

想起来有些愧意，然而更让我惴惴的就是那次意外的收获了。父亲工作的区直机关里有个小阁楼，由于第一次得“好书”就在阁楼上，我总疑心那阁楼也藏着好书。这一点很快就得到了证实。我第一次看到世界上还有一个地方会有那么多的书，有《说岳全传》，我对那个岳飞又是敬佩又是气愤，敬佩他忠君爱国，气愤他愚忠固执；有《林海雪原》，我认识了文武兼备、英姿飒爽的少剑波，认识了孤胆英雄杨子荣，对万马军中的小白鸽很是神往；有《烈火金刚》，我读到了“飞行员大闹县城，鬼子兵火烧村庄”，觉得“吊死鬼”（刁世贵）又有趣又可恨，最恨的是猪头小队长；还有《红岩》，看得我们头箍毛巾腰扎木片，冒充双枪老太婆……最让我们难以理解的是一本《狂人日记》，真弄不懂那个狂人为什么天天担心别人要吃他(这让我与哥哥也产生过隔阂),就像若干年之后还不明白为何鲁迅先生的书也同被没收的“毒草”们摆在了一起。那年代有许多事情就那样叫人糊涂。我、哥哥还有几位知心朋友(这些朋友中现在有了像徐海东、吕正操一样的将军),一群少年在这个宝库里浏览了半年多。被发现是一个意外,揭发者是父亲单位的电工,姓吴。那次我们祸闯大了,父亲说,换了大人,是免不了坐牢的!然而我却因祸得福,父亲此后便在每个月微薄的薪金中安排了我和哥哥的买书钱。记得是3元。我们真正开始藏书了。我琢磨着用木头刻了一方藏书的章,起先是阴文,阴文的好刻,后来换成阳文了,那名字挺有时代感,叫“红小兵文库”(后来又改叫“新长征文库”了)。乡下不方便买书,我便巴望着跟父亲去县城,那要表现好才成。与哥哥同去的机会是不多的,因为生产队里的牛不能缺人放。哥哥总让我去县城,这多幸福!最幸福的是在新华书店交过钱,翻开崭新的书,闻着淡淡的墨香——这书归我了!

……

光阴荏苒,一晃几十年过去了,儿时的许多记忆都随岁月的风去了,唯有读书的故事记得真切。以后长长的读书历程中,从中学到大学,再读到硕士,读过的书只怕该用公斤计算了,却再没有少年时那样的痴狂,也没有感到有少年时看过的那样的好书。在某个难眠的夜,少年读书的故事便伴天际那弯残月敲我的窗棂,回忆的滋味别样的亲切,书香在童年并不茂密的树荫中弥漫,那种感觉平静柔和,那份思念带一点庆幸,带一点感伤。再以后,在一雨季,父亲去了。父亲把这日子选在一个“五一”长假的前夜,分明是为了照顾远在异乡谋生的我。父亲留给我的遗物中有一本他亲手整理的“书”,那里边有我的第一篇作文,还有短如豆腐块长至几千字的我在各类报刊上发表的数十篇文章。哥说,父亲是期待我也有一本独立著述的书的。可我没有能够满足他,这成了我心中的痛。期待来日,我捧着自己写的一本书向他老人家祭奠,祭奠那扶我走上读书路的灵魂!

做一个读者

——第一届读书节致辞

面对五千年的文明，我只是一个懵懂的孩子。

历史的洞穴里传出一声深沉的叹息。咆哮的汨罗江边，一身疲惫的诗人仰天长啸："天亡我楚国也！"诗人的身后一路疮痍：也曾以情动之，也曾以理晓之，也曾不惧漫漫长路，上下求索！滴血的《离骚》终于挤不出楚怀王的一滴眼泪……于是，这流淌着贵族血液的楚国重臣、千古才子，只剩下一种方式去表达对于祖国的忠贞！汨罗江不忍以冰冷的江水浸泡诗人的洁白和热情，扭头东去，诗人一个跳跃的姿势感动了千年。

读你，读出爱的美丽与执着！学做一个充盈爱意的人！

心上刻写倔强的文字：还历史以清白，遗后人以真实！且不说馈项羽以"本纪"，成就一位叫后人景仰的情义男人；且不说赠陈胜以"世家"，于是历史流传这位抗暴的斗士；单就为了真实记录一个名叫李陵的将军，司马迁奉献出了巨大的代价！一介文弱书生，却敢于与皇权抗争。皇权可以撕裂肉体，不可以撕裂历史的真实！不屈的吼叫，成就了一位悲情英雄！《史记》的真，《史记》的情，为后人叹服——史家之绝唱，无韵之《离骚》，鲁迅此语，足以抚慰司马的灵魂！

读你，读出一段真实的历史，学做一个真人！

爱读一个传奇的时代，爱将一片一片或优美或雄浑的诗瓣装点成别致的花篮！初唐四杰一反此前的浮靡文风，横空出世，书写世间冷暖，书写惬意豪情。读王勃——"海内存知己，天涯若比邻"，读懂友谊的真谛；读杨炯——"宁为百夫长，胜作一书生"，明书生的责任；读骆宾王——"无人信高洁，谁为表予心"，知文人铁骨；读卢照邻——"寂寂寥寥扬子居，年年岁岁一床书"，猜想诗人习惯于借书思考，思绪才得以飞越幽州台！四杰立于历史的高岭，招呼来者，于是有了密如银河星辰的个性诗人，于是有了亮如皓月的诗仙诗圣，于是，诗的女神贮存起一个伟大时代的精神琼浆，让无数的后人饮之不尽……

读你，读出一个民族珍藏的万丈豪情，让历史的琼浆融进我年轻的血液，我与一个民族再次腾飞！

做一个忠实的读者，读五千年的文明，或低婉，或豪放，总让人思绪万千，总让人穿越懵懂的迷雾，走向一个愈加光明的世界！

读好书，绽放青春之美

——第二届读书节致辞

“好雨知时节”，绵绵的秋雨绵延着我们的思绪，夜如约而来，有风拂帘，有雨敲窗，依偎着一盏明灯读书，同学们，我真的想不起有什么境界比这更加高雅。

漫步人生路，读书是必需的！莎士比亚说过：“书籍是全世界的营养品。生活里没有书籍，就好像天空中没有阳光；智慧里没有书籍，就好像鸟儿没有翅膀。”我们要读书，是因为我们的生命中不能缺少阳光的营养；我们要读书，是因为我们的智慧中不能剪除飞翔的翅膀！

要读书，读什么样的书同样是关键。作为炎黄子孙，我们没有理由愧对祖先，就像我们绝不容忍他人轻视我们的父母亲一样！读一读《诗经》吧，“蒹葭苍苍，白露为霜，所谓依人，在水一方”，我们发现千年前的古人极具生活的情趣；读一读《论语》吧，“学而不思则罔，思而不学则殆”，穿越千年的思想依然光彩熠熠；读一读《离骚》吧，“路漫漫其修远兮，吾将上下而求索”，我们懂得了什么是忠诚，什么是执着，什么是敢于面对一切困难的英勇与霸气！

读书还要懂得与时俱进的道理。与时俱进，是与当代的主流文化相融合。我们的国家、我们的民族正处于发展的关键期，十几亿炎黄子孙正翘首以盼中华民族的伟大复兴！这复兴，不仅仅是复兴我们伟大的历史文化，更是要推陈出新，站在人类历史的又一座高峰上。世界有识之士纷纷预言，五十年后，将是我们中国独领世界风骚！那时候，你们的老师大多数可能已经作古，但是你们不但依然生活着，你们还将是最坚挺的脊梁！五十年后的辉煌有多少，就取决于你们这一代人的努力有多少！因此，你们不但要读中国，你们还不能不去读外国，去读《钢铁是怎样炼成的》，锻造一颗永不破碎的少年心！去读《根》，了解一个悲惨的家族如何经历颠沛流离，在另一片强肉弱食的土地上屈辱而坚强地活着，直至平等，直至挺直他们的脊梁！去关注霍顿的思想，为改变地球变暖的现象献计献策，把全人类的未来放在心上！

读书吧，“三更灯火五更鸡，正是男儿读书时。黑发不知勤学早，白首方悔读书迟”！

读书吧，因为我们英姿勃发正少年！

诗是舞的芭蕾

——第三届读书节致辞

子曰："兴于诗，立于礼，成于乐。"其含义为：修身当学诗，立身当学礼，养成品性当学乐。窃以为人的成长，当以修身为本，故曰："学诗，事关德育。"

学诗，端正积极乐观的态度。"君问归期未有期，巴山夜雨涨秋池。何当共剪西窗烛，却话巴山夜雨时。"那夜也阴冷，那雨也苦寂，人各一方，尚不知在否，情何以堪？而李义山身在蜀地，心却在坚守，盼望着剪烛共话，共话在雨季的故事与思念。

学诗，历练锐意进取的精神。"僵卧孤村不自哀，尚思为国戍轮台。夜阑卧听风吹雨，铁马冰河入梦来。"传奇诗人兼剑客陆游老了，老得只能躺在病榻上听雨。在那个漆黑的夜，诗人的思绪正如电光霹雳！失落了诗人的年华，失落不了诗人的万丈雄心！以至于垂垂暮年，还期待着纵马疆场，这需要何等的忠诚，这需要何等的人生勇气！

学诗，追求标异领先的唯美。"蒹葭苍苍，白露为霜；所谓伊人，在水一方。"那青青的芦苇，那晶莹的露珠，还有那楚楚的伊人，随风蹁跹，一美千年；"春江潮水连海平，海上明月共潮生。滟滟随波千万里，何处春江无月明。"明月照见，诗人若虚着一袭白袍，伫立江边，风儿撩起了衣衫，流水带走了思念。

学诗，塑造外端内实的气度。"路漫漫其修远兮，吾将上下而求索"一经屈子吟出，便余音绕梁，千年不朽！诗为言志，志乃心声！是以为大众追捧、历史传扬的诗章不仅有端美的外在，更注重内在的正能量！其颂歌的爱情执着，其缔结的友谊真诚；其振臂一呼为国，其泣不成声为民！"男儿何不带吴钩，收取关山五十州。"虽是命运不济的"诗鬼"，奇思妙文里，藏着的是对国家的忠诚！"山无陵，江水为竭，冬雷震震，夏雨雪，天地合，乃敢与君绝"以其至美至诚，传唱千年，感动千年！

文字如舞，诗是舞中的芭蕾。

青春作伴好读书

——第四届读书节致辞

早起的晨风自由地在草地上游荡，太阳在东面的山峦露出一点笑意，诗一般清新的孩子，三三两两地坐在草地上，信马由缰地走在小河边，晨读的童声和着清晨特有的宁静，树们摇晃着叶的脑袋，悠悠闲闲地唱着和声……

忙完了一天的活儿，一个个窗口在林立的楼宇间透露着疲乏，可依然有几扇窗口不肯入眠。几个不眠的读书人，沉溺在书的田垄间，不愿意收犁；窗外，当空的一轮明月，从历史的夜空追寻而来，生于黑暗，却一刻也不稍停地寻找光明。恰如我们读书人，执着于字里行间，寻找真理来照穿我们心中的蒙昧。

我沉溺于这样美妙诗意的画面。我相信伴着读书声长大的孩子，最时尚、最纯洁、最唯美；而且极有可能最智慧、最强大、最高尚！

人最宝贵的是生命，生命对于我们每个人只有一次！那么，请您读书吧！读书虽不足以延展我们生命的长度，却可以扩展我们生命的广度；读书虽不足以增加我们生命的次数，却可以拓深我们生命的内涵！西晋陆机在《文赋》一书中盛赞读书，读书可以“观古今于须臾，扶四海于一瞬”。有道是：“万卷古今消永日，一窗昏晓送流年。”面对无情的流水岁月，只有读书人才能有这样的淡定，因为虽然生命会停歇，但是文章能流传千古！我们的灵魂，因为对经典精神的传承而得以永生！

人生最美丽的是青春，青春对于我们每个人也只有一次！那么，请您读书吧！读书虽不能重塑我们的容貌，却可以丰富我们的智慧；读书虽不能为我们敛取财富，却足以使我们人生步履踏实优美！汉代刘向这样说：“书犹药也，善读之，可以医愚。”这说的就是——读书，可以使人增添智慧之美。有这样一副读书的名联：千里见书如见面，万山遮目不遮心。喜读书、善读书，岁月带得走的是韶华，岁月带不走的是书卷味。而且，随着年轮的增长，书卷之味经久愈香！“蒹葭苍苍，白露为霜。所谓伊人，在水一方。”那在水一方的伊人，因为诗的传唱，一站千年，一美千年！

老师们、同学们，七宝实验中学在七宝中学教育集团新文化的影响下，在我们大家一起的奋斗中，逐渐朝着我们共同期待的方向前进！经历了三年托管，我们已经彻底告别了低迷境地，我们的综合办学实力增强了，我们的师生日益优秀起来。在前不久进行的“七中杯”科技创新大赛中，我们的参赛队员与沪上强校强手较量，获得四个二等奖、一个三等奖的傲人战绩！在前不久进行的“交大二附中杯”作文竞赛中，我校预备年级两位同学荣获二等奖，初一、初二年级各三位同学荣获三等奖！在刚刚结束的上海市古诗文大赛初赛中，我校派出二十位同学参赛，预备年级五人荣获一等奖，两人荣获二等奖；初一年级六位同学荣获三等奖；初二年级两位同学荣获二等奖，五位同学荣获三等奖！继去年获奖率百分之百之后，再次续写百分之百的获奖传奇！这是最了不起的成绩！还有，我校教职工运动队在七宝镇全民运动会上，不畏强手，勇夺总成绩季军！还有，孔菲老师在闵行区希望之星评比中荣膺“希望之星”的称号，这是继上学期康健、杨海鹰、张杰老师荣获闵行区骨干教师之后，又一次伟大的胜利！都是第一次！我们期待着、坚信着，在“热爱生活，追求卓越，做优秀的实中人”的校训指引下，还有很多很多了不起的第一次在等待着我们去创造、去认领！在此，让我们向获奖的同学和老师们表示热烈的祝贺和衷心的感谢！祝贺你们在热爱生活、追求卓越的征程中先行一步！感谢你们为学校争得了莫大的荣誉！感谢你们为学校超越平庸，走向优秀作出的卓越贡献！

热爱生活，追求卓越，做优秀的实中人！我们拒绝平庸！我们必须优秀！就让我们携着一颗渴求知识、渴求阳光的心，投身到第四届读书节中去吧！因为“欲知天下事，须读古今书”。因为“鸟欲高飞先振翅，人求上进先读书”。因为“黑发不知勤学早，白首方悔读书迟”。因为“古往今来，百代世家无非积德；天上人间，第一商品还是读书”。因为读书破万卷，承先贤流风，吹开幸福花千树；下笔如有神，抒盛世豪情，觅得诗文化万家。

电玩时代，更需要读书

——第五届读书节致辞

童年的时候，住在乡下。家徒四壁，缺衣少食，但是断然少不了书。尽管藏量少得可怜，但是我们可以交换着看，还可以翻来覆去地读，四大古典名著更是读了几十遍。那是一个文化遭遇蛮荒的时代，然而细究起来，未必真正蛮荒，因为我和像我一样的少年，竟然是那样地沉溺于读书，藏书多的、读书多的，便是公认的孩子王！那时，学校教育被“运动”严重地冲击了，我们一代人的童年和少年时代，几乎是靠课外阅读滋养的。几十年以后，我们中间成长出了教师、校长、学者，长出了身价过亿的老总，还成长出了百家讲坛名嘴，成长出了指挥千军万马的将军。

时过境迁，买书不像当年那样困难了，无论是谁，想买几本甚至是几捆、几箱、满屋子的书，都不是难事。然而，书遭遇了尴尬——书被恭恭敬敬地摆在书架上，演变成了生活中的赘肉！新的时代，我们爱上了电玩！我们痴迷于屏幕前的厮杀，沉溺于虚无的成功，却将真正能够带给我们人生享受、构建我们生命大厦的书籍，遗忘在蒙尘的一角。

电玩时代，更需要读书！电玩带给我们的，只是短暂的快乐。这快乐，就像吸食鸦片一样！我想问问您，少年朋友，多少次您长时间游戏过后，面对必须完成的作业，后悔不迭？于是您当机立断地永久删除游戏程序！可惜的是，您玩瘾犯了的时候，又急急忙忙地重新安装！我想问问您，少年朋友，夜深了，当您掩上门假装用功，却沉溺在游戏中的时候，妈妈轻轻地推开门，您习惯性地掩饰过去，藏着一丝羞愧的目光扫过母亲疲惫却充满关切的脸，您心里是如何的煎熬！您想告别电玩这个魔鬼，可是您不能够，您已经成为电玩的俘虏！明天来临，您“涛声依旧”……

春光明媚的日子，是您阅读自然的日子，可是您宁可闷在斗室里继续打电玩；万籁俱寂的时刻，是与书交心的时刻，可是您依然醉心于电玩；有朋自远方来，您拿着手机沉迷电玩；至亲爱抚的手插入您的发林，您浑然不觉，因为您还在专注于电玩！孩子呀，别让电玩吞噬了您美好的青春！

抬起您的头，在电玩的时代更需要读书！2013届的师哥师姐们，为你们树立了读书的榜样！他们初来乍到的时候，和同龄人比，是那样的弱小，弱小到在全区排位最后。可是，他们喜欢上了读书，是书，垫起了他们人生的高度！2013年夏天，他们以自信的姿态昂着头走出了实中校门！他们为正在走向优秀的实中画出了第一抹绚丽的色彩！

同学们，“诗韵校园”的读书体系业已建立，尽管学校办学经费并不十分宽裕，但是为了你们读书，我们舍得花钱！我们把小小图书馆建立在你们每一间教室，希望你们管理好。所谓管理好，就是提高使用率。人人爱读，人人争读，让读书成为你们的习惯，让热爱读书成为七宝实验中学的习惯，让优秀成为习惯，叫习惯引导你们走向成功！

同学们，一个多世纪以前，西方强盗把物质鸦片贩卖到中国，美丽的中华民族在腾云驾雾中走向苦难的深渊！今天，同样是西方，用信息高速公路将精神鸦片——电玩，大摇大摆地输入中国，叫数以亿万计的中国青少年沉溺其中，还美其名曰高科技！就像一百多年前标榜的“高贵鸦片”！这是新一轮的“鸦片战争”！所不同的是，当年的鸦片主要针对成年人，其后果来得快；“电玩鸦片”主要针对青少年，其后果来得迟。这绝非我危言耸听！但是，我更不愿意看到未来证实我可怕的预言！我只是痛彻心扉地希望国人、特别是你们，清纯如水的孩子们，尽早觉醒，远离电玩！

让我们读书吧！只有读书，才能自觉地抵御电玩这个“精神鸦片”！

爱读书的人生最精彩

——第六届读书节致辞

读书，为生命开启了一扇窗！

古往今来，中华民族流传着许多美好的读书故事。囊萤映雪——试想在那个生产力极不发达的时代，一个少年，在劳累了一个炎炎夏日之后，收集了一袋萤虫，就着那微弱却柔和的光芒读书，一身的疲惫都随着夏夜的凉风点点飘散；一个少年，经历了一个寒冬的白日，拥一床薄薄的棉被，端坐雪地，借取白雪对月光的反光读书，怎能不使人浮想联翩！史传王勃撰写《滕王阁序》时年仅 27 岁，而“落霞与孤鹜齐飞，秋水共长天一色”唱响千年，这优美的境界、辽远的意境，其深处必定藏着一个传奇少年太多的读书故事。江南四大才子之名，如雷贯耳，其读书生活，其诗画才情，俨然融入江南山水景色，当春吐绿，在夏生风，逢秋落果，见冬飘雪；华美的杰作犹如传奇的歌谣，传唱千年……

爱读书的人生真精彩！

优秀的民族爱读书。不单单我们中华民族是这样！世界上有一个传奇的民族，历史上横遭多次浩劫，一度失去赖以生存的土地，但是他们酷爱读书。有一份 1988 年的统计显示，在以犹太人为主的以色列，每 4500 人就拥有一座图书馆，平均每人每年读 64 本书，居全球第一。也许，这可以解释在 20 世纪 645 位诺贝尔奖得主中，犹太人占 121 席的惊人现象；也许，这可以解释在这个全球人口仅仅一千余万，不到上海市人口三分之一的人群中，产生了诸如马克思、爱因斯坦、弗洛伊德、海涅、毕加索这样的哲学、艺术、科学奇才；也许，这可以解释这个尽管在历史上多灾多难，甚至险遭灭种之灾的民族，愈挫愈勇，遇难呈祥的那份幸运！

有一个尴尬的事实，在 1988 年的同期统计中，以诗书礼乐为传统的中华民族，人均年读书量仅占以色列人的二十七分之一！这也许可以解释，一个传统的优秀民族，缘何遭致发展的困顿！尤其值得我们民族感恩和深思的是，在我们发展遭遇西方列强抵制的时候，曾经在二战中深得上海庇护的酷爱读书的犹太人，义无反顾地帮助了我们！

优秀的民族爱读书！一个伟大民族复兴的年代，就是书香飘溢的时代！

电玩时代最需要读书！同学们，电玩的快乐虚幻有如鸦片，成瘾了就将湮没青春；电玩的财富空洞有如烟云，一阵清风吹过，烟云荡然无存，只剩下生命的叹息；电玩的“传奇”是生命的血拼，汩汩地从指尖流去、从眼前掠过的，不仅仅是时间，还是少年生命的血浆，当血浆流尽的时刻，梦想枯萎成干鱼，少年的活力耗尽，生命也将走到尽头。

只有读书。读书为生命开启一扇窗，一扇奇妙的窗：有孔子聆听韶乐的余音，有庄子路过的池塘；有屈原生命的绝唱，有太白饮酒的狂歌；有柳永用情的缠绵，有易安唯美的太息；有纳兰不尽的忧虑，有红楼怅惘的风雨；有《女神》殷切的召唤，有《雷雨》惊起的暗涌；有志摩挥别的衣袖，有海子幸福的花开……

只有读书。读书为生命开启一扇窗，一扇奇妙的窗：有奥林匹斯山不老的神话，有罗马广场妙趣横生的问答；有安徒生和格林兄弟的小屋，有弗洛伊德不歇的梦呓；有卢梭原生态密林定格的幽静，有马克思斗室里酿就的风雷；有《哈姆雷特》的悲欢离合，有《我的大学》的坚毅人生；有相对论精辟的理论分析，有洞穿宇宙黑洞的那双炯炯有神的眼睛……

只有读书。读书为生命开启一扇窗，一扇激发生命活力、引入生命尊严的窗：我们不会忘记2013届毕业生现象！一群可以说是积弱的孩子，从走入实中，便开始了手不释卷的生活，最终，他们以强者的姿态，昂首走出校门，去迎接更加美好的人生！我们同样不会忘记实中孱弱的昨天！六年来，实中人高举“诗韵校园”的旗帜，开始创建新优质学校，赫然进入闵行区“老百姓身边的好学校”行列，飘扬的校旗上已然开始书写实中人的作为和尊严！

只有读书！读书虽不足以延伸生命的长度，却可以拓展生命的广度！

爱读书的人生最精彩！

青春作伴好读诗

——第七届读书节致辞

路过岁月，岁月应该告诉你，美好的东西总是短暂，就像青春。

薄如蝉翼的青春，美丽得让人感觉不真实，回望自己的脚印，似乎一切都被掩埋，沉沉的，甚至没有来得及留下一声叹息……

连少年的黑白照都挡不住岁月的侵蚀，仅有一次的唯美就这样流进了历史的河流……我忍不住叩问生命，我曾软柔的竹马去哪里了？我曾青涩的梦吟又在何处？抑或剩下的只有悲伤？

其实不然！我骑竹马，一路摇晃而来，马背上，遗存着几多颠簸的故事，一任岁月之雨的洗刷，故事中的人物总那么善良，笑吟吟的脸上写满的是亲情，是友谊，是爱。

其实不然！我握诗卷，一路吟咏而来，名言警句，教我参悟人生。于是，善良是我，优雅是我，赤诚是我；我曾经吹起嫩嫩的芦笛，为一江东去的春水奏着和声，堤岸记得。

青春易逝，却是人生最明快的乐章！不可永恒，只可用心走过！

那么，诗意般地踯躅于青春的小径何如？手不释卷，读着青春的诗篇，天籁般的诵读，人听人醉，花闻花开！

那么，诗人一般地品味每一个属于青春的日子何如？释放您对于生命的热情，再用一支笔，记录下每一朵花开的故事！

岁月不可挽留，但可以充实！

青春不可定格，但可以多写几首诗，为了怀念！

我们为什么主张“诗韵校园”

——第八届读书节致辞

上周，我们刚刚接受了“新优质学校初态评估”。今天，我们又迎来了第八个读书节的开幕日。我曾以“青春年少好读书”“电玩时代，更需要读书”“爱读书的人生最精彩”等为题，发表历届读书节的开幕词，这个读书节，我要宣讲的是：我们为什么主张“诗韵校园”。

我们初提“诗韵校园”的概念是在 2012 年，迄今已经整整经历了四个春秋。自 2013 年我们进入闵行区首批新优质创建团队以来，建设“诗韵校园”一直是我校教育的中心内容。在新优质理念的引领下，在全体师生亲力亲为的实践中，我们对于“诗韵校园”的实践和理解也从肤浅走向了深刻。

首先，“诗韵校园”就是书香校园。在一个貌似文化爆炸的时代，其实，书却距离我们越来越遥远，它往往被请上高雅的书架，与春风秋雨隔窗相望，倾诉着孤独与寂寞。其实我们清楚，读书明理，读书成长，读书虽不可以延长生命的长度，却可以垫起生命的高度。然而，我们或是沉溺于追逐名利，或是执迷在是非应酬，或是放浪形骸随波逐流，或是浑浑噩噩地在游戏中厮杀……总之，我们编织了太多的理由，为的只是不读书。可是，读书真好，日出伴朝阳读书，“莫道君行早，更有早行人”，趁着年少莫负青春；读书真好，黄昏伴微风读书，“绿暗红稀出凤城，暮云楼阁古今情”，不张不扬地感受古贤人的情怀，渐渐开阔了自己的胸襟；读书真好，静夜伴月色读书，“有约不来过夜半，闲敲棋子落灯花”，读得到几分生之淡泊，方能够觅得个志存高远。

再者，“诗韵校园”就是精神家园。我们生活的世界，生灵何止千万种，人类之所以独步天下，无非是依赖文化升华了我们的精神世界。这世界偏偏又有太多的诱惑，宛如传说中伊甸园里那条花蛇，冷不防撕咬着我们的灵魂。于是，在现实中，我们于喧嚣中辟出一角，谓之书房，冷峭而透出几份浪漫。就请你移步书房，依着书桌呼吸、沉思，那是生命的呼吸，灵魂的洗涤，精神的饕餮大餐，唯美、古典而时尚。读书真好，春日读书，“烟销日出不见人，欸乃一声山水绿”，勃勃生机便在每一条血管里汩动；夏日读书，“人间歧路知多少，试向桑田问耦耕”，可知进退一念间,贵在坚持;秋日读书,“晴空一鹤排云上,便引诗情到碧霄”,莫让生命错过春的孕育,夏的锤炼,方能在秋天升华成一个云卷云舒的境界;冬日读书,“遥知不是雪,为有暗香来”,生命相似又不同,高贵的灵魂为有书香飘逸而永恒芬芳!

校园的诗韵,沁透了温馨:“身无彩凤双飞翼,心有灵犀一点通。”校园的诗韵,沁透了欢乐:“春风得意马蹄疾,一日看尽长安花。”校园的诗韵,沁透了豪情:“俱怀逸兴壮思飞,欲上青天揽明月。”校园的诗韵,沁透了坚贞:“人生自古谁无死,留取丹心照汗青。”……

教育,需要一个诗意的灵魂——于是,我们主张“诗韵校园”!

那么,老师们、同学们,读书吧!读书在塑造我们的灵魂,读书在荡涤我们的灵魂!

读书，是深刻到骨子里的教养

——第十届读书节致辞

今天，我们即将掀开第十届读书节的序幕，它将持续一个月左右。都道“有教养的样子真好看”，其实，读书，是深刻到骨子里的教养，这就是我今天宣讲的主题。

我读过一则平凡温馨却耐人寻味的故事：一列行进的火车上，一位知性的女子靠窗而坐，她沉醉地读着梭罗的《瓦尔登湖》。比之于周围的乘客低头摆弄手机，她是那么特立独行。对面的乘客被这份美好深深吸引，忍不住与她攀谈起来，得知她是一位小学语文教员，早些年是山村的失学少年。某一天，她机缘巧合邂逅了《简·爱》，渐渐抛开了封闭与自卑，开始了全新的追求，于是活成今天这个模样。她说，一个人的时光是有限的，了解世界最好的方式是读书；一个人的精力是有限的，不仅要读书，还要读好的书。最好的是经典，经典给我们定力和底气，帮助我们从容地面对这个世界。她说读书让她活得淡然而通透，一面与世界达成和解，一面可与自己安然相处——读书，才是富养自己的最好方式。哦，读书，真的是深刻到骨子里的教养。

前不久，我到了福州，在三坊七巷的深处，我参观了一座老屋。这是一座传奇的老屋，不像南国水乡富商大贾的庭院那样深不见底、低调奢华，这里看不见修改的痕迹，原汁原味地朴素着，欲言又止一般，低语着屋主人的故事。这里住过革命先驱林觉民，他狭小的卧室里，墙壁上悬挂的是那封充满侠骨柔情的《与妻书》：“吾充吾爱汝之心，助天下人爱其所爱。”这“面貌如玉、心肠如铁、心底光明如雪的奇男子”，自幼饱读诗书，博古通今，学贯中西，深入骨子里的教养，凝聚成顶天立地的灵魂。老屋有幸，后来还住过世纪老人冰心。我小心翼翼地踏进她的闺房，就怕放大的呼吸吹灭了那盏小橘灯，就怕那些折叠的思念纸船被篡改了方向，行不到要它去的地方……起居室的侧面墙上，还挂着风华绝代的林徽因的照片，她是林觉民的侄女。她手握一卷书，书页儿半掩半舒，看书人眼不离书，眼神里却分明流露出思考，就这样一美百年。南国多雨，一个世纪的风雨也冲刷不去她的美丽。就算在枯荷听雨的秋，也分明有四月花开的味儿，一树一树的，是不绝如缕的书香，是爱，是暖，是希望，是一如林徽因印刻进骨子里的教养。

我曾经在山村夜晚的灯光下读书，墨香和着燃烧的煤油味儿，在我，竟如肴馔、醯醢，山不见底，夜很孤独，有书就好；我曾经在求学的县城里潺潺的小河旁边读书，凉飕飕的晨风钻进单薄的衣衫，我却浑然不觉，有书就好；我曾在菁菁的大学校园里读书，红男绿女，繁华初绽，而书的味儿格外亲切，不管雪月风花，有书就好。读了书，就看见了世界，照见了自己，就有了点儿能力选择自己的生活方式，毕竟生命只有一次，能够用自己喜欢的方式消费仅有的生命，便是幸福。于是，做一个老师，带一茬一茬的你们读书，并且渐渐地让阳光照进你们的生命，成为深刻进我骨子里的教养。

我们所在的这个世界，读书，也许不再局限于改变生存的窘境。读书，是为了不被时光的高铁落在静止的站台；读书，是为了不轻信别人胡说，同时又慎戒自己胡说；读书，是为了浸润经典的文化，因为没有文化的人总是痛苦而徒然地试图让整个世界顺应自己，而有文化的人总是理性而优美地顺应整个世界，那身影，透着教养的风范，或是孔武有力，或是仪态万方……

喜欢看见你们手不释卷的样子！

读经典的书，做有根的人

——第十一届读书节致辞

“读书不觉已春深，一寸光阴一寸金。”在习习的秋风里，我们迎来了第十一届读书节。首先，让我们以热烈的掌声，祝贺我校连续第五年获得闵行区办学绩效评估二等奖！在今年，我们还获得了教学改进一等奖，在均衡办学项目中，也获得了高度的评价。今天，我宣讲的主题是：读经典的书，做有根的人。

人类区别于其他生物的特征之一，在于人类同时拥有两个世界：一个是物质世界，一个是精神世界。物质世界依赖天地灵气鬼斧神工的自然造就，而造就精神世界的是人类的活动，这活动包含行为的和思想情感的活动。精神世界外显于文化，尤其表现在以经典记载的文化。完整的人生，必须生活在两重世界里。对于物质世界的眺望和追求，自觉地流淌在我们每一个人的血脉里；而对于精神世界的追求，自觉的人就不多了，更不要说去阅读经典。要知道，经典是历史的平原里一条没有被污染的河，是文化的原浆。这真的是一个遗憾！当人类的努力已经很大程度地解决了困扰人类几十万年的生存，精神需要就变得更加的凸显，在当今，在未来，贫穷也许不再聚焦在物质，而是凸显在精神；文盲不再局限于目不识丁者，而是指不读经典、没有文化之人。

阅读经典，在浮躁的世间学会坚持。我联想到从前井冈山的故事：一大批喝过洋墨水的青年秉承共产国际的宗旨，主张攻打城市、占领城市，一时间甚嚣尘上。只有毛泽东是极少数派，主张以农村包围城市，最后夺取城市。那茫茫无际孤立无援的孤独坚持啊，纵有经天纬地之才，纵有指点江山之志，却被硬生生地按倒在病榻上，丢弃在担架里……事实证明，中国共产党领导的革命事业离不开毛泽东思想。有一点可以确信，毛泽东熟谙古今，方才知行合一，力挽狂澜。

阅读经典，让脆弱的生命变得坚强。文天祥在被押解北国的途中，慷慨高歌：“人生自古谁无死，留取丹心照汗青。”因为民族大义在胸，便视死如归途。方志敏深陷国民党反动派囹圄之中，却倾情书写了《清贫》《可爱的中国》。死神并不可怕，可怕的是精神世界的坍塌。《约翰·克里斯朵夫》的主人公奋斗的一生，从儿时音乐才能的觉醒，到青年时代对权贵的蔑视和反抗，再到成年后在事业上的追求和成功,最后达到精神宁静的崇高境界。经典的故事,给我们太多的启迪。生命如船行,难以预料明礁暗石会在何时何地出现,但最能守护自己生命的,便是坚强,便是勇气。

阅读经典,让蒙昧的认知变得智慧。古今中外,凡成大业或有大学问者,无一不是通过博览群书而获得人生智慧的。也许成大业、做大学问家并不是每一个人志在必得的目标,但总应该是每一个人的生命朝向!近两年上热搜的任正非就是一个手不释卷的人,据报道,他曾经被财富中文网评为“最爱读书的年度商人”,他一周要读一到两本书。在高科技主宰世界的今天,他和他的团队为中国在世界领域实现弯道超车,看不见的科技与商战的硝烟里,很轻易地就能辨识出历史经典的踪迹。他说:“教育是最廉价的国防。”把教育与国防建立直接联系,他之前,我不知有何人!拥有这样的大智慧的人,除开会读书、会读经典的人,别无他属。

阅读经典,做一个有根的人,让人生的脚步更加从容。《诗经》一美千年,款款情深,无论何时,总有一种情思与你脉脉沟通,就像一位挚友与你携手前行,何其有幸。《论语》就像饱经风霜的老祖父一般,慈眉善目,声音苍老却又字字珠玑。都说“半部论语治天下”,何况我们往往只是自己这生命之舟的主人。读《西游记》时,可别只是看到“猴戏”,更要看那聚焦追求的执着勇气,那历经万苦千辛所凝结的生死与共的情谊,那砥砺人生普度众生的悲悯情怀……阅读《时间简史》,给你的生命增添一对会飞翔的翅膀,教你纵可以连贯千年,横可以俯瞰宇宙。这,就是经典的力量!

“书犹药也,善读之可以医愚。”好书如良药,而坏书如毒药,是碰不得的。经典之所以经典,就因为它如生命的摆渡人,给你定力,让你懂得坚持;给你勇气,让你习得刚强;给你智慧,让你的生命之舟在不可预测礁石风浪的海面,从容地航行,顺利抵达人生的彼岸……

“三更灯火五更鸡,正是少年读书时。”阅读吧,阅读经典,做一个有根的人,让人生变得更美好!

班主任节：做一名会思想的老师

做一名会思想的老师，最关键的在于了解自己的人生价值！对于职业，全国优秀班主任、著名特级教师李凤霞说："因为爱，所以爱；如果不爱请走开。"如果来得及更改自己的职业轨迹，路在自己脚下；如果来不及，或者没有别谋职业的能力，或者根本不愿意更改，那就请将教师职业作为自己生命的重要内容。在这里，亘古以来，没有升官发财，没有优哉游哉，没有特别风光，所有的荣耀都是因为学生……

我们在每年九月份举办爱生节，旨在播撒爱的种子，贯彻实施爱的教育。我们在每年十二月下旬举办班主任节，用班主任这个特殊的群体检验爱的教育的收获。他们的特殊身份决定了他们处于师生关系的边缘，处在师生关系的敏感区。他们获得了多少爱，在很大的程度上反映出教育的效果。

班主任节，我们的教育意图是：提高班主任素养，宣传班主任精神，扩大班主任影响，促进师生关系，检验爱的教育的成果。

七宝实验中学第三届班主任节活动方案

一、 活动目的

随着“以人为本，德育为先，能力为重，全面发展”的教育方针的贯彻，我校德育队伍建设日益完善，班主任在校园文化建设、学校跨越式发展中发挥着越来越重要的作用。他们以自己的文化底蕴和人格魅力赢得了学生、家长和同行的尊敬，他们日渐成熟的教育特色和工作经验也提升了学校内涵式发展的水平。我校力求通过开展班主任节活动，大力弘扬班主任及全体教师关爱学生、无私奉献的精神，深入探索智慧教学、科学育人的规律，努力实践“人人都是德育工作者”的育人理念，引领全体教师科学智慧地面对我校教育现状，不断提升完善自我，为我校学生的健康发展作出更多贡献。

二、 活动主题

吹开幸福的花儿——关爱学困生的教育教学艺术。

三、 活动内容

1. 场景布置

悬挂条幅，营造氛围。

2. 班主任风采展示

目的：通过展示班主任的风采，使班主任体会到认同感、成就感，让同事、学生、家长了解、理解、感佩班主任的工作付出，唤起学生对班主任的热爱。

展示内容：

（1）班主任工作照或生活照 1 张，照片需是电子文档，最好是 jpg 格式，大小至少在 1 MB 以上，2 MB 以上效果更佳。（上传至德育处文件夹）

（2）150 字左右的班主任工作感言和介绍，侧重体现工作特色。

（3）为班主任制作的一本台历。（班主任提供 13 张生活照）

负责部门：德育处、信息中心。

展示方式：视频展示、校刊特辑。

完成时间：12 月 2 日前上传和上交材料，12 月 8 日前完成展示。

3. 启动仪式

具体要求：结合升旗仪式，由值周班班主任策划。

时间：12 月 19 日（周一）早晨升旗仪式。

负责部门：年级团队、值周班。

4. 吹开幸福的花儿——七宝实验中学学困生教育教学艺术研讨会

继第二届班主任节提出的以“学生自主发展”课题为引领，提倡“人人都是德育工作者”的育人理念，关注学生自主人格发展的养成，呼唤全体教师为关爱学生的发展献计献策的“自主发展班级建设”研讨会后，今年又在此基础上提出以班级为单元、以班主任为核心的学科教师团队对学困生教育教学艺术进行深入细致的研讨，进一步形成新思路和新对策。

本届班主任节旨在通过活动的系统展开，加强师生间的沟通交流，提高全体教师对学困生教育教学的艺术性，并在思想上、行动上形成共识，最后评选奖项。

5. 特色班主任评选

目的：通过对特色班主任的评选，在全校师生及家长中张扬班主任的工作智慧，凸显学校对班主任工作的肯定和期望。

评选截止时间：12 月 13 日。

评选流程：制作选票资料——统计选票——评出候选人——校务会议讨论决定。

负责部门：德育处。

6. 学生心愿采集

采集内容：学生对老师的悄悄话、寄语，给老师的礼物，等等。

表达方式：各班由中队长负责汇总整理，在 12 月 29 日节日庆典当天送给班主任。

采集完成时间：12 月 25 日。

负责部门：年级团队。

7. 主题中队会展示

主题：以感恩之心赞誉老师爱生之情，以花儿绽放之美感恩老师奉献之心。

展示时间：12 月 19—28 日。

8. 班主任外出研讨

时间：12 月 17—18 日。

地点：西塘（暂定）。

研讨内容：吹开幸福的花儿——特色班主任智慧经验传递。

活动形式：聚餐、联欢、抽奖。

9. 庆典

时间：12 月 29 日 15:30。

主会场：电教厅。

七宝实验中学德育处

2011 年 11 月

七宝实验中学第三届班主任节之特色班主任评选方案

一、 背景与主旨

“学校教育，德育为先。”伴随着学校文化建设的深入发展，在七宝中学教育文化和精神的引领下，我校全体教师积极探索深入实践，德育内涵日渐丰富，德育队伍日益成长。在这支队伍中，最活跃、最有风采、最具特色的是班主任队伍。班主任队伍在校园文化建设、在学校跨越式发展中发挥着越来越重要的作用。他们对学生热爱，对教育真诚，他们用一颗赤诚之心化育着学生，也完善着自己。在德育教育的百花园中，他们精心播种、勤奋耕耘，他们把纯净的心灵，火热的情怀，朴素的智慧和辛勤的汗水，化作阳光雨露，化作春风，吹开了教育园地一片“幸福的花朵”。园有百花，花开五色。在这百花争艳姹紫嫣红的百花园中，班主任的德育之花显得那么艳丽、那么厚重、那么多彩。在第三届班主任节到来之际，让我们共同采撷、欣赏、品味从我们教育生活泥土中生长出来的独具个性、特色和智慧的德育之花，愉悦我们的心灵，美丽我们的色彩，传递我们的智慧，营养我们的生活。

为此，经学校研究决定，本届班主任教师节将以“吹开幸福的花儿”为主题，总结研究我们班主任德育工作中蕴含的宝贵的教育特色和智慧，弘扬和表彰他们的高尚精神，助力于实现教育特色的升华和智慧的传递，让我校教育文化的内涵发展更加丰富多彩。

二、 特色班主任评选项目

1. 养成之师——最注重养成教育的班主任

他（她）注重教育的发展过程，注重学生成长的关键细节，细致入微，精心呵护，他（她）培养的学生有着良好的学习和生活习惯。

2. 坚守之师——最懂得坚持教育的班主任

他（她）关爱每一位学生，持之以恒，尤其是对学困生不离不弃，用全身心的爱感染着学生。

3. 勇者之师——最具有担当精神的班主任

他（她）总以学校为重，以集体为重，以学生的发展为重，不怕牺牲自己，勇于奉献，勇于担当。

4. 创新之师——最具有创新意识的班主任

他（她）在班级管理上有思想、有理念，不断学习，充实自我，能不断推陈出新地开展工作。

5. 亲和之师——最富有亲和力的班主任

他（她）的人际关系最和谐，与学生、家长、老师们相处最融洽，有春风的温柔。

6. 凝聚之师——最懂得沟通艺术的班主任

他（她）的沟通总能发之以心，动之以情，不论是与学生谈话还是家访，都能贴近人的心灵。他（她）善解人意，善于体察关心人的内心需求，用感人肺腑的言行启发感召人觉悟成长。

7. 高效之师——最有工作效率的班主任

他（她）有科学的统筹意识，思路清晰，工作主次分明，做事有条有理，具有化繁为简、化难为易的能力，效率极高，且始终在教育管理中给学生、家长以轻松愉悦的感受。

8. 阳光之师——最具有健康活力的班主任

他（她）工作投入，班主任工作干得有滋有味；活力四射，管理学生乐在其中；身心健康，善于调节自身情绪；多才多艺，形成班主任的影响力，积极带动学生参与班级及学校各项文化活动，从班主任工作中找到幸福感。

9. 立人之师——最注重自主发展的班主任

他（她）深知教育的本质是立人，所以他（她）善于培养学生的自主意识、自主习惯与能力，努力使学生成为学习、活动、管理和服务的主人，努力使学生承担责任并在责任中逐渐生成自尊、自主、自立意识。他（她）从容、淡定、智慧，即使老师不在，学生一样勤学守纪，班级一样井然有序。

10. 合作之师——最善于团队合作的班主任

他（她）具有强烈的团队意识，善于调动一切有利因素为班级建设、为学生发展服务。工作中他(她)总能够智慧地切换主角与配角的关系。当主角,他(她)的团队总是协调一致、具有合力;做配角,他(她)总能真情配合。

三、组织机构

1. 评选领导小组

组长:查建生、张金波。

副组长:项志萍、魏澜。

2. 评选工作小组

组长:项志萍。

副组长:魏澜。

组员:束涌、杨秀英、康健、王乃彬、陈海华、吴静华、汪名媛、张春、许琤庆。

四、评选程序

1. 名额

按照在职班主任50%的比例在全校21个班主任(预备年级在岗班主任5名,初一年级在岗班主任6名,初二年级在岗班主任5名,初三年级在岗班主任5名)中评选推荐10位候选人为特色班主任。

2. 评选方式和时间

(1) 年级组推荐候选人(12月9—10日)。

学生和学生家长选举:由参选班主任所任班级学生和学生家长无记名投票选举,得票50%以上为年级的提名候选人。

年级组教师选举:分别由年级组全体教师和年级组党政工组长、分管领导无记名投票选举,按实际得票确定候选人。

行政教辅组选举:由年级主任负责主持(党小组长和工会组长辅助)选举工作。

(2) 学校选举特色班主任(12月13日)。

评选人员:年级主任、党小组长、工会组长、中层以上干部。

(3) 学校评选领导小组审核确定特色班主任称号获得者(12月14—15日)。

(4) 校园网公示(12月17—19日)。

五、 表彰奖励

1. 时间

12 月 29 日。

2. 项目

（1）举办班主任庆典表彰会。

（2）发放证书、奖金。

（3）在校刊及校园网上表彰。

七宝实验中学德育处

2011 年 12 月

致敬——麦田里的守望者

——首届班主任节致辞

有那么一群小孩子在一大块麦田里做游戏。几千几万个小孩子，附近没有一个人——没有一个大人，我是说——除了我。我呢，就在那混账的悬崖边。我的职务是在那儿守望，要是有哪个孩子往悬崖边奔来，我就把他捉住——我是说孩子们都在狂奔，也不知道自己是在往哪儿跑。我得从什么地方出来，把他们捉住。我整天就干这样的事。我只想当个麦田里的守望者。

——《麦田里的守望者》

我不知道把班主任这一崇高的职业比喻成为麦田里的守望者是不是很恰当。然而的确，因为守护孩子的生命，你同样会错过观赏田埂上的花开，错过体验清风拂面的惬意，错过天际变幻着的蕴含无限魅力的流云！

这些恰恰是构成你高尚的不可或缺的内容——选择了高尚，就注定了牺牲！要垒就人类文明的大厦，总得有一群甘愿背负重压默默无闻的基石！

我们选定了一个日子——12 月 29 日，这个体现在岁月里的最大的日子，理应属于你——属于麦田里的守望者！

我们用我们的方式，代表生生不息的人类向您致敬！

选择在冬季向您致敬

——第二届班主任节开幕词

尊敬的班主任老师，我选择这个冬季的早晨向您致敬！

这个季节有些单调，全然没有春天的诗情画意——因为，凡是经历过班主任工作的人都明白，属于班主任的工作本来就是简单而枯燥的。班级、办公室、家，为了学生，您把生命化成简单的三点一线！冬天是寒冷的，您就像是暴露在寒风中的这博大的土地，为了所有的生命不至于扑倒，您在寒风中执着地守候！

这个季节有些寒冷，全然没有夏天的热情洋溢——因为，凡是有过班主任生涯的人都深知，班主任工作中藏着太多太多的辛酸！我们曾经甜甜地梦想，每一个孩子都优秀，像荷花那样亭亭玉立，像玫瑰那样俊逸飘香！然而，事实总有些残酷，我们的班主任不得不将视线长时间地投射在一些并不太优秀的孩子身上，就像园丁，不停地为一些颓靡的植物浇水施肥！孩子啊，请你明白，你的老师只能用这样的方式表达自己的爱，期待你这棵小树也同样地开花，同样地结果！

这个季节有些平淡，全然不像秋天那样，总有金黄的果实缀满枝头——因为，十年树木，百年树人，我们只是在从事着最基础的教育工作，我们的工作就是为孩子们守候，保持着我们的孩子向着蓝天的方向拔节生长！

孩子，你知道吗？为了这份深情的守候，也许，正是你的老师，为了你们，已经连续几个月都没有一次逛街的机会；也许，正是你的老师，为了你们，冷淡了自己的孩子，甚至把自己才几个月大的孩子放在遥远的异乡；也许，正是你的老师，为了你们，一直舍不得牺牲一天时间去摘除身体上的病灶；也许，正是你的老师，在为你呕心沥血之后，却又不得不面对你因为不懂事而流露出的不尊重的言行；也许，正是你的老师，因为你们，只能含着眼泪对生命垂危的母亲说："妈妈，等我，等我的学生放寒假了，我一定守在您身边，陪您走过您生命的最后一程！"

其实，孩子们，我们选择在冬天向班主任致敬，是因为我知道，冬天的外表可能冷峻一些，然而冷峻的外表下总是蕴藏着一颗火热的心！这就是你的老师，这就是你的班主任！

其实，孩子们，我们选择在冬天向班主任致敬，是因为我们都深深地懂得，冬天已经来了，春天还会远吗？

老师们，因为你们执着的守候，因为你们深情的奉献，明年，我们的春天必然花开灿烂，我们的夏天必然热情奔放，我们的秋天必然硕果累累！

祝同学们学习进步！祝老师们身体健康！祝全体班主任节日快乐！

做一名幸福的老师

——第二届班主任节闭幕词

时至初冬,阳光却格外明媚,心情也特别舒畅,我们历时一个月的第二届班主任节就要闭幕了。在此,我代表学校,向全体班主任致以节日的问候:为了七宝实验中学孩子们的幸福快乐,老师们,你们辛苦了!

你们是麦田里的守望者!在过去的一个月里,我们从各个不同的角度收捡着你们种植的麦穗,定格着你们催开的笑靥:我们请全体同学、全体同学家长、全体老师参与,评选出两位柔性流动示范班主任、两位五佳班主任、三位优秀班主任!你们是我们班主任队伍中的杰出代表,你们代表了七宝实验中学全体班主任、全体老师对学生无尽的爱;你们代表了七宝中学教育集团最先进的教育理念、最先进的学生发展观;你们代表了正在走向光辉灿烂明天的七宝实验中学的教育!你们是幸福的老师!

在本届班主任节,我们以"人人都是德育工作者"为主题,以德育、教学、教辅后勤为组织脉络,开创性地在全体教职员工中进行了为期一个月的专题研讨活动。德育工作作为学校的首要工作,在我们这块教育的沃土,不是虚谈,而是实实在在的教育行动!班主任老师们,我为你们自豪且庆幸,我引以为豪的是,你们的精神正在感染着我们这个集体,我们集体中的每一个人都自觉地建立起了先进的教育意识,感谢你们!我感到庆幸的是,在孩子美丽却有泥泞的成长路上,班主任老师们,正是你们在孤独坚守。生活在饱含希望的麦田,我们有人耕地,有人培土,有人播种,有人施肥,有人浇水,有人守护,全为一田生机勃勃的风景,全为一田沉甸甸的收获!用心走在教育土地上的人,用一颗真诚的心和一群纯洁的孩子对话,是最幸福的一群人!老师们,你们就是最幸福的人!

办学,要顺应时代的潮流,同时又不被潮流所激荡。做教育的人,要耐得住寂寞,受得了磨难,有十年磨一剑的韧性!在教育的麦田,做一个文化的守望者,雨打风吹,人生劫难,都是生活的一部分。先贤有启示:"天行健,君子当自强不息;地势坤,君子以厚德载物。"做一名班主任,当一名幸福的老师,可以恩泽更多的人!我们快乐着孩子们的快乐,我们幸福着孩子们的幸福,若我们在人类文明的火炬接力中是一名兢兢业业的火炬手,便可以笑傲人生!

做一名智慧的班主任

——第三届班主任节致辞

第三个班主任节的节庆日伴随着新年的喜庆，款款而来。在此，我代表学校党政班子，向辛劳一年的班主任老师们表示衷心的感谢！感谢你们以勤劳和智慧开创了七宝实验中学教育的新天地！同时，请你们把我的问候带给你们的家人，为了正在崛起的七宝实验中学，亲人们辛苦了！

班主任老师，你们是肩负特殊历史使命的团队！今天，千千万万的家长把孩子交给了学校，托付给你们。你们的辛劳、你们的智慧在很大的程度上，决定着——明天，我们归还给社会一个什么样的公民。你们正在聚天地之灵气，吹开幸福的花！

为了这崇高的使命，你们披星戴月，劳力劳心；因为学生，你们甚至顾不上照顾自己的孩子；因为学生，你们甚至忘记了自己身体的病痛。校园里的每一寸土地，都渗透着你们辛勤的汗滴；学生的每一声拔节，都融入了你们生命的乐章！老师们，孩子因为您辛勤的付出，而无比幸福！

在本届班主任节，我们聚焦关爱学困生的艺术，解读智慧的真谛；我们评选出10位特色班主任，在此，我要向你们表示祝贺，我更要感谢你们为学校德育谱写了新的篇章！10位特色班主任，你们是一支优秀团队的代表，你们代表着这个团队的优秀文化、卓越智慧！我们可以用心感知，在刚刚过去的一个春夏秋冬，我们面前的孩子们，他们的学识、他们的人品，取得了多大的进步，实现了多大的提升！寻遍校园，再也找不到一例让我们很头疼的问题学生；点数学业方面，我们已经走出窘境，逐渐地享受着名列前茅的喜悦！如果说这就是神奇，那么，尊敬的老师们、尊敬的班主任，您就是化平淡为神奇的教育大师，您有着堪称点石成金的金手指，您有着透视成长规律的教育慧眼！老师们，孩子因为您的兰心蕙质而优美绝伦！

读得完的是诗行，写不尽的是爱意！老师们，我们对于学生的爱，比大海还广阔，比蓝天还明澈，像高山一样壮美，像阳光一样永恒！我们坚信，随着学校的发展，随着我们智慧的火炬越点越明亮，会有更多的人理解我们，会有更多的人向我们投来羡慕而崇敬的目光！看吧，老师们，孩子将在您爱和智慧的目光中，跳着畅快而自由的生命舞蹈！

老师们，七宝实验中学的发展之路，注定是一条坎坷的路。正因坎坷，方显英雄本色；正因坎坷，奋进的路程中，才隐藏着别样的风景！这是考验我们的地方，也是证明我们的地方！我们以智慧的行动，我们以卓越的奉献，在我们生活的土地上守望，守望着孩子，收获着成功！理解教育的内涵，感受使命的崇高，我们是最幸福的老师！我们在形成尊严的进程中享受幸福的感觉！

“路漫漫其修远兮，吾将上下而求索。”走出平庸，告别落后，我们还只能算得上是万里长征走出了第一步，更艰苦的历程还在后头，更值得我们骄傲的也在后头！我们只有作出更大的奉献，付出更多的艰辛，积攒更多的智慧，才能不辜负领导的期望！才能感恩以仇校长为首的七宝中学教育集团的无限关爱！才能对得起这一方土地的父老乡亲！才有可能拥抱更加光辉灿烂的未来！

第三届班主任节就要闭幕了，但其余音绕梁，韵味无穷。这是一个新的起点，这是一轮智慧的开端！

第四个秋天

——第四届班主任节致辞

七宝实验中学第四个班主任节的节庆日伴随着新年的喜庆，款款而来。在此，我代表全校师生，向勤奋而智慧工作的班主任老师们表示崇高的敬意和衷心的感谢！感谢你们热爱生活，追求卓越，做优秀的实中人！感谢你们以实际行动践行校长办学理念，用青春和心血浇灌实验中学教育的沃土！同时，请把我的问候带给您的爱人，带给您的父母，带给您的孩子，正是亲人们的无限理解和鼎力支持，才支撑起我们教育的大厦。从一定意义上说，没有亲人们的理解与支持，就没有七宝实验中学从低谷起步，穿越平庸，走向优秀的今天！

“画栋朝飞南浦云，珠帘暮卷西山雨。闲云潭影日悠悠，物换星移几度秋。”老师们、同学们，龙年的秋天，是我们七宝实验中学所经历的第四个秋天。站在今天的教育旷野上眺望，往事历历在目。

2009 年的秋天，是属于我们的第一个秋天。那个秋天，我们还只是麦田里的守望者，我们在坚持，我们在积攒，我们在孕育，我们在潜心勾画我们饱含希望的“同心圆”。在此，我请时任班主任、年级主任的老师们起立，接受实中对您坚守意志的敬意！

2010 年的秋天，是属于我们的第二个秋天。我们经历了“同心圆”结构的历练，意志更加坚强，步伐更加整齐。于是，我们开始做一名幸福的老师，我们一点一点地体会到做一名教师、做一名班主任的责任感和幸福感；斗转星移，不变的是我们热爱生活，追求卓越，你们的率先垂范逐渐地影响到我们整个团队。由于你们，“人人都是德育工作者”才渗透进我们每一位教职员工的肌体和血脉！现在，我请时任班主任、年级主任的老师们起立，接受实中对您博爱精神的赞美！

2011 年的秋天，是属于我们的第三个秋天。这个秋天我们走得尤为艰难，由于中考遭遇了滑铁卢，面对内部的彷徨、外界的质疑，七宝实验中学是发展还是停滞、是生存还是死亡？作为校长，我衷心感谢你们，你们义无反顾地选择了和我一起战斗，相信真正的强者是可以淡忘失败的人，真正的强者是可以从哪里倒下去就从哪里站起来的人！于是，我们在具备了精神世界的基础之上，选择了用爱的智慧，吹开幸福的花朵！于是，在我们这块土地上，没有了问题严重的行为偏差生！现在，我请时任班主任、年级主任的老师们起立，接受实中对于您强者姿态的讴歌！

“爱上层楼，却道天凉好个秋。”属于我们的第四个秋天有点儿凉，这恰到好处的凉，正可以揩一揩我们不停歇奔跑的汗滴，正可以冷静冷静我们不停歇思考的大脑，让我们不仅要做一个坚守者，不仅要做一个充满爱意的人，也不仅仅要做一个姿态上的强者，更要做一个内心强大的人，更要做一个充盈智慧的班主任。这一切不是一朝一夕就可以获得的。现在，我请四年以来一直坚持在班主任、年级主任岗位上的老师们起立，请您接受我们大家对于您的无比敬意！并恳请您毫无保留地传递出您的教育智慧！

老师们、同学们，走出低谷，也许我们主要依靠的是团结、是正气；穿越平庸，也许我们主要依靠的是共同的认知、统一的意志、永不言弃的精神。感谢历史，感谢命运，更感谢全体实中人一千多个日日夜夜的坚守与奋进，我们才可以发出学校历史上最强、最有力的声音——告别平庸，走向优秀！为了这一声铿锵的誓言，为了这一句庄严的承诺，我相信，每一位正直的、友爱的、有责任感的七宝实中人都在积极准备着！什么是智慧？智慧也许博大精深，洋洋万言也难以言表；智慧也许很简洁，用自己的实际行动去阐释什么是正直、什么是友爱、什么是责任，智慧，也许就距离我们不远了！优秀与卓越也许就距离我们不远了！

班主任老师们，为了七宝实验中学美好的明天，我把七百个孩子托付给您了！最后，请全场起立，和我一起向所有现任班主任、年级主任道一声：感谢您！您辛苦了！

追梦　担当　共荣

——第五届班主任节致辞

今天，是第五届班主任节的节庆日。首先，我代表学校党政班子向全体班主任、五路团队领导、专职德育干部们致以节日的问候！

今年是我校进入七宝中学教育集团的第五个年头。这是一个跨越的五年，我们终于穿越了低谷，走上了快速发展的轨道，进入了创建新优质学校的行列！我们感谢七宝中学先进文化的引领，感谢闵行区教育局领导的亲切关怀，感谢敬爱的仇校长对于七宝实验中学的深情厚谊，感谢全体师生员工一如既往地热爱生活、追求卓越，尤其感谢班主任老师们无私的奉献、智慧的工作，是你们的倾情付出，为七宝实验中学赢来了前所未有的尊严！

老师们、同学们，五年来，我们一直在努力追梦的路上。我们经历了苦苦的守望，为了共同的理想，凝神聚力，静待教育的一树花开；我们经历了"人人都是德育工作者"的专题大讨论，叫现代教育意识、教育观念渗透进我们的血脉，于是，在我们的校园，程度较重的问题学生奇迹一般消失；我们启动了"吹开幸福的花儿"的智慧争鸣，把关爱学困生的行为提升到艺术的境界，我们敬业爱生的诚心终于感动了我们的天使，是他们，回报给我们一个又一个惊喜；"活力课堂"是我们的创举，我们主张用统整网罗文化的精髓，教自主唤醒学习的潜能，以评价激发学习的动力，让课堂焕发生命的活力。是的，我们不求这教育的呼号能够赢得多少外部的喝彩，我们只是执着追求于它带给孩子多少成长的实惠。"诗韵校园"由我们首倡，让纯洁的诗风轻拂校园，端正积极乐观的态度，历练锐意进取的精神，体验不拘一格的创造，追求标异领先的唯美，塑造外端内实的气度！诗，这文字的精灵，犹如舞中的芭蕾，必将带挈我们校园早日实现新优质！

2013 年上半年，我们创设了祝福每一位学生生日快乐的项目，践行着现代教育关注生命、关注幸福指数的理念；我们还开发了"活力课堂"激励性评价的后评价系统，以"活力课堂"超市积分换奖品的形式激发学生小组合作学习的恒久动力。实践证明，这些举措进一步融洽了师生关系，激发了学生对于学校的热爱，增强了学生的学习兴趣，深受孩子们的欢迎。本学期，我们又启动了"诗韵校园”全员读书工程，在班级成立小小图书馆，用读书卡片形式反馈读书成果，期待读书成为学生日常生活的必须，让爱读书成为学生的习惯；我们还创建了七宝实验中学优秀毕业生创建体系，重新解读基础教育前提下的“优秀”概念，设计了“体质”“行规”“学业”“读书”“特长”五个维度，让优秀不再是极少数精英学生的专利。从创建学段优秀生到优秀毕业生的综合体系，我们让更多的学生为优秀而骄傲，让优秀成为习惯，叫习惯化育人格，用人格主导人生！未来必将证明，我们的教育新举措足以化平淡为神奇！

走在创建新优质学校的路上，我校中考成绩首次进入公立学校前列；作为公立学校，我们参加全市中学生古诗文大赛，连续两年夺得个人一等奖，总分赫然进入全市前十名；2013 年更是获得义务教育学校综合绩效评估二等奖。老师们、同学们、朋友们，面对这一切，我们来不得半点骄傲，其实，这点成绩，应该不值得我们骄傲，因为更值得骄傲的还在后头！我们有梦想，我们要建成区域内一流公立强校！因此，我们今天张扬着班主任群体中所体现出来的“阳光、奉献、亲和、养成、创新”的精神。你们是新教育时代最可爱的人，我们仅能选择的是虚心向你们学习，共同追求实中教育的梦想，勇于担当教育的使命，牢记“校衰我耻，校兴我荣”，摒弃所有似有似无的成见，放开小我，团结在荣校的大旗下，朝着共荣的方向进发！

我们的目的一定要达到！我们的目的一定能够达到！

做一个会思想的老师

——第六届班主任节致辞

七宝实验中学第六届班主任节伴随新年的喜庆姗姗而来。在此，我代表学校全体师生，向为了振兴实中而殚精竭虑的班主任老师、五路团队领导、德育专职教师们致以节日的问候！

节庆有盘点的习惯。第一届班主任节，我的致辞是《致敬——麦田里的守望者》，期待实中教育一树一树的花开，最接近成功的人最善于等待；第二届班主任节，我的致辞是《做一名幸福的老师》，期待我们体验职业和生命的幸福；第三届班主任节，我的致辞是《做一名智慧的班主任》，学校要走出平庸，教师首先要超越平庸，拥有智慧；第四届班主任节，我的致辞是《第四个秋天》，那时候，我们已然开始收获，我们应该昂首阔步；第五届班主任节，我的致辞是《追梦　担当　共荣》，这一年，我们正式走在追求优秀和卓越的路上。在今天，在第六届班主任节，我发言的题目是《做一个有思想的老师》。

做一个会思想的老师，首先是要明确自己角色的社会定位。我们是国家雇员，是人民教师，我们的教育行为就必须体现出国家意志，表现出为人民服务的精神。中华民族正处于伟大复兴的时代，复兴时代，最需要振兴的是文化。作为人类文明火种的传递者，我们一群人有着无与伦比的骄傲，因为我们所做的一切，都是为了一个优秀民族的薪火相传、生生不息！

做一个会思想的老师，还必须明确自己角色的职业特点。一方面，我们是传道授业解惑者，没有问题的学生是不存在的！也正是因为如此，才能够凸显我们的职业价值！我们的价值在于学生在我们的学校、在“我”的班级、在“我”的视野里有多少进步！学生问题会使我们焦虑，但是我们必须正视！我们的快乐就是呵护我们眼前的孩子一点点长大，一点点成熟，一点点优秀，他们是我们麦田里的“苗”和“穗”！

做一个会思想的老师，应该最善于接通他人的思想。现代教育的范式以及功能都区别于私塾时代，教师曾经的“个体劳动者”的属性已然消失。一方面，师生的双边关系决定了教育效益，决定了教师职业的幸福指数；另一方面，良好的同事关系不仅仅有利于专业发展，更有利于幸福人生。最重要的是，老师的一言一行皆是教育范本，为了学生的未来，我们必须善于处理人际关系，做生活环境中的“小呀小苹果”。

做一个会思想的老师，还要与时俱进地更新自己的教育教学观念。二十年前的“模范”搁在今天，如果不长进，定然“out”（淘汰）。“严师”已经不再像往日那样是无可争议的褒义词，“慈师”“智慧之师”才是当今的最爱！教学也是如此，本着“学校教育要为学生的一生发展奠基”而教，许多不理解的就可以理解了，许多不接受的就可以接受了，许多不擅长的也可以逐渐擅长了！当初日行千里之骏马，比之于今天的奇瑞何如？更甭谈法拉利之类了！放弃，是为了更好地拥有！

做一个会思想的老师，最关键的在于了解自我人生价值！对于职业，全国优秀班主任、著名特级教师李凤霞说：“因为爱，所以爱；如果不爱请走开。”只要来得及更改自己的职业轨迹，路在自己脚下；如果来不及，或者没有别谋职业的能力，或者根本不愿意更改，那就请将教师职业作为自己生命的重要内容。在这里，亘古以来，没有升官发财，没有优哉游哉，没有特别风光，所有的荣耀都是因为学生……

感谢您，全体班主任老师们！这些年，你们一直走在思想的路上！你们的思想汇集成为七宝实验中学的思想，你们成长的路径折射出实中成长的轨迹，你们是七宝实验中学优秀教师的杰出代表！七宝实验中学刚刚走上追求优秀和卓越的路，因此，作为校长，我希望你们更加优秀，更加勇于担当，让你们的思想成为未来更优秀的实中的精神种子，精选精种，花开永恒！有一天您也会老，那时，您有足够的理由说出：“七宝实验中学的优秀，就从我做班主任那时刻起步……”未来，一所优质学校的天空，必定唱响你们青春的令名！

共同经营幸福人生

——第七届班主任节致辞

今天，是第七届班主任节的节庆日。首先，我代表学校党政班子，向全体班主任、五路团队领导、专职德育干部们致以节日的问候！

时光荏苒，又是一个岁末年初，七宝实验中学作为七宝中学教育集团的一员，已经走过了七个年头。在闵行区教育局、七宝镇人民政府的关怀下，在七宝中学先进文化的引领下，七年来我们只是简简单单做了三件事：其一，聚焦“同心圆建设”，脚踏实地，同心同德，做好教育事业；仰望星空，思考生命，提升职业幸福指数。其二，执着营造“活力课堂”，从教学实效出发，提高课堂教学的有效性；从教育本质考虑，让教学回归育人本位。其三，摸索出“七宝实验中学优秀毕业生创建体系”，主张“六维创优”，让优秀成为习惯，叫习惯化育人格，用人格主导人生，努力让教育走好今天，也为明天做最好的准备。正因为努力地做好了这三件事，七年来，我们的教育质量从闵行区垫底，成长为公立学校领先；七年来，我们从师生关系不畅，到100%的学生喜爱教师，98%的学生喜爱学校生活，98%的学生喜爱“活力课堂”；七年来，我们教师教学好课率从7%上升到了96.7%；七年来，我们走出了办学低谷，又开始营造“诗韵校园”，走在了创建新优质学校的漫漫征途，被百姓誉为“家门口的好学校”；2014年综合督导评估获得高度评价，五次办学绩效考评中，一次荣获进步奖，一次荣获三等奖，两次荣获二等奖。我们只是一所位于平民地段的平民学校，但是，我们热爱生活，追求卓越。

感谢社会各界，感谢全体师生员工，是你们七年一贯的支持和不懈的追求，才让我们得以兴高采烈地为班主任过节；是你们对于教育的高度理解，才让我们得以自信满满地为班主任过节。自从进入七宝中学教育集团，每学年的第一学期我们以爱生节揭开新学期教育序幕，是主张受教育者首先感受爱；在第一学期结尾，我们以班主任节盘点，是主张受教育者必须学会传递爱，是以班主任作为教师的代表，接受受教育者爱的回馈；在春暖花开的季节，我们举办感恩节，是为了培养学生的博爱之心，人类因为有爱，才得以传承，教育因为有爱，才堪称教育，才配得上事业的称谓。

第七届班主任节，我们祭出的教育主题是“优化习惯，超越自我”。于是，在六年级、七年级，开始了“花季岁月，感恩有你”；在八年级，经历了“青春岁月，感恩有你”；在九年级，认知了“砥砺前行，感恩有你”。可爱的孩子们，你们以洁净如心的文字、以多姿多彩的队会，演绎了自己对班主任、对其他老师们的深度理解、道义声援、高度爱戴、默契合作。“亲其师，信其道”“爱出者爱返，福往者福来”是中华民族文化的精髓，不管你沧海桑田，文化的真理是太阳、是月亮，照见世界的同时，也照亮教育，照亮每一颗童心。

第七届班主任节，我们祭出的教育主题是“优化习惯，超越自我”，这不单单是我们对孩子们的期待，同时也是社会对于新优质时代七宝实中全体教职员工的期待！于是，我们请全体同学、全体同学家长为孩子们的班主任“着色”：阳光之师、奉献之师、亲和之师、养成之师、智慧之师、立人之师、合作之师、坚守之师。这八大品质不仅仅是班主任的荣誉，更重要的，是新形势下学校对全体班主任老师的期待，也是对全体教职员工的期待！

幸福，一定不是由物质来主宰的，而是由心灵来决定的！幸福，最重要的是通过人与人的交流来共同营造，虽然幸福的结晶更多的是由个人去品味。而最能够左右幸福的，就是好的习惯。习惯于清贫，再苦的日子也能淡定走过；习惯于勤劳，再累的生活也不至于扑倒；习惯于用自己的青春、自己的生命去成就他人，教师职业就是您最好的选择，班主任角色就是您最好的选择；习惯于在自己可能终身从事的职业中去汲取幸福的因子，您的职业就上升为事业，您的生活，将因为、也只因为您所从事的教育事业而光彩熠熠，幸福永恒！

老师们，就让我们和学生们一起，共同经营着这唯一一次的幸福人生！

六维发展，敢为人先

——第八届班主任节致辞

2016 年即将过去，在此辞旧迎新之际，我们迎来了第八个班主任节。首先，我代表全体师生向班主任以及专职德育干部致以节日的问候，感谢你们一年来辛勤智慧的工作！感谢你们多年来始终如一的辛勤智慧的工作！

2016 年依然是七宝实验中学的教育丰收年，我们早已开始从容淡定地捡拾起教育的麦地里沉甸甸的麦穗。作为闵行区首批创建新优质学校，我们于六月下旬协助上海市教委基教处、闵行区教育局举办了创建新优质项目的智慧传递，并于十一月通过了新优质基地学校论证，成为闵行区创建新优质 5 所基地学校之一；作为一所让优秀成为习惯的学校，我们再次荣获闵行区办学绩效评估二等奖；我们的学生接受了包括中考在内的各项考试、竞赛的检阅，均取得良好成绩。在此，我们衷心感谢闵行区教育局、七宝镇教委，尤其是七宝中学教育集团的指导和关怀，并向老师和同学们表示热烈的祝贺！

老师们、同学们，我们举办班主任节，是以节日为契机，检阅我们爱的教育的收获，教育最大的责任就是播种爱心和收获爱心；我们举办班主任节，亦是为了弘扬中华民族尊师重教的传统美德，没有被尊重的教师就没有良好的教育，没有良好的教育就没有民族的明天；我们举办班主任节，还是为了发现和彰扬教师的精神，学校是培养人类精神的地方，教师首先应该是一群精神境界最高的人。

三年多以前，我们首创了针对学生成长的“六维创优”，后来逐渐发展成为“六维教育”。我们主张培养学生的身心健康素养、行为规范素养、学业素养、读书素养、实践素养、特长素养，主张“随风潜入夜，润物细无声”式的全员赏识教育。我们在不解与质疑声中特立独行，最终形成了具有自身特点的高效能德育体系，并且该教育思想与教育部于 2016 年倡导的发展中国学生六大核心素养高度吻合。在这项具有前瞻性的工作中，我们的班主任劳苦功高！

先于“六维教育”探索，我们于 2011 年就开始了“九星”班主任表彰，也就是开始思考作为一名称职的班主任、优秀班主任应该具备哪些基本素养，因为教育的先贤告诉我们"教育者先行策略",因为当代教育主张给我们启迪:师生共同成长策略。历经5年的实践,我们最终高度浓缩出六个基本主张,称之为"六维"。

第一是奉献。纵使社会物欲横流,纵使某些不成熟的政策可能在影响着为师者的精神境界,然而,选择了为孩子而工作,就是选择了为人类的未来而工作。具备奉献精神的老师才有可能成为称职的老师,成为优秀的老师。

第二是仁爱。我们圈定仁爱这个词,是秉承教育先师孔子的思想,是基于我们对于基础教育本质的朴素认知。基础教育,就是爱的教育,是教孩子们懂得接受爱和学会传递爱的教育。完成人类世界爱的传递的重要性仅次于人类的薪火相传。为师者,必须怀有一颗仁爱之心。

第三是智慧。教育的智慧宛如浇花的智慧,最优秀的园丁最知花,知花因为生长、因为开放对于水的需要量、需要方式等。因此,优秀的园丁仅有浇花的愿望和自觉是不够的,他必须懂得花的需要。这就是智慧,这就是教育者需要的智慧。

第四是合作。合作,是教育本身的需要,因为教育要自然地作用于学生,就需要教师与教师、教师与学生、教师与家庭、学生与学生等形成良好的合作关系。教师不是这一生态链的核心(核心是学生),但是教师应该是这一生态链中最主动、最积极的元素,或者说是领导者。合作,还是教育传承的需要,懂得合作的老师,最有益于培养懂得合作的学生。

第五是活力。我们用了长达八年的时间打造了属于我们自己的"活力课堂",其活力可以诠释为:自主学习的形式活泼,灵动自由的思维活泼,有沉浸学习的生命活力。教师,尤其是班主任,责无旁贷地要肩负起酝酿、营建良好的"活力课堂"氛围的使命,促成教学回归育人本位。

第六是文化。教育的本质是完成爱的传递,办学校的实质就是用文化的方式完成人类爱的传递。因此,有识者这样认为,办学校就是做文化!我们主张"诗韵校园",就是主张浸润积极乐观的态度,历练锐意进取的精神,体验不拘一格的创造,追求标异领先的唯美,塑造外端内实的气度!

在此,我要向首届班主任"六维之星"表示崇高的敬意,要向分获各单项奖的班主任表示热烈的祝贺。在七宝实验中学已经为周边社会广泛认可为"家门口的好学校”的今天，你们又一次走在了先行探索者的行列！你们的先行有着很深刻的意义，因为我们所主张的这为师者的“六维素养”，不仅是班主任所需要的，而且是全体教育工作者所需要的！

教育要改变被广泛诟责的窘境，除了遵循教育本质去创新和实践，别无选择！

开启草根学校一代师风

——第九届班主任节致辞

今天，是第九届班主任节的启动日。首先，我代表全校师生，向全体班主任、专职德育干部致以节日的问候！

第九届班主任节，我要传递给你们的，不仅仅是问候和讴歌，我要提出的是希望，是新优质基地校的发展方向：开启草根学校的一代师风！

今年八月，我以"一所草根学校的教师精神"为题，赞美了"双十佳"教师所代表的七宝实验中学教师的精神：坚守信仰，牢记使命；团结凝聚，同心圆梦；坚持学习，率先示范；德高为师，不辱师表！今年十月，我以"廿载杏坛千古事，一朝鼓瑟半池歌"为题，作了二十周年校庆的主题发言，梳理七宝实验中学的前世今生，剖析了一所草根学校的教育精神：不择沃土，不辞贫瘠，自由生长的精神；不惧挫折，不惧压力，勇敢生长的精神；热爱生活，追求卓越，励志求学的精神；励精图治，与时俱进，乐于创造的精神！我之所以屡次把核心词定位在"精神"，是因为物质世界的发展早已解决了我们的生存需要，只有追求精神的快乐才能拥有长久乃至永恒的快乐；是因为学校乃是滋养精神的草场，能够滋养学生精神的学校，才是好学校，能够滋养学生精神的教师，才是最值得学生们用一生记忆的教师！一位教师从事着"精神"的事业，那叫"师德"；一群教师从事"精神"的事业，便是"师风"，便是一所校园的教师文化！

良好的师风属于带着微笑工作的人群。一个人真实的社会存在感来自工作，无论您从事的是何种工作，只要您从事着，就有收获。如果没有工作的快乐，就可能在很大程度上失去生命的快乐！是的，工作着就会有压力，但是我们可以用思想的火光去找到生命的出口。闭上眼睛，这么畅想着我们的职业：孩子的心宛若黎明前的天际，染着青黛色，纯美绝伦，这时候，一缕一缕的霞光，缓缓地为天空着色，而您恰恰是这霞光的传播者，您的智慧、您的仁爱正在开启一扇扇半开半闭的心扉！大千世界时而清澈，时而浑浊，但是幸好您处在孩子最纯净的世界，您无须提防，只管播种，定是收获。纵然，不是每一个孩子都如您所愿地乖巧，您正可以把他们看成绿草地上不同的花朵。时光飞逝，太多的芳华在光怪陆离的尘世间枯萎，而您的芳华点点滴滴地融进一茬一茬孩子的明眸，他们带走了您的青春，却又铭记着您的青春……一块云朵推动另一块云朵，一个生命唤醒另一个生命，没有什么职业比教师更有微笑着工作的理由。

良好的师风属于自觉工作的人群。2013 学年，我们确立了“诗韵校园”的方向，历经四年，我们对于“诗韵校园”的认知越来越深刻。所谓“诗韵校园”，归根结底就是唤醒每一个实中人的生命自觉，从而达成“热爱生命，追求卓越”的目标。有效的教育往往有三重境界，最低的层次是服从，第二层境界是顺从，最高的境界是主动。作为教师，我们当然希望我们面前的学生都能够达到最高的境界，所以，我们将我们的学风归结为“自主学习，自觉成长”。这样的学风需要靠管理形成习惯，然而，最重要的是榜样的力量，以自觉的教风带动自觉自主的学风弥足珍贵！从人性的角度出发，人的内心深处都和管理相抵触，尽管人类社会走向文明之后，管理就如影相随。但是，真正让人感觉到心情舒畅、同时又高效的工作，却是在尽量地减少管理因素，更大程度地主张生命自觉，让思想和行为在成就孩子的天空和草地畅快地放飞、行走。当教育的需要真正成为我们生命的需要，便到达了云淡风轻的境界，每一个灵魂都轻灵飘逸……

在第九个班主任节，我倡议“开启草根学校一代师风”，是为了铭记！过去，学校从最低谷中走出来，又一步一步地走向优秀，那里镌刻着七宝中学教育集团无私的援助，那里流淌着我们辛劳的汗滴，那里沉淀着我们流失的芳华。

在第九个班主任节，我倡议“开启草根学校一代师风”，是为了发扬！是的，在过去的日子里，我们一点一点地成长，以班主任为代表的优秀老师们，越来越具有最先进的教育理念和最领先的教育方法。我们从平庸走向优秀，我们从自卑走向自信。

在第九个班主任节，我倡议“开启草根学校一代师风”，是选择用精神的方式，让一所生命可能远远悠长于我们的学校牢记：史上，曾经有我们这么一群人，有智慧、有境界，用自己的芳华，奠基了一所草根学校代代流芳的师风！

请您担当！向您致敬！

最好的教育是成人

——第十届班主任节致辞

“青山隐隐水迢迢,秋尽江南草未凋。”新年钟声即将敲响,我们迎来了第十届班主任节庆典。首先,我代表全体师生,衷心感谢各位领导、嘉宾对七宝实验中学教育始终如一的关怀,欢迎你们!借此机会,我要向学校各位现任班主任、曾经的班主任和专职德育老师,表示节日的祝贺和崇高的敬意!今天,我宣讲的主题是:最好的教育是成人。

最好的教育是成人,这是由教育的性质决定的。现代教育之父夸美纽斯这样定位教师和学校教育:“教师是太阳底下最光辉的职业。”“只有受过一种合适的教育之后,人才能成为一个人。”陶行知先生有这样的名言:“千教万教,教人求真;千学万学,学做真人。”社会之所以兴办教育,最重要的目的就是把一个自然人教育成为一个社会人,通过教育,使身体强健,使意志坚强,使行为规范,朝向品德高尚、志趣高雅,开发智力,锻炼能力,全面发展。针对教育时弊而言,教育离不开应试升学,但应试升学不是教育的最终目的,教育的最终目的是借助包括应试升学在内的众多有效载体和手段,教受教育者成人。

最好的教育是成人,课堂应该是学生成长的沃土。课堂教学必须追求高效率,然而高效率依然聚焦于育人效益!伟大的教育家赫尔巴特这样阐述教学与教育的关系:“教学如果没有进行道德教育,只是一种没有目的的手段;道德教育如果没有教学,就是失去了手段的目的。”这种关系,不止于唇齿相依,其实质就是手段与目的的关系。此前,我们用十年时间经营“活力课堂”,其初始目的在于提高教学效率,继而进化为让教学回归育人本位,就是回归教育的本质。通过“活力课堂”,学生学会识辨文化,学会自主学习,学会合作交往,学会吸收,学会表达,学会赞美,学会悦纳,学会被激励和自我激励,等等。“活力课堂”的顺利开展必须基于理想的班级文化氛围,理想的班级文化氛围同时又提供给学生成长源源不断的养料。班主任作为班级文化的领导人,责任自是重中之重。七宝实验中学行进的十年,平稳向前,有力地证明着我们选择的正确性。因为“活力课堂”,向班主任致敬,向每一位实中教育者致敬!

最好的教育是成人。但是怎样成人？影响一个人成长的因素十分复杂。教育要关注的问题很多，然而一个人的精力有限；一所学校应该做的事很多，而能够做到的事情并不太多。五年前，我们进入闵行区创建新优质学校的行列，把创建的目标定位在“成就更多的优秀，成就更高贵的生命”，就此诞生了“六维教育”。把最初的“六维创优”更改为“六维教育”，其实就是强调基础教育是面向全体的教育，学生个体圆满地完成了教育者界定的教育任务，就堪称优秀。我们主张身心健康素养，期待学校教育为学生的一生发展奠基，或者说至少不让我们的孩子为未来的社会添累；我们主张行为规范素养，是为了让优秀成为习惯；我们主张学业素养，是为了保证学生成长的温度；我们主张读书习惯，不仅仅因为书籍是知识的载体，还因为读书是一个人深刻到骨子里的教养；我们主张社会实践与体验，是鼓励学生进行社会人的先期实习；我们主张特长发展，不是偏好寻找成长的捷径，而是引导学生发展个性，领略生命之路别样的风光。让我们实中人欣喜的是，我们的主张与教育部的倡议很吻合，借此东风，我们有效地校本化了国家主张。“六维教育”里，班主任是倡导者和组织者，是首席导师，拜托了，向您致敬！

最好的教育是成人，这是又一层次的理解。先贤告诉我们，身教重于言传。教育学上有一条重要的原则，叫作教育者先行原则。这条原则决定了教师职业的高尚，同时又决定着教师职业的艰辛，所谓“学高为师，身正为范”，就是最简单的职业解读。当您从事了这份职业，就没有了拒绝的自由，这庄严得像军人的操守底线就是甘愿献出生命一般！教师的职业要求很多、很宽泛，我们要求学生“六维创优”，于是我们也拣最主要最可能做到的说：奉献，因为没有任何量器可以精确地测量出教师劳动的艰辛，乐于奉献是职业的良知，是生命的境界；仁爱，爱是教育的原动力，懂得接受爱和传递爱是教育的使命；智慧，教育者需要有智慧才能正确实施教育，学校的无限责任是不让没有经过智慧开化的人流入社会；合作，教育的过程需要合作，现代社会对合作提出了更高的要求；活力，不仅仅是强调教师、班主任对于“活力课堂”的领导者素养，更是强调生活态度，强调一切生命的向阳特质；学习，就是为了培养一个人终身学习的习惯。本届班主任节，我们的公众号影响了近三万人次为班主任评选投票，是为了彰扬你们的精神，以“六维之星”引领新优质基地校一代师风，同时也是为了唤醒一个社会对于教师的关注和敬意。

复杂纷繁而又事关生命的教育,需要我们热情的投入和冷静的“着陆”,需要彼此真诚的理解和心灵的默契! 祝愿实中教育之花常开常新、代代流芳! 祝全体与会嘉宾、老师们、同学们新年快乐,万事如意!

与少年为伍，教生命常鲜

——第十一届班主任节致辞

又是一个岁末，年的气氛渐渐浓郁，我们迎来了第十一个班主任节。首先，我代表全校师生，向全体班主任老师以及专职德育老师致以节日的问候！

在即将过去的2019年，在上级领导的亲切关怀下，在全体师生的共同努力下，尤其是在全体班主任老师的敬业奉献中，我校连续第五年在闵行区办学绩效评估中斩获二等奖，还获得教学改进单项一等奖，在义务教育均衡办学单项中，也获得好评！2019年，我们还送走了校史上最优秀的一届毕业生。班主任引领下的“六维教育”，越来越显示出其卓越的育人效益，且广为传扬。

十一年来，我们载歌载舞为班主任过节，是借过节之名，行教育之实。首先，我们通过庄重的仪式，表达对班主任老师们的感谢与敬爱，维护班主任老师高尚的教育形象，形成教育者无上的非权力影响力。其次，我们主张爱的教育，我们认为，教育最核心的内容是引导学生学会接受爱，并且懂得传递爱。每年9月，我们举办爱生节，播下爱的种子。半年过去了，我们用班主任这个特殊群体来检验我们爱的教育的温度；来年春暖花开，一学年结束前，我们举办感恩节，把我们的学生放在更加广阔的社会里去检验，检验我们一年来爱的教育的成果。最后，每一个班主任节，都是班主任学习的沙龙。一所优秀学校的最显著的标志，就是有蔚然成风的学习风气。我希望全体班主任保持学习的姿态，让思想之花常开常新，并且引领出一所优秀学校的良好师风！

与少年为伍，教生命常鲜！从1985年9月1日到1995年11月7日，在走上学校领导岗位之前，整整十年，我一日不停歇地担任着班主任工作。在整个职业阶段走向尾声的时刻，回想起来，那才是我最充实、最快乐的时光。这种充实和快乐，不仅仅是因为我把连续三届众多资质平平的孩子培养成为高才生，而且，对于我自己来说，它奠基了我对于我的职业的感觉：从事教育的人，最有可能成为幸福的人，真的就像是园丁一般，看种子发芽、生长、开花、结果，嫩嫩的、绿绿的、红红的、沉沉的……我实在想不出世界上还有什么比这一职业更加美妙的事情可做。还有，我喜爱的职业甚至带给我人格的再增长，它让我总是保留着年轻人那样对于生活的热爱与好奇，对于美好的事物一如既往地执着与追求。在今天，职业的意义也许不再是为了谋生，比这更加重要的，是我选择我喜欢的职业，度过美好的唯一一次的生命。

与少年为伍，让生命常鲜。我不大愿意把教育贵族化和高深化，我宁愿相信教育是一场高尚的儿戏！教育就是一群大的灵魂和一群小的最新鲜的灵魂畅快的嬉戏。然而，在这一场嬉戏里，为师者首先应该确保的是自己灵魂的高尚和新鲜，这样才能够感化孩子们的灵魂，这样才能够保证每一个灵魂有积极的朝向。灵魂的嬉戏最需要用心的交流，关爱孩子如同护花：土的贫瘠与否，花的缺水与否，是由花决定的，了解了花的需要，您才懂得该在什么时候施肥浇水，您才懂得该浇多少水，该施什么样的肥。回忆起几十年前我的班主任生涯，最让我心疼的就是，其实我那时候并不太懂得这些道理，教育往往下手太重，我不希望你们未来也有这份遗憾！

与少年为伍，让生命常鲜。从事当今的教育，不重视应试是要不得的，但是如果仅仅是为了应试，那就更加要不得了！应试是什么？应试是成长的诊断。就每一次的重要考试而言，每一个孩子都应该有老师预测的分数刻度。考试符合了这个刻度，就表示这个孩子可能在正常生长；如果没有达到这个刻度，就很可能说明生长不正常，生命之乐出现了杂音；如果超过了这个刻度，也许就是生命之乐乍现灵光……我欣喜地发现，好几次我们带领孩子们去做慈善，孩子们充实而快乐，纷纷领悟到要一生做一个善良的人，并且进一步领悟到，要做一个善良的人，就必须努力学习，教自己具备自食其力的能力，而拥有超越自食其力的能力，方可去做慈善！这才是我们梦寐以求的生长的原动力！类似的，一个少年，子夜时分面对一道难啃的数学题，他可能自己独立解决——渐而成就了他在孤独困苦中坚持、独立解决问题的能力；他可能在询问同学后解决——渐而成就了他与生命伙伴合作的能力；他可能在询问老师后解决——渐而成就了他与领导者沟通的能力；他可能选择暂时放弃——路还在，明天还在，渐而成就了他面对生活中重大难题暂时妥协的能力……就让教学回归育人本位，因为，最好的教育是成人。

与少年为伍，让生命常鲜。选择了做教师，与少年为伍，感谢一茬一茬的孩子们让生命中最明亮、最柔软的时段由我们陪伴，让我们呼吸的每一口空气都无比清新。这是以生命的名义，做最圣洁的委托。为师的我们，唯有兢兢业业，去满足孩子们成长的需要，以生命的庄严，报答生命的委托！

“我奉雪山为赠品，君收云海作诗声。”再祝全体班主任、全体专职德育老师们，节日快乐！祝老师们、同学们身体健康，心情愉快，新年大吉！

一所草根学校的教师精神

——七宝实中“双十佳”报道之跋

这个暑假，我们过得很快乐。对于我们这样的普通人，快乐就是每一天有一份不大不小的、可以触摸到的期盼：我期盼每天早晨读到“双十佳”的报道，同时也期盼和感恩着您也能读到，并且为他们点赞！这平凡人的真实故事承载着一所草根学校的教师精神，往往竟至于让我热血沸腾，让我坚信着我们的学校，坚信着我们的教育。

一所草根学校，没有直接上清北复交的荣耀，我们不仅仅是生源就地入学的普通公立初中，而且，在上海，我们的属地生源被民校的梳子 N + N 次“科学”地梳理过，该挑走的几乎都一个不漏地挑走了。一所草根学校，没有名师的点缀，“双十佳”职称最高的不过是普通的高级教师，且占有比例甚少，区学科中心组成员、七宝中学教育集团学科骨干已经是凤毛麟角了。不是我们不愿意引进，但我们不过据守在一个教育的洼地，有什么资本去引进？一所草根学校，曾经长期游走在同区域教育质量最末端的学校，八年来，就是依靠着这被挑选后的生源，就是凭借着这些默默无闻，与“名师”无缘的草根教师，成为一所新优质基地校，一所上海市行为规范示范学校，一所“老百姓家门口的好学校”……我只想说一说，在他们身上，体现出来的草根学校的教师精神。

要一个民族有信仰，普通的教师就要高举信仰的大旗，这兴许是草根学校最要具有的教师精神。需要我们陪同行走的，绝大多数是城市最普通百姓的孩子，与繁华的都市物质与文化有着较大的距离。用我们的信仰引领他们的信仰，用我们的自信唤醒他们的自信，这也许是作为教师最大的慈善！那一年，我们将我们的“旗舰”七宝中学育人目标“平民本色，精英气质”下降了一个高度，改为“热爱生活，追求卓越”，其行着实悲壮。取意纵使卑微，也不能放弃；纵使龟行，也要信守着一个目标叫作“远方”！记得连续担任 2010、2011 届年级主任的吴静华老师，记得连续担任五届毕业班数学老师的安晓寒老师……我们一起相互勉励，坚信“野百合也有春天”！我将身残志坚的徐海淳的故事编成朗诵诗，和金波书记、束涌副校长、秀英主席、静华、茅茅、爱东等老师和一群孩子们一起朗诵，“穷且益坚，不坠青云之志”……若干年后，我们的孩子出息了，单是今年，我们2014届一百来名毕业生中，有三位被清华、北大录取。学校教育，不就是为学生一生发展奠基吗？

要一个民族有凝聚力，普通的教师就要高举团结凝聚的旗帜，这或许也是草根学校更要具备的教师精神。我们很感恩七宝中学，过去、现在和未来，七宝中学的教育主张就是我们赖以凝聚的旗帜！从《做一个有尊严的老师》到《做一个有思想的老师》，从“人人都是德育工作者”到“吹开幸福的花儿”，我们用平凡的相聚唱着不平凡的教育之歌。工会的秀英主席、乃斌委员、良祥委员、军英委员等创意执行的“美丽在三月”“今夜，我们18岁”等活动，正告岁月，你带得走我们的美丽，带不走我们追求美丽的初心。曾任和现任团队的领导：乃斌、海英、海华、张春、海鹰、名媛、静华、净庆、晓芳、小丰等，会同团队、党政工“三驾马车”，汇集团队智慧，弘扬教育精神，聚焦学校主张，关爱学生成长……下一个月就将迎来第33个教师节，我们向七宝镇教师奉献的节目就是：诗朗诵——《团结的力量》。

要一个民族保持进步姿态，教师就必须保持学习、进步的姿态，这同样也是教师精神。数一数我们营建的“活力课堂”，数一数我们形成的节日文化，数一数我们赖以从普通走向优秀的“六维创优”，其中有不少七宝中学、文来中学的影子，有“杜郎口”的影子，有“洋思”的影子，有“后茶馆”的影子，甚至还有我三十多年前初入职时探究的“自读、质疑、互议、解答、练习”的五步教学法的影子，但是更多的却是我校自己的探究整合，是自己学习的成果。我们的“双十佳”中，就有太多教师保持学习的典范：良祥、张莉、晓寒、张春。我们相遇时，年龄最小的张莉也37岁了，另外三位也都是高中转初中的异地调入不久的老师。我称呼他们为“四大高手”，他们果真如高手一般，以学生为研究对象，一步步攀登上学科教学的巅峰——作为具备三十余年一线教学经历的我，敢负责任地下判断：他们是我见过的最优秀的一群初中数学老师！2010年、2011年，我们连续派到文来中学学习的戴丽娜、陆静、孔斐、王晓珏、马玉萌、李晓芳等老师，从文来带回来的不仅仅是精进的教育教学方法，更是当今教育不可或缺的教师的学习精神。学习离不开读书，老师们从最初读七宝中学仇忠海等老师的教育教学著作，读威尔·鲍温的《不抱怨的世界》，到读李开复的《做最好的自己》、倪萍的《姥姥语录》、鲍鹏山的《孔子如来》，再到读王阳明的心学。当然，教育者最重要的学习是读学生、读生命、读这个美好中也允许存在遗憾的世界。

要保持一个民族的道德高度，教师就要具备一定的道德高度，而能够支撑这一高度的，很大程度上就是教师要具备“为他人着想”的精神。陈宁、吴胜霞老师都是因为住房位置原因调入的，按照惯例，她们的职称都是同一级职称的最低档，可是她们没有什么怨言，而是服从规定，同时也服从于学校哪里需要上哪里的倡导。历数起来，多少年来，“双十佳”教师中似乎没有一位跟我谈过自己的经济待遇和荣誉要求。这在有些突出物欲的世界，我见过的，似乎只有教师才能做到，因为好教师的一颗心都放在了孩子身上！文静老师夫妻长期分居两地；琳琳老师是学校宣传骨干，要处理的杂事儿很多；素云是军嫂，她的孩子都才几个月到几岁，却担任着班主任工作（这样的情况很多，像王怡雯、郑文捷、万隽、蔡媛媛、徐宇飞、刘超子、马玉萌、陆静、贾铮、孙怡虹、王晓珏、茅怡娟、陈丽、鲍娟、荆莉、刘莹、恽怡、徐高鹰等，这些老师在家里孩子幼小时，都曾经是或者正是每天工作十几个小时的初中班主任）。我的脑子里常常浮现着这样的情景：在一个个冬天的清晨，年轻的母亲把甚至还在襁褓中的孩子留在被窝，自己已经处在了还算空荡荡的地铁车厢……可是，我只能这么做，我只能让最青春最具上进心的年轻的你们更多地陪伴学生们成长，学生的岁月，会记住这美美的陪伴！而作为校长，我不能对您马上许下什么许诺，但是我相信，为他人多想一点，您更能具有一个相对美好的职业未来，当然，还有优美的生命，安逸的灵魂！

……

我不具备树碑的能力，也许，在世俗之人的眼里，您也不具备树碑的资格，就连我的本科母校，一所师范大学，一所以培养基础教育师资为己任的师范大学，也是把“杰出校友”的花环毫无保留地戴在了高官、专家的头上。更遑论面临错综复杂社会环境却依然保持着进步姿态的当今世界，多少愤青“喷”向教育……幸运的是，我所经历的学校教育，不管是在故乡还是他乡，纵然有些许的不如意，但是，总是展现出一种良好的姿态，透着一种叫人类向善、向上的力量。

于是，我歌颂教师精神，歌颂一如我校“双十佳”教师身上所体现的草根学校纯纯的教师精神！

艺术节：艺术的人生化蝶飞翔

艺术家和哲学家告诉我们："艺术是一种使我们达到真实的假想。""生活的奥秘存在于艺术之中。"我们主张"诗韵校园"，其实不是为了成为诗人，而是为了像诗人一样有激情、有思想地生活着；我们主张艺术人生，不是为了成为艺术家，那种概率只是千分之一、万分之一的。我们只是努力地让艺术为人生插上一对飞翔的翅膀，扇动柔软而刚劲的翅翼掠过高山草地河流；我们只是努力地让艺术洗净我们的双眸，让我们拥有精灵的目光，去发现生活中的真善美，去远离生活中的假恶丑。

我校于 2015 年开始举办第一届艺术节，迄今已经举办四届。较之于爱生节、体育节、读书节、班主任节、感恩节，它姗姗来迟。教育的内涵很丰富，教育可以采用的形式也不胜枚举，然而到底采用什么形式，要根据学校发展的实际来决定，一哄而上，盲目地把好东西堆砌起来，教育的肠胃也是会被撑坏的（这其实也是教育的时弊）。

我们把艺术节安排在每年 2、3 月，在每学年第二学期开学后第三周，主要考虑到两个因素：一是做好学校教育内容的渗透，每一位师生利用寒假进行准备，这样可以丰富寒假生活，也是一份独具特色的寒假作业；二是通过此举增加校园生活的吸引力，有效促进学生的寒假生活转化为校园生活。举办艺术节，我们的教育意图是：培养学生的艺术素养，进而陶冶学生的审美情操。

七宝实验中学第三届“诗韵校园”艺术节活动方案

一、 活动宗旨

“诗韵校园”建设是我校新优质学校创建的核心内涵，学校积极引领“诗文化”建设，为使教育成为“诗一样的事业”，努力营造氛围，积极打造平台，办有文化追求的学校，做有文化自觉的教师，育有文化品格的学生。我校经研究决定在本学期末举办七宝实验中学第三届“诗韵校园”艺术节活动，以此展示我校师生热爱生活、追求卓越的精神风貌。

二、 活动主题

唱响诗韵校园。

三、 活动要求

围绕立德树人的根本任务，突出“诗韵校园”的主题，内容健康向上，能充分反映我校学生奋发向上的精神风貌，具有民族特征、时代特征、校园特色、学生特点，集思想性和艺术性于一体。

四、 组委会成员

1. 领导小组

查建生、杨秀英、康健、王乃彬、项志萍、贾铮、李景松、陈海华、厉昌高。

2. 工作小组

组织策划组：项志萍、贾铮、李景松、魏澜、张瑜。

学生节目筹备组：贾铮、年级主任、班主任。

教师节目筹备组：杨秀英、厉昌高、工会组长。

舞美音响组：王乃彬、李景松。

摄影技术组:刘琳琳、查文青。

宣传辐射组:董良祥(负责公众号)、张瑜(负责新闻稿)。

五、活动安排

1. 第一阶段(准备及初选阶段)

时间:1月26日—3月15日。

(1) 班主任寒假前动员及宣传并精心组织艺术节活动;各班利用寒假时间准备个人才艺秀、团队秀或家庭秀。

(2) 各年级的教师才艺秀由工会组织、杨秀英负责。

(3) 新学期开学后,各班组织艺术节活动(班级展演),要求人人参与。

(4) 由德育处牵头、班主任组织,利用班会时间从个人、团队、家庭才艺展示中选拔出能代表班级,体现出青少年积极向上、青春活力、励志进取的节目。

(5) 由德育处下发第三届艺术节展示报名表,由年级组长组织各班级积极报名。要求:各班上报3～4个节目参与展演。

2. 第二阶段(展演阶段)

(1) 第三届艺术节启动仪式。

时间:3月19日。

地点:学校大操场,如遇下雨则改在电教厅举行。

(2) 艺术节展演。

时间:3月23日 12:30—14:30。

地点:学校大操场。

舞台、音响保障:总务处。

表现形式:预备、初一、初二年级各自划分场地,由学生和老师同时表演节目。

(3) 第三届艺术节表彰仪式。

时间:3月26日。

地点:学校大操场,如遇下雨则改在电教厅举行。

(4) 第三届艺术节奖项评选。

在教师才艺的参演者中评选出若干最受学生欢迎的"校园青春偶像";在学生才艺的参演者中评选出若干校园才艺金奖、银奖、铜奖;具体评选细则详见评选方案。

六、 召开协调会

时间：3月7日上午。

地点：一号楼会议室。

参加人员：校办、工会、教学、信息、总务、教发中心、艺体组、年级主任。

后勤服务：校总务处及相关人员。

摄影摄像：校信息中心。

校内安全保障：门卫。

后期辐射：七宝实中微信公众号。

七宝实验中学第三届“诗韵校园”艺术节组委会

2018年3月1日

为您点亮一盏灯

——第一届艺术节校长致辞

今天是我校首个艺术节，在此，我代表全校广大师生，欢迎各位领导、嘉宾的到来。六年来，七宝实验中学因为你们的不离不弃、倾情关注，逐渐走出了低谷、走向了发展。借此机会，我还要向全体同学家长表达我诚挚的感谢，感谢你们作为最可靠的同盟军，和我们一起坚守，共同托举起七宝实验中学的今天！在今天，我更要向 2015 届全体毕业生道一声祝贺，说一声珍重，明天你们就要远行，请你们最后一次以主人的身份，沐浴校园的晚风……

创建新优质，我们在路上。汗水铸就的“同心圆”，凝聚起每一颗钟爱教育的心；坚持一贯的德育主题文化，春风化雨，润泽心灵；“活力课堂”的有效探索，让教学回归育人的本位；“六维创优”，全面发展，把“热爱生活，追求卓越”的教育主张落实到教育的每一个细节。“让优秀成为习惯，叫习惯化育人格，用人格主导人生”逐渐成为一所校园的共识。构筑诗韵校园梦，路漫漫其修远兮，我们正在努力求索。

雷诺兹说过，艺术应当担负起哺育思想的责任。正是基于对艺术这一本质的理解，基于对学校发展程度的判断，我们于 2014 年尝试将艺术节与感恩节整合起来，以艺术的形式演绎感恩的思想。今天，我们在已有探索的基础上，举办首届艺术节，期待为莘莘学子点亮一盏灯。

为您点亮一盏灯，照见这方舞台，孩子们，我们引领着你们在这里歌舞，在这里诵读。是的，我们的歌舞并不完美，我们的诵读也并非专业，但是这正说明我们发展的必要性！而且，还有比这更加重要的，就是让我们一起历练，在黄昏的风里，尽情地挥洒着自己的青春，大胆地书写着年轻的自信。

为您点亮一盏灯，照见悠长的历史。《蒹葭》里那位唯美的伊人，伫立水边，一美千年；孔子的牛车，伴着动听的韶乐，行驶在历史的冗道，咿呀作响；李白浪漫的涛声扑向那无边的天际，杜甫寻吟的苦雨孕育着劫后的余生……

为您点亮一盏灯，照见广博的世界。到夏娃和亚当的伊甸园里去做客，到卢梭的原生态密林去探幽；去触摸一次贝多芬琴键的温度，向米开朗琪罗请教雕塑的技巧;去和弗洛伊德共同酝酿一个梦境,与雪莱共颂“冬天到了,春天还会远吗?”……

为您点亮一盏灯,照见您美丽绝伦的未来!带着今天习得的知识与能力去行走未来,未来并非坦途,您却可以从容度量;带着今天养成的特长素养去行走未来,有好的习惯伴您,就不怕旅途的孤单;带着今天拥有的阳光般的自信与品质去行走未来,未来的路上,纵有黑暗,但是您却拥有生命的亮光……

同学们、朋友们,“诗韵校园”,新优质学校,夜未央、梦正酣,学校教育中,我们没有能力、也没有必要把你们的篮子装满,我们只需为您点亮一盏灯!

插上艺术的翅膀

——第三届艺术节闭幕词

校园三月春正好，小径不忍着樱花。笑声点亮了四面风，正轻灵地在春的光艳中交舞着变。这美妙的春光见证着七宝实验中学的教育；这风的回响、舞的轻灵，正是你们——最年轻的生命，优美着自由生长的灵魂！值此第三届校园艺术节徐徐落幕的时刻，我谨代表学校党政领导班子、学校工会委员会，向艺术节组委会老师致以崇高的敬意！向“校园十大青春偶像”，向同学们和老师们各类优秀节目的获奖者表示热烈的祝贺！尤其要感谢的是，全校每一位师生员工，都以主角的姿态投入到了第三届艺术节。正是你们无比的投入和无比的自信，让每一颗种子都发芽，让每一棵小树都生长，这是草根实中最闪亮的教育特色。

今天，我要宣讲的是：艺术给我们插上翅膀，把我们带到很远很远的地方。我们的学校在2009学年率先举办了爱生节、体育文化节、读书节、班主任节、感恩节，至2012学年底，历经四年栉风沐雨，终于成长为闵行区优秀初中。此后的2014学年，我们举办了首届艺术节，迄今已有三年，扇动艺术的翅膀，向更高更远处飞翔，成为上海市中学生行为规范示范学校、闵行区新优质基地学校；成为师生们所喜爱的盛放青春和生命的地方，让青春自由绽放、让生命从容生长的地方；成为周边百姓钟爱的“家门口的好学校”！我们感恩艺术，由于我们一如既往地“热爱生活，追求卓越”，加之以扇动艺术的翅膀，七宝实中的教育便有了一个憧憬叫作远方。

世界很大很远很精彩，但是生的机会对于每个人只有一次，您不可以只是随便去看看。您要珍惜今天，练就您结实的脚板，因为未来的每一片土地都需要您用脚去丈量；您要珍惜今天，扩充您结实的行囊，因为未来的人生珠贝都需要您亲手拾取；您要珍惜今天，呼吸每一口教育的清风，洗涤您年轻人的胸膛，去获取超出一般的能力，去拥有美好的品德——能力决定您行走的速度，品德决定您行走的距离！我曾经说过，每一个今天既是过程又是结果，走好今天，就是为明天做了最好的准备。

艺术家和哲学家告诉我们：“艺术是一种使我们达到真实的假想。”“生活的奥秘存在于艺术之中。"我们主张"诗韵校园",其实不是为了成为诗人,而是为了像诗人一样有激情、有思想地生活着;我们主张艺术人生,不是为了成为艺术家,那种概率只是千分之一、万分之一的。我们只是努力地让艺术为人生插上一对飞翔的翅膀,扇动柔软而刚劲的翅翼掠过高山草地河流;我们只是努力地让艺术洗净我们的双眸,让我们拥有精灵的目光,去发现生活中的真善美,去远离生活中的假恶丑。还有对于我们今天更加有意义的启迪,请您跟着我闭上眼睛遐想一番:清晨时分,您手捧一册书籍,在浸满花香的小径读着一首诗,或者仅仅是嗅着花香;黄昏时刻,您推开一扇窗,然后端坐琴前,弹一支斜阳的曲子,让些许的疲惫随晚风点点飘散……或者您并不喜爱弹琴,您只是听曲,一支《送别》抑或一支《渔舟唱晚》,足以使您心旷神怡……您当然不屑于沉溺流行的电玩游戏,因为流行的未必是最好的,也因为前者都是精神的享受,后者只不过是情绪的宣泄。人的成长,最高贵的莫过于精神的成长!

今天,我还要讲到的是我们的老师,我感谢你们在第三届校园艺术节上全体出镜,载歌载舞,身体力行着七宝实中的办学思想,因为你们深深懂得榜样的力量!同学们,你们的校长、你们的老师理解、支持你可能是马云的拥趸、詹姆斯或者梅西的崇拜者、范冰冰或者甚至是某一位游戏玩家的铁杆粉丝,他们也是插上了艺术的翅膀才飞得那么高那么远的,但是,因为个人天赋有异,您没有必要、也没有可能复制他们的成功路径。他们可能只是天空中最遥远的星星,青春之路宛若静谧的夜,没有人可以凭星光照明,最暖心的还是手上的电筒或者身旁的路灯——所以,我希望你们记住你们教师这位"校园青春偶像",循着教师之爱的光亮走向生命的黎明,因为他们敬业,他们善良,他们有最充足的精神财富。偌大的世界,他们最懂得给予!

这个春天,我对于你们的希望是:插上艺术的翅膀,伴着教师的期望,飞向生命中更高、更远的地方!

I believe you can fly, I'm proud that you can fly.

艺术的人生化蝶飞翔

——第四届艺术节致辞

“胜日寻芳泗水滨，无边光景一时新。”各位宾朋在这温情的春天如约而至。我代表七宝实验中学，代表七宝实验中学新优质基地欢迎你们光临，并向你们致以春天的问候！

今天，是七宝实验中学新优质基地艺术教育成果展示活动日，又是七宝实验中学第四届艺术节，我宣讲的主题是：艺术的人生化蝶飞翔！

人生因为艺术而趣味无穷。罗曼·罗兰说，艺术是一种享受，一切享受中最迷人的享受。诗人郭沫若说，和艺术无关系的人生是徒然的人生。我们熟知的科学巨匠爱因斯坦，就是一位颇有成就的钢琴家，他一生多次举行个人钢琴演奏会。我们可以想象，相对论的世界严谨枯燥，而美妙的钢琴曲驱散了多少孤独，同时又如何地灵动着他的思绪，启发了他多少联想……我们生活的世界有些拥挤，有些繁忙，像被绑在了时光的高铁上，学习着，工作着，纵有青春无敌，也往往困顿于断然少不了的功利追逐。这时候，您弹一支曲子，哼几句小调，读一首小诗，于是，心儿随风，灵魂安逸……

人生因为艺术而激情四溢。托马斯·曼说，艺术给人生以精神上的活力和鼓舞，而不是对人生亮出虚无主义的冷冰冰的魔鬼的拳头。有道是“莫把丹青等闲看，无声诗里颂千秋”，艺术的魔杖所触之处，当变为不朽的经典。我们敬仰的人民领袖毛泽东，同时又是一位伟大的诗人，狂草的诗篇和着中华民族阔步前行的马蹄声，在寒风凛冽的历史栈道上铿锵有力：年少时，“春来我不先开口，哪个虫儿敢作声”响彻韶山山谷；青年时，“指点江山，激扬文字，粪土当年万户侯”激浪橘子洲头；长征途中，“今日长缨在手，何时缚住苍龙”激荡在六盘山山顶；艰苦抗战，“俱往矣，数风流人物，还看今朝”声震南国北疆；黎明前夜，“宜将剩勇追穷寇，不可沽名学霸王”，理性的思想化作激情的诗句，最后的通缉令，震撼大江南北。路漫漫其修远兮，探索的生命需要源源不断的能量，艺术的生活，正可以为您的生命注入无穷无尽的活力！

人生，因为钟爱艺术而化蝶飞翔。宗白华先生说过，艺术不仅满足美的要求，而且满足思想的需要。艺术的最高境界是善良、纯真和美好。所谓“入芝兰之室，久而不闻其香，即与之化矣”，说的是如果您经常和行为端庄、品德高尚的人在一起，经常接触美好的事物，你也就越来越美好，与美好合为一体了。此刻，我想举那只最著名的猴儿孙悟空为例。最初，他邂逅悲天悯“猴”的菩提祖师，学得七十二般变化，学得一个筋斗云十万八千里的飞速，可惜从师短暂，猴性未改，大闹天宫闹得天翻地覆。但是，幸运的猴子总归是幸运，八戒的憨厚影响了他，沙和尚的勤勉影响了他，白龙马的忍辱负重影响了他，唐僧坚定的责任感和强大的意志影响了他，一个团队善良、纯真、美好、矢志不渝的信念改变了他……因为这些，这只孤猴历劫成佛；假如没有这些，孙悟空注定只能是一只老不死的泼皮！猴既如此，人焉能不然？生活，艺术地生活；学习，艺术地学习。习得善良，习得能力，习得美德，从容而坚定地走在芳香四溢的人生路上，希望您插上艺术的翅膀，飞向很远很远的地方……

科技节：营造创造教育的良好环境

与艺术节一样，七宝实验中学的科技节也是姗姗来迟。直到 2016 年，学校已经实现了从落后到先进的转变，我们才开始举办科技节，迄今已举办了三届。教育，尤其是学校教育，应量力而行，循序渐进，不应该成为不堪重负的蜗蜒。

初中阶段是教育的基础阶段，我们对于科学的主张仍然在于面向全体，面向全体创造氛围，铺垫基础。因此，我们的艺术节和三类课程（基础课程、探究型课程、拓展型课程）结合得很紧密，不是另起炉灶、节外生枝。

由于我们的科技节起步较晚，可以梳理的经验做法还比较有限。我们一般把科技节放在 5 月初，其教育的意图是：营造创造教育的良好环境，培养学生的科学素养。

七宝实验中学第三届科技节活动方案

一、指导思想

从课程建设出发，加强三类课程建设，推进我校拓展型课程、探究型课程的深入全面发展，为学生搭建更多展示平台，激发更多的教师积极开设拓展型课程，延展学科内涵，丰富我校拓展课程型内容，充分将教学活动与德育活动充分整合，让更多的学生能够在人文科学、体育健身、艺术实践等方面得到多方面的能力培养和提升。

主题：让科技文化引领学科发展。

二、组织结构

组长：国海英。

副组长：江逊、刘琳琳。

组委会：董良祥、王乃彬、张瑜、袁春莲、邬军英、年级主任。

三、任务分工

本届科技节任务分工方案如下（参表 3）。

表 3　七宝实验中学第三届科技节任务分工表

<table>
<tr><th>具体任务</th><th>责任部门</th><th>责任人</th><th>备　注</th></tr>
<tr><td>整体组织策划</td><td rowspan="2">教导处、两类课程组（探究型课程组、拓展型课程组）</td><td rowspan="2">国海英、江逊、刘琳琳、张瑜、邬军英、袁春莲</td><td rowspan="2">（1）前期工作布置（国海英、江逊、刘琳琳）
（2）开幕致辞（国海英）
（3）展板展台横幅准备（江逊、邬军英）
（4）外联工作（刘琳琳）
（5）展示材料收集（袁春莲—拓展、张瑜—社团）
（6）现场活动、小报评选（刘琳琳、年级主任）</td></tr>
<tr><td>各项展示工作的推进落实</td></tr>
<tr><td>组织学生参与开幕式筹备</td><td>德育处</td><td>张瑜、年级主任</td><td>（1）宣传活动、组织学生参与
（2）组织学生评选小报作品和现场制作作品</td></tr>
<tr><td>宣传辐射</td><td>信息中心</td><td>董良祥</td><td>公众号推送、讲座设备准备等</td></tr>
</table>

四、 活动时间及地点

时间：5 月 30 日、31 日（周四、周五）两天（暂定）。

地点：体育馆、电教厅、操场（暂定）。

五、 活动要求

1. 部门

（1）总务处制作展板，每个展板大小约 1.8 m×1.2 m，每项课程学生成果展示用一个展板；准备展台，每个展台大小约 1.2 m×0.6 m，每项课程学生成果展示用一个展台。

（2）教导处、德育处负责整个过程的组织落实工作。

2. 教师

（1）立足课程教学目标，合理构建展示内容，展示内容要有课程简介和展示成果。合理确定展示形式，在学校建议的基础上鼓励创新。

（2）做好展板或展台的整体设计及美化。展板要求有课程内容简介和成果简介，展台要单独做一个海报介绍课程。学生作品要写明班级和学生姓名。

（3）5 月 21—25 日做好展板、展台及展示内容的准备。

六、 展示内容及安排

1. 公益讲座（科普知识进课堂）

时间：5 月 30 日 12:05。

地点：电教厅。

要求：12:00 前，在年级主任及班主任的带领下，全年级学生进电教厅收听讲座。

2. 辩论赛

3. 科普小报设计与制作

上交时间：截至 5 月 20 日。

上交方式：由班级科技宣传员收集好后交给科技总指导刘琳琳老师。

内容：以科普知识、科学内容为主题。

要求：（1）全部上交纸质稿，A4 纸大小，可交手绘稿，电子作品须打印后上交。

（2）每班至少上交 3～5 幅科技小报作品。

(3) 小报正面右下角注明班级、姓名。

注:根据小报内容及版面布局、颜色设计等几个方面评出一、二、三等奖。

4. 现场活动

活动对象:预备年级。

活动简要方案参表4。

表4 七宝实验中学第三届科技节活动表

<table>
<tr><th>项 目</th><th>形 式</th><th>要 求</th><th>地 点</th><th>负责人</th></tr>
<tr><td>纸飞机</td><td>用一张A4纸现场制作并投掷</td><td>滞空时间长</td><td>体育馆</td><td>刘琳琳
队长:周琪</td></tr>
<tr><td rowspan="2">车 模</td><td>遥控现场赛:未来之星</td><td rowspan="2">1圈时速跑</td><td rowspan="2">操场</td><td>刘琳琳
队长:张天辰</td></tr>
<tr><td>遥控现场赛:烈火</td><td>刘琳琳
队长:周子恒</td></tr>
<tr><td rowspan="3">卓因公司课程</td><td colspan="2">观看科普小报</td><td>明德楼一楼走廊</td><td rowspan="3">公司负责人:程明</td></tr>
<tr><td colspan="2">智能创造体验</td><td>明德楼空地</td></tr>
<tr><td colspan="2">闵行科技馆巡展</td><td>体育馆</td></tr>
</table>

现场活动具体内容及要求如下。

(1) 纸飞机项目。

要求:①每班仅限10～15名学生参加比赛,班级科技宣传员将参赛人员名单提前上交给科技总指导刘琳琳老师。②学生自己制作一架纸飞机,并注明班级和姓名。

比赛时间:12:00—13:00。

说明:根据直线距离远近评出一、二、三等奖。

(2) 车模项目。

要求:有遥控车模的同学参加,班级科技宣传员将参赛人员名单提前上交给科技总指导刘琳琳老师。

比赛时间:12:00—12:50。

说明:跑道为M型,一人一车,每车跑两圈,取用时最短的一圈成绩评出一、二、三等奖。

(3) 观看科普小报。

说明:可在指定地点拿选票,为喜欢的作品投票。

(4) 智能创造体验。

要求：文明观展，有序体验，不得随意挪动物品，私自损坏物品须照价赔偿。

(5) 闵行科技馆巡展。

要求：文明观展，有序体验，不得随意挪动物品，私自损坏物品须照价赔偿。

5. 拓展课、探究课及社团课程成果展示（参表5、表6）。

表5 七宝实验中学第三届科技节拓展课成果展名录

年级	序号	课程名称	展示内容	展示形式	责任教师
预备	1	劲舞美少年	表演	展板：各类表演照片及获奖证书复印件	魏澜
	2	小小摄影师	摄影作品	展板：学生优秀作品及获奖证书复印件	查文青
	3	英语口语 club	生态课堂	展板：课堂实录照片及获奖证书复印件	郎涛
	4	趣味电子焊接小制作	手工作品	展台：学生优秀作品	朱怡之
	5	合唱	表演	展板：各类表演照片及获奖证书复印件	李景松
	6	田径	生态课堂	展板：课堂实录照片及获奖证书复印件	李天文
	7	知“足”常乐	生态课堂	展板：课堂实录照片及获奖证书复印件	厉昌高
	8	特色乒乓	生态课堂	展板：课堂实录照片及获奖证书复印件	教练、郁轶俊
	9	特色羽毛球	生态课堂	展板：课堂实录照片及获奖证书复印件	教练、邬军英
	10	诗情诗韵	生态课堂	展板：课堂实录照片及获奖证书复印件	茅怡娟、王素云
初一	11	谁“羽”争锋	生态课堂	展板：课堂实录照片及获奖证书复印件	曹志飞
	12	创新思维	手工作品	展台：学生作品	刘琳琳
	13	“陌上拾遗”插花与艺术	插花作品	展台：学生优秀作品	瞿冬青

续表

年级	序号	课程名称	展示内容	展 示 形 式	责任教师
初一	14	电子小制作	手工作品	展台：学生优秀作品	朱怡之
	15	古往今来最“悟”理	生态课堂	展板：课堂实录照片	刘超子
	16	macrame 手绳制作	手工作品	展板：课堂实录照片及学生优秀作品	李 薇
	17	灌篮高手	生态课堂	展板：课堂实录照片及获奖证书复印件	郁铁俊
	18	田 径	生态课堂	展板：课堂实录照片及获奖证书复印件	李天文
	19	特管乐班	表演+生态课堂	展板：课堂实录+各类表演照片及获奖证书复印件	指导老师、李景松
	20	漫步诗坛	生态课堂	展板：课堂实录照片及学生优秀作品	王怡雯、杨 珏

表6 七宝实验中学第三届科技节社团课成果展名录

序号	社团名称	展示内容	展 示 形 式	指导老师
1	趣味物理实验	社团活动	展板：社团实录照片及获奖证书复印件	李 佳
2	植物识别	社团活动	展板：社团实录照片及获奖证书复印件	万 隽
3	“陌上拾遗”花艺社	手工作品	展台：学生优秀作品	瞿冬青
4	思维训练营	社团活动	展板：社团实录照片及获奖证书复印件	李 昂、张 莉
5	有趣的生活实验	社团活动	展板：社团实录照片及获奖证书复印件	孔 斐
6	乐坛漫步	社团活动	展板：社团实录照片及获奖证书复印件	褚 焱
7	动画网页制作	社团活动	展板：社团实录照片及获奖证书复印件	张玉萍
8	篮球社团	社团活动	展板：社团实录照片及获奖证书复印件	郁铁俊
9	英语歌曲动画欣赏	社团活动	展板：社团实录照片及获奖证书复印件	黄幸鑫
10	武术社团	社团活动	展板：社团实录照片及获奖证书复印件	曹志飞
11	田径	社团活动	展板：社团实录照片及获奖证书复印件	李天文
12	四格漫画	社团活动	展板：社团实录照片及获奖证书复印件	张卉兰

续表

序号	社团名称	展示内容	展 示 形 式	指导老师
13	创意手工社团	社团活动	展板:社团实录照片及获奖证书复印件	李 薇
14	枫雅诗社	社团活动	展板:社团实录照片及获奖证书复印件	马玉萌
15	数学魔方(单周)	社团活动	展板:社团实录照片及获奖证书复印件	预备数学组
16	英语魔方(双周)	社团活动	展板:社团实录照片及获奖证书复印件	预备英语组
17	数学思维营(单周)	社团活动	展板:社团实录照片及获奖证书复印件	初一数学组
18	英语魔方(双周)	社团活动	展板:社团实录照片及获奖证书复印件	初一英语组
19	特色管乐班	社团活动	展板:社团实录照片及获奖证书复印件	李景松
20	特色羽毛球	社团活动	展板:社团实录照片及获奖证书复印件	邬军英
21	特色乒乓球	社团活动	展板:社团实录照片及获奖证书复印件	郁轶俊
22	影视艺术	社团活动	展板:社团实录照片及获奖证书复印件	刘琳琳

七、奖励方式

对本校所有展出成果,按照学校相关规定给予奖励。

七宝实验中学教导处

2018 年 4 月 10 日

感恩节:感恩是人类高贵的情怀

感恩,也许是地对于雨的一片碧绿,也许是树对于春的一树花开。感恩,不辜负施恩者的心意,朝着施恩者期待的方向去成就自己的人生与精彩!

感恩,也许是儿子对于母亲的一次满怀敬意的注视,注视那浓浓的母爱,如何在昏黄的灯光下,沿着密密的针线展开。其实,感恩不在于对未来的许诺,就在于今天你的注视姿态!

感恩,也许是风雨中凄凉而虔诚的守候。也许,比这更加重要的,是当你的老师尚且健硕地在课堂上声情并茂地讲解的时候,有些沙哑的声音能够激起你青春的回响!

七宝实验中学的感恩节是全学年教育的一个句点,一次性检验一个学年来爱的教育的成果,一般安排在5月中旬至6月1日。

感恩节的教育意图是:进行爱的教育的实践与体验,检验全学年爱的教育的成果。

七宝实验中学第二届感恩节暨庆祝中国共产党建党 90 周年活动方案

一、 活动宗旨

5 月是我校的感恩月。今年,又时逢中国共产党成立 90 周年。我校作为民族精神教育(革命传统教育)的特色校,更要抓住爱国主义教育的有利契机,与时俱进地将其融合在校园节日主题文化活动中,进一步帮助学生懂得自己的成长离不开父母的付出,离不开老师的引导,更离不开党的阳光雨露滋润。经校领导研究,我校在第二届感恩节活动之际,将开展"感恩、励志、报国"的主题教育活动,激发少先队员对党、对国家、对家乡的热爱之情,展现教师朝气蓬勃、奋发进取的精神风貌,用自己的实际行动献礼建党 90 周年。

二、 活动主题

感恩、励志、报国。

三、 活动时间

4 月 25 日—5 月 26 日。

四、 活动组织

承办:党支部、工会、德育处、团队、艺术组。

协办:信息中心、总务处、年级组等。

领导小组组长:查建生、张金波。组员:束涌、杨秀英、岑美玲、康健、项志萍、魏澜、王乃彬、董良祥、吴培琦。

前期准备:

(1) 由校级领导、德育处和新四军老干部王振华政委商讨策划,德育处统一组织安排及落实感恩节教育系列活动方案。

(2) 音乐老师要紧密配合此项活动的开展并注重活动实效。

(3) 各年级主任做好年级“红歌会”的集会策划、组织工作。中队辅导员负责本班感恩教育活动的策划、指导、开展和落实，做好宣传活动。

(4) 各任课教师要充分利用学科特点，充分挖掘教学中的内容，创造性地、有针对性地在课堂教学中渗透爱国主义教育和感恩教育。

五、 活动内容

1. 场景布置

悬挂横幅，营造氛围。(由总务处负责)

2. 红色经典故事演讲比赛

时间：3 月 28 日—4 月 18 日。

地点：电教厅。

内容：以“情系中华，礼赞红色”为主题，以“读、讲、传”形式引导学生在读、讲、演、赛的过程中，真正体验和感悟老一辈革命家的丰功伟绩，珍惜革命先辈以生命和鲜血换来的幸福生活。为让红色经典小故事发挥独特的育人作用，结合区级比赛活动，开展“红色经典故事”讲演比赛，以弘扬爱国主义精神，提升人文素养，展示当代少年儿童热爱祖国、朝气蓬勃、昂扬向上的精神风貌。(由德育处、团队、年级组负责)

比赛程序：

(1) 班级层面：3 月 28 日—4 月 1 日，由班主任组织学生利用十分钟队会进行“红色经典故事”演讲比赛选拔(初选)。

(2) 年级层面：4 月 11—13 日，由年级主任组织开展“红色经典故事”演讲比赛选拔(复赛)。

(3) 校级层面：4 月 14 日，由年级组推荐 2～3 名学生参加校级组织的决赛。

(4) 评选：学校评选出一等奖 1 名、二等奖 2 名、三等奖 3 名。

注：5 月，获得第一名的 1～2 位选手将参加区“红色经典故事”演讲比赛。

3. “学党史、感党恩、树信念”——纪念建党 90 周年征文比赛

(1) 征文范围：①学生干部(每班 10 人)；②七宝实验中学全体教职工。(由德育处、支部、工会负责)

（2）征文要求：

① 学生层面：围绕“学党史、感党恩、树信念”这一主题，结合自己的成长和感悟，写一篇作文，不少于600字，标题自拟。

参赛办法：以年级组为单位，由德育处组织评选，选出若干奖项进行表彰，再将征文寄送至青年报社《学生导报》编辑部，参加由上海市纪念建党90周年的征文比赛。

截止时间：4月11日。

② 教师层面：以庆祝建党90周年为活动主题，以征文的形式，抒发感恩党、感恩祖国、感恩学校、感恩师长、感恩生活的真挚情感。

参赛办法：以年级组为单位，由工会小组长、党小组长组织评选，选出若干获奖教师进行表彰。

截止时间：5月11日。

4. 启动仪式

4月25日由七(6)中队承担举行七宝实验中学第二届感恩节启动仪式暨主题升旗仪式的任务。（由德育处、团队、七(6)中队负责）

要求：

（1）邀请老干部(1名)做红旗下的讲话。

（2）领导做启动仪式讲话。

（3）红歌赛班级展示[由七(6)中队负责]。

5. 红歌集会

时间：5月2—5日。（由德育处负责协调四个年级的展示时间）

地点：电教厅。

内容：以吟诵、歌唱的演绎形式，引导学生了解中国人民在中国共产党的领导下救国、建国、强国的光辉历程和伟大成就，大力弘扬和唱响“中国共产党好、社会主义好、改革开放好”的社会主义主旋律。

年级活动分工：初二年级以红色诗歌朗诵为主，全年级参与；预备、初一、初三年级以诵唱红色歌曲为主，全年级参与。

歌曲选择与演绎：

（1）每个班级2首红歌(必唱歌曲为国歌，另一首在区文件下发的“百首红歌传唱”推荐曲目中任选）。

（2）红歌集会以“朗诵 + 演唱”的形式演绎。

评选：各年级评选出一等奖 1 名、二等奖 2 名、三等奖 2 名。

加强与新四军一分会的老干部共建的活动：

（1）请老干部辅导各班级的红歌演唱。

（2）请老干部参与班级（年级）的演唱活动。

6. 主题中队会

（1）主题内容：各班级组织开展“红色记忆：学党史，感党恩，树信念”“做阳光少年，在党旗下成长”——以庆祝建党 90 周年为活动主题的中队会活动，引导学生了解党史、体验感悟社会主义伟大建设成就，激发学生社会责任感和使命感。

（2）时间：5 月 9—13 日。

（3）要求：预备、初一、初二年级利用中队主题会，邀请 10 名家长参加活动。学校年级主任及中层以上领导届时将参与队会评价。

7. 建党 90 周年闵行区第五届鼓号大赛

为了提高我校少先队工作的整体水平，传播少先队鼓号的礼仪文化，发挥阵地育人的作用，学校大队部将组织部分队员参加区少工委、区青少年活动中心开展的活动。

比赛时间：4 月 23 日或 30 日。

地点：莘城学校操场（普洱路 185 号）。

组织协调：魏澜。

指导教师：褚焱、李景松。

六、 感恩节闭幕仪式

5 月 26 日下午 3:30 在校操场举办感恩节闭幕式暨艺术节汇演。

要求：集党支部、教师、学生、老干部于一体，力求以高立意、精品呈现本次建党 90 周年的庆祝活动，让学生在活动中能以多元的形式，真情表达感恩党、感恩国家、感恩幸福生活，做自信的阳光少年的心愿。

1. 共建活动

与新四军老干部联合举办大型的以建党 90 周年庆祝活动为内容的专场

演出。

活动形式：与老干部的互动歌唱（对唱、领唱、朗诵）。

参与者：学生、老干部、党员教师。

2. 信息与宣传

（1）对在感恩节活动开展过程中的各种活动信息予以宣传展示。（由信息中心、教科研、德育处负责）

（2）做好两份报纸（《双周简讯》《蓝色星空》）的出版工作。

3. 总结及颁奖

（1）每中队制作一个参与感恩节活动的PPT，要求图文并茂，幻灯片页数至少5张，上传至魏澜老师。

（2）对感恩节活动中的获奖人员进行颁奖表彰。

七宝实验中学第二届感恩节活动组委会

2011年4月

阳光不锈，感恩不老

——第一届感恩节致辞

首先，我必须感恩于你们！因为你们是我的同路人，是我眼中最美丽的风景，甚至是我生命中不可或缺的一部分——可以说，如果没有你们，我的生命只能枯萎成一尾干鱼！

也许我们中有人不屑于“感恩”这个词，以为太老套，太不前卫。然而我要说，真正的美丽是穿越时空的永恒！一些稍纵即逝的事物尽管有的也不失惊艳，然而那毕竟太短暂、太脆弱，留给人的以遗憾居多，而最美好的、最伟大的恰恰是我们司空见惯的永恒的事物！

再老不过苍天，亿万年过去，沧海桑田，苍天依旧美丽而广博！太阳从亘古开始燃烧，温暖依然，灿烂依然，不锈且不朽！

上下五千年，人类产生一个共识：感恩是高贵的人类的行为，感恩是每一个合格的人所必须具备的素养！

这素养如土地，她能容许您一瞬间的背离，但土地是您生命的支架，假如被抽空了，生命必然轰然倒塌！

这素养如流水，您也许能够一天两天不接受水的滋润，但水是您生命花瓶里的伴侣，假如流失了，生命必然干瘪枯萎！

这素养如光亮，您也许可以一时半刻闭目休息，然而您肯定不愿意长期生活在自然与心灵的黑暗之中。因为人生短暂，世界精美，您必须敞开心灵，借助光亮，饱览人间春色！

我们必须理解感恩，我们必须学会感恩！因为——阳光不锈，感恩不老！

五月，因为感恩而美丽

——第二届感恩节闭幕词

今天，我们为期一个月的第二届感恩节就要闭幕了。在此，我代表学校党政班子，向一贯支持我校教育工作的闵行区教育局、七宝镇教委、七宝中学教育集团表示最衷心的感谢！向以不同的方式关心我校发展的七宝实验小学等兄弟学校，以及我校所在居委、村委领导表示最诚挚的谢意！向历时一个月，为我们第二届感恩节教育活动增光添彩的全校师生员工表示最由衷的感恩！

一个月来，几乎每一天，我总会为同学们每一个感恩的细节，每一次质朴的表演所激动！参加你们的年级会，发现你们的朗诵是那样的激情四射，你们的歌舞是那样的优美动人，你们是用情在朗诵，你们是用心在歌唱！参加你们的主题队会，欣赏着你们尽管稚嫩但是本色纯真的表演，阅读着老师、家长们期待的目光，我心已陶醉，陶醉在你们对于生活的无限热爱之中！

热爱生活，热爱每一个如情似梦的早晨，热爱每一个诗情画意的黄昏。我永远不会忘记某个早晨的一个细节——是你们，一群孩子，在停车棚边窃窃私语：校长真好！我也希望你们永远不要忘记一个细节：在每一个黄昏，你带着一天的疲惫与充实离开校园，你的老师目送着你的远去，那深情的目光里，流露出多少的牵挂与厚爱！

热爱生活，学会感恩！是的，阳光不锈，感恩不老；是的，感恩是高贵的人类行为，懂得感恩是每一个人所必须具备的素养！感恩教育是一种以情动情的情感教育，是一种以德报德的道德教育，更是一种以人性唤起人性的人性教育。在现实中，无论是一个人，还是一个民族，哪个不曾施恩，哪个不曾受恩？“施恩勿念，受恩勿忘”永远是我们的处世情怀。二战期间，上海市民曾冒着生命危险保护了一千多名犹太难民免遭法西斯杀害。为了教育一代又一代以色列人不忘中国人民的大恩大德，以色列政府把这个历史事实写进了他们的中小学公民教育读本。还有，韩国小学生胸前都挂着一个“孝行牌”。牌的正面有父母像，背面有孝敬父母的格言与规定。学校要求学生每天对照“孝行牌”默想自己做得怎么样。[①]以色列和

① 参考《“跪拜感恩”跪出了教育的软肋》，《海南日报》2011 年 5 月 6 日第 A6 版。

韩国的这种感恩教育让人钦佩，更促人深思——

感恩我们的父母，是您给了我宝贵的生命！

感恩我们的老师，是您教会了我知识与能力！

感恩我们的朋友，漫漫人生路，没有您的陪伴我会孤单！

感恩我们的祖国，强大的祖国，让我们拥有了幸福与安宁！

热爱生活，追求卓越，只有追求卓越，才能实现我们的感恩！

励志吧，同学们、孩子们、朋友们，播种一地种子，收获一个秋季；播种一朵白云，收获一片蓝天；播种一个希望，收获一个未来！你们的人生，将因为播种而充实；你们的人生，将因为励志而精彩；你们的人生，将因为不停歇地追求卓越而大写着尊严！在你们不停歇地追求中，我们的校园，我们日益美丽的校园，也会因为你们的用心而增添美丽；在你们不停歇的追求中，我们的祖国，我们日益强大的祖国，也一定会早日实现历史性的、最伟大的复兴！

五月的天，蓝莹莹的天，五月的地，绿油油的地。五月，把我们的感恩化成阳光，化成细雨。整个五月，因为我们的感恩而倍显美丽！

东风好作阳和使，逢草逢花报发生

——第三届感恩节闭幕词

时有东风细雨，时有七彩阳光，在这样美妙的日子里，七宝实中有幸迎来了第三届感恩节的节庆日，迎来了满座的宾朋。我代表七宝实验中学全体师生员工，欢迎你们，感谢你们！

“东风好作阳和使，逢草逢花报发生。”三年前，阳光最灿烂的季节，我们有幸在七宝镇教委的积极推动下，在闵行区教育局的亲切关怀下，由七宝中学托管，成为七宝中学教育集团一员。这以后的日子，是草长莺飞的日子，是充满诗情画意的日子。我们聆听到了上海市十大教育功臣之一的仇忠海校长的教诲，感受到了七中文化的无限魅力；我们与文来中学的导师切磋技艺，成长的梦里我们听到了小草拔节的声音；我们抬头看，一路宽畅一路绿灯，我们心知，七宝镇、教育局正以满腔的热忱、无限的期待，为七宝实验中学的快速发展护航！在这个感恩节，在这个值得纪念的日子，恳请你们接受我们的感恩！

“林花著雨胭脂湿，水荇牵风翠带长。”三年来，我们有幸获得了周边社区、社会各界的支持和肯定！感谢你们，你们从未嫌弃我们还未具备名门的高贵与精彩，你们把你们的最爱——儿女送到我们校园，我们在精心培育的同时，也收获了一份份沉甸甸的责任！感谢你们，把《其实名校就在你身边》刊登上《新民晚报》，用别样的厚爱鼓舞我们成长！感谢你们，车过校园的时候，缓缓行驶，轻轻鸣笛，为孩子让道，为年轻的生命让道！感谢你们，一次一次地伫立在校园门前，阅读电子视频的内容，了解实中的教育，感受年轻生命的精彩！

“繁枝容易纷纷落，嫩蕊商量细细开。”三年来，我们沐浴了风风雨雨，我们收获了一地阳光！从坦然走过“孕期雨”的那份执着，到舞开阳澄湖之夜的一份欣喜；从低开低走的那份失落，到“大奖小奖落玉盘”的这份喜悦；从门可罗雀的无奈寂寞，到门庭若市的几多热闹——实中人懂得，只有奋斗，才有尊严！我感恩我的学生，你们有自主发展的姿态，你们有“活力课堂”的精彩，你们有读书明理的志向，你们有走向高雅的情怀！我感恩我的老师，感性凝聚，你们俨然是一群诗人，用向往的火种点亮职业的油灯；理性发展，你们又是一群哲人，“课程统整、自主学习、即时评价”三星高照，叫课堂焕发生命的活力；“人人都是德育工作者”，我们的定位是爱心、是天使、是生命的守护神；吹开幸福的花，我们的使命是让幸福回归校园，让幸福充满孩子生命的成长过程，充满这沁满花香、写满诗意的花季岁月！

“寄语洛城风日道，明年春色倍还人。”领导们、朋友们，我们是懂得感恩的实中人，我们懂得，我们的每一点进步都离不开你们的关怀和厚爱！感恩在于行动，我们会一如既往地热爱生活，一如既往地追求卓越；我们会以优秀的实中人的姿态，回报您对我们生命的关怀！

通过感恩的桥梁，走向光明的未来

——第四届感恩节闭幕词

今天，是我校的第四个感恩节的节庆日。首先，我代表学校党政班子，向各位领导、各位来宾表示衷心的感谢，感谢你们四年以来，支持、关注我校的发展！在此，我还要感谢辛勤工作、智慧奉献的老师们，是你们用大爱谱写了七宝实验中学的今天，是你们用光明照亮了七宝实验中学的未来！我最要感谢的是全体同学，感谢你们胸怀感恩、磨砺意志，从弱小起步，跨越平庸，走向优秀。同学们，正是由于你们持之以恒地付出，七宝实验中学才得以挺直腰杆，逐渐挺立在蓝天白云下，挺立在静安新城这一方土地！

在刚刚过去的两周中，同学们，你们以各种形式演绎青春跋涉的动人故事，度量校园生活的幸福指数，唱响你们对于生活的感激，演奏你们对于师长的感恩！我倾情地聆听你们的诗颂，感受你们对于梦想的憧憬；我沉醉地欣赏你们的舞姿，感受着你们对于生活的热爱！你们激情澎湃的演讲，精辟地诠释着共和国的希望；你们如醉如痴的表演，折射出你们充满诗情画意的青春年华！

在奋进的日子里，我们学会了感恩。在七宝中学教育思想的感召下，在文来中学教学思想的引领下，我们依托名校资源办教育，因地制宜、量体裁衣，践行着自主人格发展和自主学能发展策略。以爱生节、读书节、体育文化节、班主任节、感恩节连缀而成的德育主题教育愈加成熟，愈加发挥出高效的育人效益；以课程统整、自主学习、过程评价三维度组合而成的“活力课堂”，已经普遍地受到同学们的欢迎。由于“活力课堂”，快乐学习已经不再是难以企及的梦想；减负增效，让幸福回归校园，正在我们这块土地逐渐演变成为事实！

老师们、同学们，历数四年一千多个日日夜夜，渐渐地，我们把一切一切不良的习惯交还给了历史，把一点一点好的习惯逐渐内化成为我们的素养。是的，我们骄傲！渐渐地，我们把曾经的贫瘠与落后交还给了历史，我们热爱生活、追求卓越，我们在奠基的草地上跳出的舞步不再笨拙，我们在特色的天空放飞的风筝已然扶摇直上！“旧时王谢堂前燕，飞入寻常百姓家。”当我们开始收获着历来属于名门的桂冠时，不再讶异，因为天道酬勤，胸怀感恩。我们只会愈加优秀，感恩是走向光明未来的桥梁。是的,我们骄傲!

中国梦是国富民强,屹立于世界民族之林;实中梦是追求教育的境界,提升全体师生的幸福指数。于是,我们踏上了闵行区首创新优质学校的这班船,我们希望在这趟意义非凡的首航里,收获优质,积累经验;于是,我们依依惜别名校托管的温馨怀抱,开始了“诗韵校园”的漫漫征程。我希望你们在新的征途上,去浸润积极乐观的态度,去历练锐意进取的精神,去体验不拘一格的创造,去追求标异领先的唯美,去塑造外端内实的气度!我们正在追求、我们将要追求的这些,恰恰是仇校长所首倡的“平民本色,精英气质”的深刻内涵。是的,路漫漫其修远兮,我们正可以做梦,好在梦想并不拒绝卑微,好在任何的卓越都将从梦想起步!

优秀的人总会感恩,感恩的人会更加优秀!不拒绝优秀,就必须先学会感恩!生活总会有无尽的麻烦。请您不要无奈,因为路还在,梦还在,我们还在。每一盏熄灭的心灯后面,都有一个令人感伤的故事,而点亮那盏灯,有时候只需一句温暖的话语、一点微不足道的帮助。如果我们都不忘点亮身边的心灯,世界将会充满希望和光明。所以,请您怀着感恩的心,装点出一路的风景,并且尽情欣赏路上更多更美的风景。

感恩伴我们终身,幸福、优秀、卓越也必将伴随我们一生!

感恩生活，舞动青春

——第五届感恩节暨艺术节闭幕词

今天，是我校第五个感恩节暨艺术节的节庆日，我代表学校党政班子，衷心感谢各位领导、各位来宾的光临！感恩您对于我们五年一贯的关注、期待和厚爱！在此，我还要感恩敬爱的老师和家长同志们，如果七宝实验中学是一辆提速的列车，你们就是两条默契的铁轨，我们的列车之所以能平稳而快速地驶向远方，是因为你们不离不弃，热情地呵护，坚定地承担，默默地守望！

罗曼·罗兰曾经说过：艺术的伟大意义，基本上在于它能显示人的真正感情、内心生活的奥秘和热情的世界。我们第五个感恩节的主题是：感恩生活，舞动青春。我们将感恩节与艺术节合二为一，不只是为了减轻学生的活动负担那么简单，我们主张以生动的艺术形式诠释感恩的思想；我们还想到，最优美的生活就是艺术的生活，也许，不是每一个人都有能力成为艺术家，但是，这不妨碍我们艺术地生活！在有些躁动的世界，热衷读书，热心创作，热爱艺术，就是校园的正能量。高高擎举"诗韵校园"的旗帜，主张端正积极乐观的态度，历练锐意进取的精神，体验不拘一格的创造，追求标异领先的唯美，塑造外端内实的气度，我们以我们理解的形式，在贯彻育人之道，在追求教育的本质。

雷诺兹这样说：艺术应当担负起哺育思想的责任。我们期望的正是以艺术的形式演绎感恩的思想，让感恩的思想浸透艺术的人生！在这个五月，我欣赏了来自预备年级学生的天真的节目，从魔术世界里感受到了你们的童真；从家庭联合出演的拉丁舞里感受到的不仅仅是扑面而来的世界气息，还有家校联合的新教育理念。我欣赏了初一年级的开始生命思索的节目，从你们的诵诗与相声中，感受到"新新人类"也完全可以感受父母、老师手上爱的温度。你们懂爱！从你们的小品中，我了解到你们对未来有太多的憧憬！你们正朝着我们期待的方向发展，尽管在平时，你们故意制造出一个个不太在意的假象，其实你们在乎我们，也在乎你们的未来！我还欣赏了初二年级走向成熟的节目，听懂了你们的诗歌，知道你们心中正在酝酿着巨大的正能量；领悟了你们的情景剧，确信感恩已经逐渐成为你们生命的源动力！最令我心爱又心疼的是初三年级的同学，你们渴望如同学弟学妹们一样，艺术而有些疯狂地度过这个五月，度过初中时段这个春季的末梢，但是由于众所周知的原因，我不能够，你们也不能够！但是这并不妨碍你们感恩，校园里的每一寸土地，都深刻地烙印着你们跋涉青春的足迹！特别值得一提的是，作为一所普通公立中学，作为仅有120余名考生的年级，在中考大幕尚未开启的时刻，已经有22位同学被七宝中学、南洋模范中学、位育中学、上师大附中、复旦中学等上海市知名示范性高中提前录取。是的，这虽不能代表我们教育的全部，但是这同样从一个侧面反映出我校教育的高度！22位品学兼优的同学，几乎占我们本届毕业生的五分之一，你们犹如22面感恩的旗帜，在我们生存的这一片土地迎风招展，宣告我们有尊严的存在！

迦迪那曾经这样说：任何美的艺术品都不可能没有一点小小的瑕疵，但真正的美却一定能够掩盖这些小小的瑕疵。同学们，你们艺术的演绎，也许并不那么完美，甚至在一些完美主义者看来，还很稚嫩。但是，我要说，这是我见过的最好的表演！孩子们，因为在我眼里和心里，你们是最美丽的！其实，我们践行的教育也是如此，没有完美的教育，只有完美的教育追求！我们创建新优质学校，就是继续夯实实中特色“诗韵校园”的内涵；就是继续我们的自主发展的特色德育，落实七宝实验中学优秀毕业生创建体系；就是继续我们的“活力课堂”研究，让课堂成为我们师生共同发展的乐园；就是继续践行我们“同心圆”管理理念，凝聚众心，共同扛起教育的使命；就是艰难而乐观地让优秀成为习惯，叫习惯化育人格，用人格主导人生！

那么，学会感恩吧！优秀的人总会感恩，感恩的人会更加优秀！我们感恩七宝中学，是您允许我们成为您的核心成员！我们感恩闵行区教育局，是您一路提携，一路引导，是您遴选我们成为闵行区首批新优质创建学校！我们感恩七宝镇人民政府，在我们有发展需要的时候，您总是像父母一般满足我们，并且殷切地期待着我们！感恩年长的老师，是您率先示范，践行着在七宝中学先进文化引领下的新教育思想；感恩年轻的老师，是您把青春奉献给了教育！感恩我们的孩子，你们是世界上最好的一群孩子，你们单纯，你们活泼，你们热爱生活、追求卓越！感恩我们的学生家长，是您的高度信任，使得我们相互依托，成为学校教育最可靠的同盟军！

感恩教育与新优质同行

——第六届感恩节致辞

今天，我们就将拉开七宝实验中学第六届感恩节的序幕！

2010 年第一届感恩节，我们提出“阳光不锈，感恩不老”，倡导感恩；2011 年第二届感恩节，我们提出“热爱生活，追求卓越”，学会感恩；2012 年第三届感恩节，我们提出“感恩在行，做最好的自我”，深入践行感恩；2013 年第四届感恩节，我们提出“优秀的人总会感恩，感恩的人会更加优秀”，深刻领悟感恩；2014 年第五届感恩节，我们提出“感恩生活，舞动青春”，叫感恩为生命增光添彩。今天，我们的新主张是：感恩教育与新优质同行！

感恩教育与新优质同行。六年来，我们走过一条开满鲜花，同时也布满荆棘的路。幸有七宝中学伴我们同行，幸有越来越多的老师和历届的同学坚持感恩的信念，幸有“同心圆结构”在学校管理中的实践研究，才得以将一所几无尊严可言的学校拖出文化的泥潭，在完成文化课学习成绩华丽超越的同时，学校综合办学实力全面提升，一所新优质学校应运而生！我们骄傲，我们更加感恩！

感恩教育与新优质同行。多年来，我们苦心经营的“活力课堂”终于开花结果，今天和明天，将一展风采。我们的实践证明，这是一种建构在新型师生关系之上的民主课堂，这是充满成长活力、深度激发成长动机的课堂。实中的昨天和今天，都证实了“活力课堂”的无限活力！我们快乐，我们更加感恩！

感恩教育与新优质同行。2009 年学校更名至今，我们打造了以爱生节、体育文化节、读书节、班主任节、感恩节、艺术节为主线的节日主题文化，让人文思想春风化雨。继而，我们再度凝成“七宝实验中学优秀毕业生六维创优机制”，主张教育形成一贯，习惯形成一贯，让优秀成为习惯，叫习惯化育人格，用人格主导人生！老师们、同学们，是花儿就要在春天绽放，是果儿就要在秋天收获。受教育者向着教育者期待的方向拔节生长，就是最好的感恩！

感恩教育与新优质同行。2012 年 9 月，我们提出“诗歌装点少年梦”，从此走上了营建“诗韵校园”的漫漫长路，这是一条只有起点没有终点的道路！我们主张端正积极乐观的态度，历练锐意进取的精神，体验不拘一格的创造，追求领先标异的唯美，塑造外端内实的气度。老师们、同学们，诗书是人类文化的精华，诗歌是舞蹈中的芭蕾，追逐诗韵校园梦，夜正酣，梦正长……积极向上的人生精彩，有梦的人生更精彩，感恩的人生最精彩。

感恩教育与新优质同行。老师们、同学们，感恩是人类最应该具备的高贵品质！感恩我们的父母，是他们缔造和养育了我们的生命；感恩我们的师长，是他们伴随我们走过青春美丽却泥泞潮湿的路段；感恩我们的朋友，因为他们，我们的生命之路从不孤单；感恩每一个擦肩而过的人，因为谦让，因为宽容，我们才得以领略生命中更多的风景；感恩我们的社会，因为社会是我们赖以生存的空间，空间好了，一切都在！

七宝实中，因为新优质，因为胸怀感恩，将愈加美好！

感恩只体现在一个个细节

——第七届感恩节致辞

听过这样的一首歌："白鸽奉献给蓝天，星光奉献给长夜，我拿什么奉献给你，我的爱人？"我曾经为之感动。然而，随着年龄的增长，我对于这支歌的诚意有些怀疑。穿凿岁月的风，会给你某种默契——真爱无声，犹如心曲；感恩何需声势浩大，感恩只体现在一个个细节！

春雨无声润物，地报无垠的碧绿，树报一树的花开——地只是绿了自己，树只是美了自己。春雨滴在苍翠的叶间，洒在娇艳的花瓣，激起温柔而甜美的回声——这是叶的细节，这是花的细节，这是自然对于自然的感恩！

临行前的夜晚，母亲挑尽孤灯，孩儿一去未知几载才归，于是，平凡而贫穷的母亲，无奈地委托密密的针脚代为嘘寒问暖，万千牵挂化作万千随行的丝线。而另一端，也许是并未成年的诗人孟郊，以静静注目，记录着这纵贯千年的母爱——这是儿子的细节，这是儿子对于母亲的感恩！

曾经经历过一次平凡的感动。在华东师范大学教育学系，四百多名学子自发而来，伫立在风雨中，只为给一位英年早逝的老师送行。没有呼天抢地的哭声，只有灵柩牵动着目光，我们心里默念着老师的一颦、一笑、一声鼓励、一句轻责……几年以后，书市上有了这样的一些书，这些书的扉页上，藏着一个共同的细节——谨以此怀念施良方老师！——这是学生的细节，这是学生对于老师的感恩！……

感恩，也许是地对于雨的一片碧绿，也许是树对于春的一树花开。感恩，不辜负施恩者的心意，朝着施恩者期待的方向去成就自己的充实与美丽！

感恩，也许是儿子对于母亲的一次满怀敬意的注视，注视那浓浓的母爱，如何在昏黄的灯光下，沿着密密的针线展开。其实，感恩不在于对未来的许诺，就在于你今天一种注视的姿态！

感恩，也许是风雨中凄凉而虔诚的守候。也许，比这更加重要的，是当你的老师尚且健硕地在课堂上声情并茂地讲解的时候，有些沙哑的声音能够激起你青春的回响！

施恩者崇高——感恩却也是一种意味深长的高贵！幸运的是，感恩不难，感恩只体现在一个个细节！

让“三爱”引领成长路

——第八届感恩节致辞

“水光潋滟晴方好，山色空蒙雨亦奇。”正值绿肥红瘦，春夏之交的季节，我们迎来了第八届感恩节。在此，我代表学校，祝愿全体师生、学生家长，沐浴感恩，节日快乐！

本届感恩节的主题是：让“三爱”引领成长路。这是习主席的倡导，是国家的主张，也必须是我们生活的轨迹。

爱学习，“活力课堂”，“六维创优”，青春魅力四射。“活力课堂”的宗旨是：主动学习，学得活泼，每一位同学都是课堂的参与者、合作者；思维活泼，敢于质疑，贯穿思考的学习才是真正高效的学习；以主人翁的姿态进入课堂，以少年的睿智去经营课堂，课堂才能展示出生命的活力。“六维创优”的主张是：让优秀成为习惯，习惯化育人格，人格主导人生。基础教育，致力于培养良好的习惯，善莫大焉！

爱劳动，新优质校，多年坚持教育惠及一方。今天是第八届感恩节的启动日，我们有充足的理由向往事敬礼，向勤勉敬礼，向岁月感恩！我们像蜜蜂一般勤劳，飞过贫瘠的旷野，来到了今天，来到了甘泉四溢、花草飘香的芳草地。我们不愿意唠叨历史的苦难，但是也不会忘记过去，这是为了感恩七宝中学教育集团的智慧选择，是为了我们今天和明天的持续发展。新优质基地校，我们要用勤劳的汗水去浇灌；充实的人生，我们要滴自己的汗，吃自己的饭，迈开自己的步子，寻找滋养生命的营养。

爱祖国，“同心圆”聚，“七宝公益”，感恩春风化雨。生是中国人，死是中国魂。如果类比着世界，发现咱们还不够发达，还不够先进，那么请注意，您最正确的努力方向就是做好自己。当我们每一个人都做了最好的自己，我们的祖国就会越来越发达，我们的祖国就会越来越先进。我们建立了“同心圆”，就是为七宝实验中学的共同愿景献策献力；我们奉行“七宝公益”，就是为了让清贫得到关爱，让平凡滋润善良，让资源物尽其用。我这样理解我们践行的基础教育，其基本目标是培养学生良好的习惯，其进一步的目标是帮助孩子养一颗善良的心。

“碧玉妆成一树高，万条垂下绿丝绦”，这是树对于春的感恩；“黄四娘家花满蹊，千朵万朵压枝低”，这是花对于树的感恩；“花褪残红青杏小”，这是果对于树的感恩。

“慈母手中线，游子身上衣。临行密密缝，意恐迟迟归。谁言寸草心，报得三春晖。”诗人孟郊笔下的母亲，千百年来为后人赞颂。使我常怀敬意的不只是孟妈妈，我还十分敬佩爱的另一头——诗人孟郊。豆油灯下，他静静地注视着慈母，时不时挑几点燃尽的灯花，没有交谈，也无需交谈，昏黄却温暖的灯光，映照着无法用语言描述的深爱与依恋……这是诗人对于母亲的感恩！感恩不在于唯美的语言、华丽的辞藻，也不在于对未来的某个承诺，而是您今天对父母、长辈、老师、朋友的注视姿态，是朝着最热爱您的人所期待的方向，认真生活，努力进取！

那么，在成长的季节，让我们胸怀感恩，践行“三爱”！

祝愿老师们、同学们身体健康，生活愉快！祝愿大家在第八届感恩节充实、快乐！

高贵地给予，优雅地接受

——第九届感恩节致辞

今天是我校第九届感恩节的启动日，我宣讲的主题是：高贵地给予，优雅地接受。

我获得这份思想，应该从我的母亲说起。母亲今年86岁了，我很小的时候，父亲在城里工作，母亲则驮着小的、扶着老的回到了乡下老家，50余年田地里的辛勤劳作，早已把据说年轻时十里八乡闻名的那张俏脸折腾得沟壑纵横。她身高一米五几，体重最重时也没有超过90斤。然而，我至今也不明白，这样的身体为何能够承受约200斤的重负。我脑海里的母亲，总是驮着超大的一捆柴的模样，或者是担负着刚刚收获的一担湿淋淋的稻谷的模样。大概因为父亲是拿工资的国家干部，或者因为母亲很能干，比之于邻居或者一些近亲，家里的日子过得要稍微宽裕一些。印象中饿肚子是有的，但不经常，这让母亲很有一些接济人的资本。家里偶尔弄到一点好吃的东西（最好的莫过于猪肉了），母亲总是吩咐我给左邻右舍送去一份；亲戚们揭不开锅的时候，她往往从自家并不多的口粮里匀出一点去接济。她满脸堆笑，似乎很在意人家是否接受，嘴里还说着："很少很少，一点心意，您别嫌弃……"母亲一辈子最自豪的，就是在最困难的日子里，她微小的接济居然救活了几个亲戚、邻居的性命；母亲一生最为歉疚的，是在一个月黑风高的晚上，与几个偷猪贼不期而遇，贼人为了封口，用菜刀逼着她参与瓜分了两斤猪肉。前几天是母亲节，我委托在故乡的哥哥转给母亲1000元钱，母亲央着我姐姐打通我的视频电话，仅仅为了向我道一声：谢谢！

我记起另一位母亲的故事：一个黄昏，她家的屋前站着一位衣衫褴褛的年轻乞丐。她从屋里取来一些吃的，一只手还攥着几张零碎的钞票。她看着年轻乞丐用完食物，便提出一个要求，让他将屋前的一些砖块搬到屋后面去。年轻乞丐花了两个多小时做完了这一切，拿着钱准备离开。她叫住他，说请他再帮个忙，将先前搬到屋后面的砖块再搬到屋前，再给他一样的钱。待一切停当后，她笑意盈盈地跟年轻乞丐说了几句什么，乞丐若有所思地离开了……十年后，还是一个黄昏时分，一位西装笔挺颇有派头的绅士敲开了院门。母亲出得院来，抬头一看来人，没有印象。中年绅士满怀感激地说起当年的故事，说是那一次接受施舍和搬砖，让他懂得了高贵的给予和优雅的接受，这改变了他的一生。黄昏的风吹动她花白的头发，似乎在演绎着一首哲理诗……

我再说一说属于我们自己的故事。三年前，我们开始了有计划、有步骤地做“七宝公益”，用我们微小的力量去关注他人。这期间，我们11次去黄山市黄山区，参加者以我们的师生为主，还有同学家长和爱心企业家。我们资助了50余名贫困大学生，还先后与黄山区焦村中学、黄山区广阳中心小学结成合作关系，资助了数以百计的中小学生，并且为黄山区红十字会捐献了数以十万计的钱物。每一次，我们都是怀着一颗虔诚的心上门助学。2017年7月，我们的师生结伴而行，把活动主题定位在“感受成长的温度”；2018年，我们近百名师生、家长结伴而行，把活动主题定位在“做一个有温度的人”。是的，正如同学们多次提及的“赠人玫瑰，手留余香”，我们付出的关爱不止于得到一声谢谢，也不止于帮助那些需要帮助的人，对于我们自己来说，更是为了获得成长的体验，感受生活的幸福以及生命的价值！在爱的视野里成长的生命最懂得爱，也最容易养成关爱的习惯，获得一颗高贵的心。你有足够的理由感谢你关爱的对象，他优雅的接受同样也助力于你的成长。你必须时时提醒自己，你有一颗关爱他人的心；你必须努力地用心成长，为了你的信念，为了你的初心，你不仅要获得自食其力的能力，你还必须比自食其力更加优秀、更加强大。因为，这个世界，还有很多生命等待着你去关爱。这样，你便可以踩着爱心花环装点的小径，去获取生命的尊严！

最后，我还要提醒老师和同学们，先贤早已为我们的成长描述了一条人生的路径：修身、齐家、治国、平天下。这句经典如果从责任与爱的角度来解读，那就是：爱是以自己为原点，由近及远，慢慢散开的。作为一个真正懂得爱的人，你必须首先学会热爱自己，持续地给自己的生命添加温度，保持生命的热情，酝酿指向天空的梦想，并且踩上登天的阶梯。这阶梯，最好的解释就是“教育”，就是“学习”；作为一个真正懂得爱的人，你必须学会“怜取眼前人”，把你的善意投向你的成长伙伴、你的老师、你的亲人。如果说你是一条美丽的鱼儿，围在你身边的人就是滋养你生命的水，你千万不可以无节制地任性冷淡了或者是焦灼了他们，甚至是耗干了这赖以生存的水……小爱有成，方成大爱。这样，让你的爱沿着最善良的方向，慢慢地散开去，散开去。你释放的善意越多，属于你的水域就越辽远，你的生命便在清澈的水流里，优美地舞蹈……

上个周末，我被邀请出席我的母校——安徽师范大学90周年校庆，一同被邀请的800位知名校友中，有院士、长江学者、教授，有企业家，有省部级、司局级官员，有省级示范高中校长、模范教师。母校对于我这位初中教育特邀嘉宾的解释是：我们关注到了七宝实验中学的教育！今天，我把这份荣耀敬献给你们，2009年进入七宝中学教育集团以来，你们九年如一日，热爱生活，追求卓越，让优秀成为一所普通中学的习惯！我感恩着你们，期待着你们，并且深爱着你们！

成长的岁月学会感恩

——第十届感恩节校长致辞

今天是我校第十届感恩节的启动日。十年前，在闵行区教育局、七宝镇人民政府的关怀部署下，我们加盟七宝中学教育集团。从此，七宝实验中学走上了教育发展的快车道。我们从低谷中崛起，成为闵行区新优质基地学校，成为“老百姓家门口的好学校”。在第十届感恩节来临之际，我要把感恩传达给所有关心七宝实验中学发展的领导、同仁、社会各界，并且把这份感恩传达给十年来为本校的教育殚精竭虑的老师和同学们。我曾经宣讲过《感恩是人类高贵的情怀》《优秀的人懂得感恩》《感恩的人会更加优秀》。今天，我宣讲的主题是：成长的岁月学会感恩！

感恩不是放在未来日子里的一声许诺，而是正在进行中的生活态度。我阅读诗人孟郊的著名诗作《游子吟》，每每打动我的，不只是昏黄的灯光下母亲的白发；也不止于那深深的母爱，积攒在消瘦的指尖，沿着针线的路，缓缓地流入诗人的衣衫……最能打动我的，却是另一头，儿子孟郊深情的关注。寒门学子即将远行，料其心里，必定有着万千不舍与牵挂，因为他深知：“谁言寸草心，报得三春晖。”于是，他用深情的凝视，回报着浓浓的母爱！若干年后，孟郊有诗名《登科后》：“昔日龌龊不足夸，今朝放荡思无涯。春风得意马蹄疾，一日看尽长安花。”似乎是历史特意佐证，一个持有感恩生活态度的人，最有可能赢得美丽的人生！

感恩还有风口浪尖的担当。20 世纪 60 年代中后期，在上海某一个黑暗的夜晚，著名翻译家、学者傅雷夫妇不堪凌辱，自杀身亡。他们的骨灰滞留在火葬场，无人认领，也无人敢认领！有一位与傅雷夫妇虽从未谋面，却自称其干女儿的女孩，冒着难以预测的危险，克服贫穷与恐惧，领走了这对患难夫妻的骨灰……尽管在此后的长达 16 年间，她担惊受怕，她受尽磨难，她终身未嫁，却从未后悔。这位名叫江小燕的弱女子，为这几乎是惊天动地的行为给出的解释是：我读过傅雷先生翻译的《贝多芬传》，读过《克里斯多夫》，还聆听过傅聪（傅雷儿子）的钢琴演奏。这质朴而执着的感恩，让我忆起傅雷先生的话：“真正的光明决不是永没有黑暗的时间，只是永不被黑暗所遮蔽罢了；真正的英雄决不是永没有卑下的情操,只是永不被卑下的情操所屈服罢了。"

感恩是某一个历史断面一段华美隽永的乐章,更是一个民族继往开来的责任与担当!就像去年暑期,我们六A学生暑期夏令营,在秦始皇陵兵马俑聆听历史的马蹄声,在壶口瀑布饱览壮美的景象,在鲁迅艺术学院、中国共产党第六届六中全会旧址慷慨颂诗,在黄帝陵前深沉祭奠,立下铿锵有力的誓言……生逢盛世,热血男儿,起来,担负起民族的兴亡!

在这个落英缤纷、青果初长的季节,我随着闵行区教育代表团,到达了美丽的南疆:那曾经一片金戈铁马、广阔苍凉的南疆;那有着唐僧的足迹,喷着火焰山烈焰的南疆;那有着古丝绸之路、商贾络绎、瓜果飘香的南疆!在历史的今天,一望无际的沙漠蕴含着难以估量的宝藏,这通衢是一带一路的咽喉要道!新疆、喀什、泽普,那一片土地,在中华民族伟大复兴的今天尤为重要!我们的优秀老教师、共产党员李大维,就在泽普第四中学支教。我见过那一群支教的老师,烈日下,朔风里,雕塑一般,眉宇间透着刚毅,胸怀里装着家国情怀!这份对国家的感恩,崇高而伟大!岁月静好,原来是因为他们和许许多多像他们一样的人,负重而行!这使我坚信:七宝实中的感恩,将听从祖国的召唤,牵手泽普四中,共建"六维教育"!

老师们、同学们,成长的岁月学会感恩——我们期待,我们坚信!

感恩，从珍爱生命做起

——第十一届感恩节致辞

喧哗的世界，因为新冠疫情的出现，一时间变得寂静而惶恐。之所以寂静，是因为往常岁月里，那些光怪陆离的欲望之火，在生的压力下被压抑或者被浇灭；之所以惶恐，是因为我们面对着一不留神就可能招致死亡的灭顶之灾，却茫然无助。然而，世界行色匆匆的脚步暂时放缓的时刻，我们正好反思我们的思想，正好反思我们的生活态度，调整我们的生活方式。第十一届感恩节，我宣讲的主题是：感恩，从珍爱生命做起！

感恩，从珍爱生命做起。不期而至的新冠疫情，拷问全球的政党政府：谁是你的最爱？电光火石之间，以共产党员为主体的医护人员从四面八方向武汉逆行，用生命去践诺自己"随时准备为党和人民牺牲一切"的誓言；电光火石之间，祖国承受着经济重创，封城、停工、停产、停学……人民的生命高于一切；电光火石之间，党和国家领导人向武汉逆行，心系百姓，情暖人心，鼓舞斗志，共担灾难，彰显出以人民的利益为核心的建党理念和国家意志；电光火石之间，举国上下、四面八方，不惜代价，以人力与物力驰援武汉……还有友好国家、国际友人紧密关注中国的疫情，从物质层面和精神层面鼎力支援，这是共和国的能力和国际影响力的证明。"借问瘟神欲何往，纸船明烛照天烧"，疫情终将过去，唯有生命最珍贵！

感恩，从珍爱生命做起。从 1 月 17 日到 4 月 27 日，到 5 月 6 日，到 5 月 18 日，这个"假期"无比的漫长。这一时期，你们的班主任，你们的任课老师无法和你们形影不离，但是他们无一不在悉心关怀着你们。上网课，批改作业，每一次作业改定，时间都几乎已是第二天清晨；每一次视频长聊，总是温暖着你的心。这一时期，你们的父母和你们朝夕相处，除了关心你们的生活，还要关心你们的身心健康，还要关心你们的学习状态和学业成绩，可以说是心力交瘁……"谁言寸草心，报得三春晖。"我以为，最好的感恩不在于对未来的一声庄严承诺，最好的感恩就在现在，珍爱生命，保持自己生命的朝向，朝向深爱自己的人所期待的方向！

感恩，从珍爱生命做起！客观地看人生，无论您是耄耋老人，还是年近不惑，哪怕只在襁褓之中，所有前面的路途都叫作“余生”。余生不长，一般人最长也不过三万六千天！生命的过程犹如四季，16 岁的花季每一个生命也只有一次绽放的机会！古人云：“劝君莫惜金缕衣，劝君惜取少年时。”少年才是生命中最好的遇见，我希望你们珍爱每一天的光景，珍爱自己美好的生命，珍爱每一个与你同行的人！我希望你们以学习为契机，历练生活，磨炼意志，获得品质！我希望你们乐于撷取生命旅途中盛开的花朵和灿烂的果实，同时也不惮于接受来自命运的各种挑战，请相信阳光总在风雨后！命运之神把我们安排到这个世界，就是让我们领略更多的生命的精彩！

体验成长的温度

——在 2017 年爱心助学捐赠仪式上的讲话

这是我们七宝爱心公益团队第六次组团开展黄山之旅。有时候我们选择在冬天，有时候在春天，但更多的时候是在夏天。为什么在夏天呢？这不仅仅因为是暑假，更是因为在夏天更能体现成长的温度。在这里，我们要感谢传递给我们成长温度的人，首先是黄山区红十字会新老会长以及黄山区的老师们，还有我校自己的老师们。因为老师们放弃了暑假难得的休整时间，为我们搭建成长的舞台。在这个舞台上，不仅仅有青的山、绿的水、深厚的人文底蕴，还有慈善。孩子们，你们可以不伟大，但不可以不善良。这是我们要体验到的成长的温度。

还有我们广阳中心学校的同学们，你们等一下要接过哥哥姐姐们对你们的帮助，接过他们手里的温度——爱心礼品。七宝实中的小哥哥、小姐姐们，我们每个班级设立的捐款箱，捐的钱流向了哪里？在阳光下，你们和爸爸妈妈一起吆喝义卖所得的，捐向了哪里？原来都在这里，原来你们年轻美丽的生命是被需要的，你们是幸福的人。原来广阳中心学校的孩子们，不仅有你们的爸爸妈妈在想着你们，关爱着你们，还有七宝实验中学的哥哥姐姐们，还有我们七宝爱心公益在想着你们，在爱着你们，你们同样是幸福的人。美丽的太平湖是人间仙境，你们就是仙境中的仙子。仙子的世界属于天空，我们愿意做你们登天的梯子，陪你们一起寻找登天的感觉——这辈子，做一个有用的人；这辈子，做一个善良的人。希望你们爱读书，善思考，懂得接受和付出！希望你们在这个季节体验属于你们的成长的温度。

最后，把两句诗送给各位老师、同学，来到美丽的黄山，希望各位人生路上“会当凌绝顶，一览众山小”！

后天我们将要回到上海，请记住和我们广阳中心学校的师生能够“海内存知己，天涯若比邻”！

做一个有温度的人

——在2018年爱心助学捐赠仪式上的讲话

“四月江南无矮树，人家都在绿阴中。”首先，我谨代表七宝实验中学的师生和家长朋友，感谢黄山区的领导、老师和同学们，张开温暖的手臂，拥抱我们的到来，让我们感受四月江南，阳光的和煦，人情的温暖。

做一个有温度的人。家长朋友们、七宝实验中学的师生们，我们生活在繁华的都市，过着丰衣足食的日子，只有走进大山，才知道我国地域发展的不平衡，才知道这里许多孩子要走很远的山路才有学上，才知道还有许多人吃不好、穿不好，甚至为大学学费而发愁，才知道这世界上有许多朋友正在等着我们的帮助。一个有温度的人，总是尽自己的能力去帮助他人，他的心胸是宽阔的，他有一颗善于理解的心，学习也罢，工作也罢，总免不了忙忙碌碌。难能可贵的是，即使忙碌，他心里的空间总有一隅留给别人。我很幸运，遇见了你们，你们是一群有温度的人。

做一个有温度的人。黄山区的同学们，感谢你们给予我们机会，让我们来释放我们的善意。如果说伸出援助之手的我们有满满的爱，那么，接收温度的你们更有印进骨子里的善良！因为你们朴实，你们勤奋，你们身在大山深处，浸润的是氤氲洁净的山岚，仰望的是了无纤尘的蓝天。七宝实验中学的同学们感激你们，并且愿意一直牵着你们的手，走向山外那辽远的世界！

做一个有温度的人。在此，我们衷心感谢曾莉副区长、洪虹会长，感谢黄山区红会的各位老师，你们最具有同理心！由于你们热情推动，牵线搭桥，整整三年过去了，我校的“七宝公益”做成了品牌，做成了很具成长意义的开放式课程。我始终相信，在善的主题关爱下成长的孩子，最终将成为一个有温度的人。一个有温度的人，会善待自己，善待他人，善待我们所处的这个世界。就像今天，天是晴的，风是暖的，所有的花儿都为了慈善而开放！

我们为什么热衷于做公益

——在2019年爱心助学捐赠仪式上的讲话

“况属高风晚，山山黄叶飞。”皖南的秋天别具风韵，山美，水美，人美！为了我们此行，黄山区红会的老师辛苦地忙碌了一个月。向你们致敬！还要特别感谢海欣旅行社的王佳俊老师，别人做生意是赚钱，你和我们一样做的是公益！

我们在黄山区做公益，至今已经第五年了。当年我支助的刘同学和陶同学已经顺利毕业于上海财经大学和中国计量大学。那一次，我校师生一共支助了37名贫困大学生。过去五年，我们的公益惠及了数百名寒门学子。

我们为什么热衷于做公益？因为这个世界上，还有许多需要帮助的人。记得我支助的刘同学，我到她家家访的时候，发现她家虽家徒四壁，但整齐清洁，令人想起那句诗：“穷且愈坚，不坠青云之志。”记得我们家访一个七八岁的小女孩，她的父母是重度残疾，家里连饭都是小女孩做。我们走的时候，小女孩抱住我们，跟着我们的车，跑了很远。

我们为什么热衷做公益？因为我们生活的世界太浮躁。日渐膨胀的物欲正在吞噬着我们的良知，我们迫切需要一块干净的土地种植出圣洁的心灵！公益事业的土壤是有机的，是干净的，在这里献出，在这里生长，我们帮助着他人，体验着生命被需要的感觉，领悟到我们生命的价值，收获一颗高尚的心灵！

我们为什么热衷做公益？因为我们是高贵的人类，人类区别于其他一切生物之处在于人类拥有物质和精神两重世界。今天我们来做公益，就是在黄山这样至美的地方，呼吸最新鲜的精神空气，它可以滋润我们的肺，它可以滋养我们的精神，它可以让我们面对物欲横流却坚定一个信念：美妙的人生，最高境界的享受是精神！

我们来做公益，我们会体会到奉献者的快乐！让优秀成为习惯，叫习惯化育人格，用人格主导人生。我们在奉献中会懂得一条真理：一生都要做一个善良的人！因此，你们必须明白：做一个善良的人，它的门槛是未来要能够自食其力！做一个大善的人，它的门槛是未来具有超越自食其力的能力！怎样才能拥有这样的能力呢？只有学习！从现在做起！

我们为什么热衷公益，不事喧哗，只管默默地做？因为我们共处在人类命运的共同体！人，不一定能使自己伟大，但是一定能使自己崇高！我们来做公益，付出的，温暖了他人；收获的，高尚了自己！

第三章

CHAPTER 03

教育的生命在于“盘活”课堂

课堂是学校的标志性生活,也是学校特有的生活,是学生在校的最主要生活。学校教育的基本主张主要通过课堂途径来实现。因此,教育的生命在于"盘活"课堂。

我们的研究认为,课堂教学之于教育的意义有以下几方面:

(1) 教学是传承文化的火炬手。

(2) 教学是少年品质的实习场。

(3) 教学是学习能力的诞生地。

(4) 教学是合作能力的摇篮。

(5) 教学滋养生命的内驱力。

(6) 教学培养社会秩序的初态。

被称为科学教育学之父的德国著名教育家赫尔巴特这样诠释德育与教学的关系:"教学如果没有进行道德教育,只是一种没有目的的手段;道德教育如果没有教学,就是失去了手段的目的。"

人类的成长离不开学习,学习是为了成长;学生的学习离不开成绩,成绩是为了诊断和激励成长。

基于对教育的认知,我们于 2009 年开始进行课堂教学改进的探索。探索经历了两个阶段:

形成阶段:学习"杜郎口教学",学习七宝中学高效课堂改进经验。以提高教学效益为目的,逐步完善"活力课堂""三维度""四要素"。

深化阶段:在逐渐丰富"活力课堂""三维度""四要素"的基础上,进一步认知教学的功能,主张"让教学回归育人本位"。

阅读本章,你可以了解七宝实验中学"活力课堂"的诞生与发展的过程。课堂需要引领却不可以包办;课堂应该具有浓郁的本土色彩,才能为广大教师熟练驾驭,为广大学生深深喜爱;校长应该尽量成为学校所主张的课堂风格的实践者和指导者;所有的课堂是在通过教学的方式,实现促进人的全面发展。

"活力课堂"："教学改进"环境下的新教学策略

一、"活力课堂"研究的背景

从教学的意义看"教学改进"，这是教育者勇于反思，提高教学效率，合理切实减轻学生负担的积极行动；从教师发展的意义看"教学改进"，这是教育顺应时代需要，彰显教师影响力，提升教师专业素养的"自我救赎"；从学生发展的意义看"教学改进"，这是教育主动谋求改变，着眼于"学校教育要为学生一生发展奠基"的划时代的变革。

怎样进行课堂教学改进？在我们的视野中，"洋思教学""杜郎口教学""后茶馆教学"均带给了我们有益的启迪。搜索我们的周边，有七宝中学"高效课堂"的打造以及一些学校的"智慧课堂""愉快教学""幸福课堂"等新基础教育理念影响下的课堂教学。概括起来说，课堂教学改进以转变教学观念——学生立场和学生中心论为前提，以学生自主学习为主要学习方式落实这一理念，并逐渐改变"被动学、辛苦学、厌烦学"的历史事实，以"主动学习、轻松学习、快乐学习"的教育愿景取代以往的"无奈学习"，让20世纪初绽的素质教育蓓蕾，在21世纪开花结果。行在当代，功在千秋！

2009年伊始，七宝实验中学开始了"活力课堂"研究。

二、"活力课堂"研究的路径和基本内涵

原市西实验中学作为七宝实验中学的前身，2009年上半年即开始效仿、学习"杜郎口教学"，学校业务干部分两批前往杜郎口深入课堂学习取经；学校还邀请杜郎口教学专家至本校实地指导，传经送宝。部分教师对于"杜郎口教学"深有感触，学校也致力于打造部分新教学的先行者。

2009年9月，学校更名为七宝实验中学，正式归七宝中学托管。新任校长会同学校其他主要领导、部分业务骨干，用两个月时间深入课堂，循环听课，发现了实际教学中的优点和普遍不足，结合学习七宝中学高效课堂的改进成果以及徐汇区"学期课程统整"的经验，提出了七宝实验中学课程统整方案。

2010 年 3 月，我们组织各年级汇报交流课堂教学改进的成果。当时的初一年级以“量化考核课堂”激发学生学习动机，让全校教师耳目一新！校长曾经在 1985—1991 年用六年时间做过以量化考核课堂，激发学生学习动机的时间研究，已成体系，成果曾经获得认可并在区域内推广，虽然时效性不够强，但是可以推陈出新，为当代借鉴。于是，我们提出了第三个研究维度：量化考核。

至此，“活力课堂”研究已经初现雏形：以“课程统整”解决“学什么”；以“自主学习”解决“怎么学”；以“量化考核”调动学习的热情，激发学习的动力。

我们用四句话概括了“活力课堂”的基本内涵：用统整网罗文化的精髓，教自主唤醒学习的潜能，以评价激发学习的动力，让课堂焕发生命的活力。

三、 解读“活力课堂”

（一）课程统整要素构成

1. 学生发展的适切性

知识与能力是深远广博、无边无际的。但是，只有适切于学生发展需要的知识与能力才是最有效的。这份适合与迫切，固然在教材的编排上有充分体现，然而更重要的，是决定于面前的学生，决定于面前的每一个学生层次、每一位学生个体。

哲学家说：人一生不能两次踏入同一条河流。岸也许不变，但河水在改变。同样，学生生命发展的时光如同奔腾的河水。鉴于此，只有真切关注面前学生发展需要的学习内容才是有效的，才是高效的。新一轮教学改进很重视学生立场，也是充分关注了学生的实际发展需要。

维果茨基的“最近发展区理论”以及我国流传久远的“摘桃子”理论就深刻揭示了充分考虑学生发展适切性的教学必需。

2. 知识能力系统的整体性

一方面，学科内的知识与能力不是相互割裂的，而是有着密切联系的。课程统整就是要求教师充分认识这些联系，把今天的习得作为昨天的延伸，进而让今天的习得成为通往未来知识与能力的桥梁。这样的学习，不仅仅是为了获得的便利，更是为了完善学生知识与能力的体系。

另一方面，人类的知识与能力不是相互割裂的，学科与学科之间的知识与能力也相互联系，他山之石，可以攻玉。宋代陆游就这样开导自己的儿子：“汝果欲学诗,功夫在诗外。"兴许这就是有文字可循的最早的跨学科课程统整理论了。

传统对于老师有这样的要求:给学生一杯水,你自己必须先有一桶水。从课程统整的意义看,这句话还有着长久的生命力。唯一不同的是,现代的教育不是"给学生一勺水",而是要教会学生自行舀水,也即是古人所云:授之以鱼不若授之以渔。

3. 教材与课标

诚然,教材是基本材料。然而,教师可以把教材视作好莱坞导演手中的剧本,把它当作基本依据,而不是纤毫毕现的 GPS 导航。依靠 GPS 设备,也许不费心思就可以到达下一站,然而人生之路的变化远远多于自然之路,照本宣科的教学行为从长远看是低效的,甚至是无效的。

教材是基本依据,在我们的具体实践中,不同版本的教材相互之间有重要的借鉴意义:其同者,因为共同认知而凸显出重要性;其不同者,恰好呈现专家之间认知的差异,于我们的课程统整有很好的启迪。

课程标准是要关注的,因为它标识着教学的最基本方向;对于较高年级,适度关注考纲进行教学也是必须的,因为考试的存在,考分自然是教学最显赫的标尺之一。

课程统整主要以备课组集体备课、备课组之间相互作用与传承显现;课程统整还要求各备课组建设综合教学资源库,汇总成为学科资源库。课程统整落到实处,主要依靠的是教师具备的统整意识,意识所到,无孔不入,如春风之于花开,如水润之于土地。

(二) 自主学习基本模式

模式,亦称范式。对于模式,大家褒贬不一。我们之所以沿用模式,是因为对于"活力课堂"的探索尚处于初级阶段。就初级阶段而言,有一个可参照的靶子是必须的。

1. 学案——教师引导下的学生课前自主学习

(1) 愿景。

通过学案的编写和实施,使教师的角色真正得到转化,把课堂学习的主动权交给学生,实现教师的指导、启发、提示、点拨的功能,而学生根据学案有目的、有方法地进行自主学习与合作学习,学生成为学习的真正主体,从而从教与学两方面真正实现"先学后教"。

（2）内涵与效能。

比之于传统教案，学案突出的是学什么、怎么学，使学生在学习中不仅知其然，而且知其所以然。学案是课程统整基础上的发展，它站在学生的角度设计出自学提纲式的学习内容，并给学生提供操作方法，引导学生循着老师所指的路线一步一步独立地进行学习。这一点宛如孩子学步，一方面需要教师的导航以减少学生的"跌跤"，一方面又放手有计划地让学生"跌跤"，通过有安全限制的"跌跤"，悟出方法，汇集经验。

（3）设计原则。

目标性原则。学案设计要非常明确本堂课学生所要达成的具体学习目标。依据有两个——新课标和学生实际，两者不一致时，以后者为主。

问题性原则。要通过设计，将知识点转变为探索性的问题点，通过对知识点的设疑（以问题形式设计成题组）、质疑、释疑、启发，来培养学生的能力品质和创新素质。在此基础上，进一步培养学生的问题意识和解决问题的能力。

梯度性原则。问题的设置要尽可能考虑到学生的认识水平和理解能力，也就是要关注学生的实际知识接受能力和知识储备情况，由浅入深，小台阶、低梯度，让大多数学生"跳一跳能够摘到桃子"，体验到成功的喜悦。尤其是面对普通公立初中的学生，问题不宜过难。

（4）呈现形式。

学案的设计有很多的呈现形式，可以采取口述、板书、印刷、多媒体投影、网络等形式下达给学生。其中，口述、板书和印刷三种形式是最实用、最方便的。

最近，我们又提出了新的主张，即以学案的方式促进学生自主学习能力的发展，逐渐放弃有形的学案，让学生形成自主课前学习的习惯和能力。

2. 把课堂还给学生

（1）小组合作学习，交流课前学习成果。通过展示、争鸣、教师点拨，小组总结出共同学习成果。

（2）在班级内展示小组学习成果。通过学生代表陈述、讲析、互问互答，全班甄别出最优秀的学习成果。

（3）以自主学习、小组合作学习为主要学习方式组织学习全过程。教师以任务驱动模式推动宏观学习过程；学生以思考问题、交流、产生问题、质疑问题等方式夯实学习过程。

(4) 臻于完美的“活力课堂”学习活动中，学生不仅仅是问题的解决者，而且是问题的提出者，这样的学习才能真正培养学生的学习能力和探究能力。在这里，教师的表现空间越小，越发彰显出“活力课堂”的价值。换言之，让教学艺术在狭小而短暂的时空舞蹈，对于教师是一个新的挑战。

(5) 理想的“活力课堂”效率：今天学得充实，同时兼顾明天。所谓学好今天的内容，放眼未来的发展，阐述的就是这一道理。

(三) 对于课堂的量化考核

(1) 为什么要进行量化考核？

不应该把量化考核看成对“数据化管理”的跟风，因为量化本身不是目的，目的是以量化的方式激发学生的学习热情，从而形成恒定的学习动机，渐渐使学习内化为少年的需要。

企业管理借鉴了教育考核——分数。至今，会员量化积分等形式均在企业管理，特别是企业营销中起到不可替代的作用。而我们的教学实践证明，让量化管理再次回归教育，其激励作用不可小觑。“今天，你敲章了吗？”成为学校时下的流行句子。

(2) 怎样进行量化考核？

“活力课堂”以小组合作学习形式组织教学，教师视学生学习表现给予小组加分，加分以敲章形式记录，每月统计章数总和。

为保障公正公平，由教务处额定每班每节课一位教师可敲章数量(没敲完的章可在一个月内保留，多加无效，过期作废)，以保持学科平衡和班级平衡，不分年级高低和学科差异。

为促进学生全面发展，对于不同水平层次的学生，可以有不同敲章标准。优秀的学生得章的门槛高，反之，可以适度降低得章门槛，由教师自行控制。

(3) 量化管理之“后评价”。

单一性的敲章比较容易使学生产生审美疲劳，怎样保持学生对于敲章恒久的热情呢？我们创造性地开发了“后评价”系统：

每学期评选“‘活力课堂’示范班”，作为师生共同享有的校级荣誉。

小组敲章总和分配至组员，得章数与“‘活力课堂’积极分子”“优秀学习小组长”评比挂钩,得此荣誉的学生可参加学校部分出资的暑期优秀学生夏令营;个人得章数与各级“三好生”等综合荣誉紧密联系。每学期举行专门表彰大会。

设立“活力课堂”超市,学习小组凭验证后的得章总数可在每月一期的“活力课堂”超市换取文具、玩具等奖品。

四、 后记

进行“活力课堂”探索四年来,所有数据表明:一所曾经处于低谷的学校正在发生改变。学生不厌学了——近期的一项权威调查中,学生对于学校的“非常满意”率达到97%,“比较满意”率为3%;对学生课业负担调查的数据是:“还可以”占63%,“比较轻”占37%。事实如此,“活力课堂”可谓功不可没。

虽然学校存在学困生,但已连续两年无一例特殊问题学生,这也从一个角度证明了“活力课堂”的积极意义。此外,学生们纷纷在区域多个比赛场合崭露头角。以2012年上海市中学生古诗文大赛为例,决赛中,我校学生1人获一等奖,1人获二等奖,3人获三等奖,总得分跻身前十(第8名),第一次与“豪门”民办学校分享成长的高度。其他各级各类竞赛也屡有斩获,如武术比赛、铜管乐比赛、影视摄影拓展比赛等,诗文化建设已渐成特色。我们把收获这些成绩的主要功劳记在“活力课堂”的名下。在最近一次全区统一文化课测试中,我校的综合成绩有了质的飞跃,各年级、各学科均接近或进入全区前三分之一水平。

“活力课堂”的正能量还可以从教师发展方面得到证明。在2009年闵教院教学专家对我校的课堂教学评估中,优秀课数为0;良好课2节,占1.5%;其余均是“中”“差”。2013年再次评估时,优秀课7节,占24%;良好课13节,占45%;无差课。两年前,区骨干教师、论坛教师、希望之星人数为0;现在,分别为3、2、1。也许,相对于任何一所成熟学校,这些数据都并不醒目,然而,相较于我们的基础,这堪称沧海桑田的巨变了。尤其重要的是,教师已经普遍地乐于对职业艺术的追求!

在“活力课堂”等支柱的支撑下,七宝实验中学于2013年正式开始了闵行区首批新优质学校的创建。

(本文曾公开发表于《基础教育参考》)

评课——课堂教学系列研讨活动的悠长回音

一场精彩的音乐会上，站在舞台中央的人数是极其有限的，表演的时间也是有限的，而那美的旋律、美的情愫却往往氤氲在绕梁的余音里，令人三赞三叹，如痴如醉。用这样的场景来比拟我们的课堂教学系列研讨活动，倒是十分形象，恰如其分。评课，犹如悠长的回音，彰显出课堂教学系列活动的显著效应。

一、 评课的意义

客观、公正、科学的评价对探索课堂教学规律、提高教师的教学水平和学生的学习质量有着十分重要的意义。

(一) 评课是执教老师发展的风向标

所谓“横看成岭侧成峰，远近高低各不同”，本着促进教师发展目的的评课，是发表评议的教师对研讨课的基本看法、价值取舍，还包含着对执教老师发展的预判和期待。

评课案例 1（二等奖　评课人：周明军；执教老师：周小群）

“Jobs people do”这一课的教学中，周小群老师以诗歌引入，后又通过头脑风暴的形式教授生词，又通过游戏、同桌对话、小组讨论的形式进行语言的运用操练，可以说教学活动的形式非常丰富，而且从整个教学过程来看，整个教学内容和教学形式都是由浅入深、层层递进的，很有层次感。教学中，她也能恰到好处地纠正学生的表达错误。应该说，这节课是实现了本课所设的三维教学目标的。美中不足的是，在师生互动交流时，周老师较多关注了离她较近的前几排同学，而忽视了后排的同学的反馈；最后的讨论似乎还不够充分，讨论的时间和讨论的深度还把握得不准，给人以匆匆走过场的感觉，好像有点为讨论而讨论的味道。能否把前面部分的活动减少些或时间上抓紧些，留出足够的时间给大家小组讨论以及最后让更多的同学能充分地反馈他们的想法？另外，在利用投影仪上课时，教室里可能会光线太暗，老师也应注意在不用投影仪上课的时候安排固定的同学拉开窗帘，使教室里明亮些。

案例主要信息：①点的肯定——诗歌引入，以“头脑风暴”形式教授生词，以游戏对话、小组讨论的形式进行语言操练，等等。②面的肯定——“教学内容和教学形式都是由浅入深、层层递进的，很有层次感”。③问题所在：第一，“在师生互动交流时，周老师较多关注了离她较近的前几排同学，而忽视了后排的同学的反馈”——从大处看，有违教育公平的原则，尽管老师是无意而为之，但这也恰恰说明老师公平意识的欠缺；第二，“讨论的时间和讨论的深度还把握得不准，给人以匆匆走过场的感觉，好像有点为讨论而讨论的味道”——时间安排与深度把握直接关系到教学的有效性；第三，“利用投影仪”的问题，看似是小问题，却恰恰关系到教师对于学生人文关怀的思想和习惯的养成，小事不小，细节往往决定成败。

细品之下，言辞恳切的点评犹如长者的鼓励与忠告。执教老师本着谦虚的态度，认真听取评课意见，去伪存真，整合吸取，必将潜移默化地提高自己的教学水平，并且在更新自我的教学观、学生观等方面产生积极的影响。

（二）评课是评课老师自整“衣冠”的明镜

“以人为镜，可以明得失。”这是古训，评课也正是如此。静止地看，评课者评课的过程也是自己在听课的基础上吸纳、调整、再造教学的过程，其中的习得显而易见；动态地看，评课者又以旁观者的姿态冷静地分析执教老师的得失，进而自觉地联系自我，反省自我的教学行为，其“镜”的功能在不同的人、不同的程度上显现出来。

评课案例2（三等奖　评课人：汤莹琪；执教老师：朱春燕）

该课在“二期课改”中属于拓展内容，选择这节内容授课表明了教师的一种责任意识，即不因为要考什么才来教什么。一元二次方程根与系数的关系是非常重要的定理，在解决与二次方程有关的问题中有积极的应用。因此，如何引导学生探究二次方程根与系数的关系、总结出一般规律是这节课的重点。任教老师采用列表格的方式让学生有目的地进行研究，有助于学生在单位时间里尽快地发现并了解规律。在教学中老师设置了两类方程，一种是二次项系数为1的方程，一种是二次项系数不为1的方程，符合学生的认知规律——从特殊到一般，也有助于学生观察、分析、提炼根与系数关系的规律。在教学方法及教学目的的体现上，这是一堂好课。如果能在数学史的介绍上郑重其事，而不是随便找一个学生读现有的简介，那么学生对于韦达本人在数学史上的地位及贡献会了解得更多，也会更感兴趣。

案例主要信息：①评课者对课程内容的价值判断——"一元二次方程根与系数的关系是非常重要的定理，在解决与二次方程有关的问题中有积极的应用"。②评课者对教学重点的判断——"引导学生探究二次方程根与系数的关系，总结出一般规律是这节课的重点"。③评课者对于执教老师的肯定——"在教学方法及教学目的的体现上，这是一堂好课"。④评课者对再造教学的具体建议——"在数学史的介绍上郑重其事……学生……会更感兴趣"。

评课案例3(节选)(优秀奖　评课人：姚国昕；执教老师：葛颖倩)

葛老师的《气压》一课让我获益匪浅。……比如葛老师由气压的存在启发学生思考气压在生活中的应用，可谓是由此到彼，举一反三。深入不易，浅出更难。由此我想，在我的语文教学中，尤其是让学生头疼的鲁迅的文章、一些深奥的文言文等也要在"深入浅出"上下功夫。

评课老师是一名语文老师，在听过葛颖倩老师执教的一堂生命科学课后，能够自觉联系到自己所执教的学科内容，足显评课的过程即是援引他山之石，自我更新、提高的过程。

(三) 评课是教师生活中一道亮丽的风景

把工作作为生活的重要组成部分，在工作中获得快乐的人，是最幸福的一群人。就传统意义而言，教师的工作带有浓重的个体劳动的色彩，而评课的环节，便是在教师个体教学圈之间画上一道一道的连线，使教师的工作不再桎梏于个体，共同从事研究，营造出良好的生活氛围，彼此关爱，共同提高，为教师生活增添一道亮丽的风景。一句由衷的赞美，将激发出听评者几分创造、进取的热情；一个意味深长的提醒，将使听评者规避可能陷入的迷宫。这交流的快乐，在一些点评中还有直接体现。

评课案例4(节选)(一等奖　评课人：韩波；执教老师：章臻)

看了章臻老师开课的题目——发生在地平线上的故事，我的心中就有了一个问号。记忆中，美术课的教学用书好像没有像其他基础型课程学科教学用书那样有着相对严密的逻辑体系，虽然"二期课改"中一些学科教材在编写时提出不必过多考虑教学内容呈现的严密逻辑。课后我与章臻老师进行了交流，了解到目前的美术教学用书确实也没有像语、数、外等学科一样有着逻辑性相对严密的知识体系。这里就引出一个问题，即教师对教学内容的理解和处理。……

本次的评课老师是一位体育老师。学科的迥异,决定了教师生活在不同的轨道上运行。而以课为媒,教师之间增加了交流的机会,思想与思想在交流中碰撞出火花,释放出工作的快乐。

评课案例5(节选自周晔老师的教后反思)

本次研讨课是一个很好的提高自身教学能力的机会,虽然课已经上完了,教学反思也及时记录了,可是我总觉得还有一些东西在心里涌动,那就是信息科技教研组的姐妹们带给我的感动。

一周前,我就将教学设计初稿拿了出来,首先在初一备课组内和周纯老师进行了交流。"只有设计出符合课程标准和学情的正确的教学目标,我们才能将一节课上好。"——在她的经验引导下,我画去了教学目标中不合理的部分,并对教学实施和课堂小结部分进行了比较大的改动。第二稿的教学设计出来以后,我在组里进行了说课,大家在仔细阅读了教学设计之后给了我非常多有价值的参考意见……

周三下午,我进行了一次试讲。大家又中肯地提出自己的完善意见,给了我很大的启示。回家后我认真地修改我的教学设计和课件,累并快乐着……

今天上午第三节课,我终于根据预设完成了展示的任务。回到办公室,周纯老师组织全组的任课老师对我的表现进行了及时的研讨,不仅帮助我进行教学反思,也针对信息科技学科的特点,以我这节课为抓手和大家探讨了课堂关键问题和提高课堂有效性的措施等。

听着大家的肯定,聊着课堂上有价值的资源,展望着教研组的发展,我不禁有些陶醉。置身在这样一个和谐、团结、上进的团队里是一种幸福。我们是一支团队,我们从来都是并肩作战,我们坚信:"我们能做得更好!"

有这么一句话:"工作着是美丽的。"系列教学研讨活动进一步论证了这一命题:有着合作的工作尤其美丽。

二、 评课的艺术

以上阐述的是评课的意义。而在实际工作中,评课的意义要得以有效地体现，决定于评课者评课的艺术。

(一) 客观、公正评价是体现评课效率的可靠保障

实事求是地说，绝对的客观公正是不存在的，但是，作为评课者，评课的态度应该本着客观公正的原则，本着教学实际，一分为二地看成绩与缺点。这一点，在这次评课活动中得到了很好的体现。

评课案例6(优秀奖　评课人：时俊；执教老师：徐昊)

徐昊老师的课曾经给我的感觉是富有激情和活力，然而这次却少了些课堂场面上的热闹。我发现我们的徐老师开始更细致地关注学生，在“教师板演的示范”“图形变式防止学生思维惯性”“问题层进促进学生的深层次研究”等众多学生思维活动与参与的内容上下了功夫，这样的课堂活跃是我们共同努力的方向。不过在课堂教学中，还是有几个问题值得商榷：对“问题的解”是否符合实际的检验究竟应当在什么时机进行？对长方形的长与宽的理解，在设句中应该如何表示？在实物投影和课件制作上是否还能做得更好些，提高课堂效率和效益？

评课言简意赅，先谈教学的优点，再说教学中可能存在的问题。对于优点不吝赞美，对于缺点也绝不回避，客观公正的评价态度是提高评课效率的可靠保障。

(二) 科学的评价体系是评课的生命线

具备科学性的评价能体现评课的价值。一般地说，科学的评课，内容有如下几个方面：

1. 评教学思想

课堂教学是教师教学思想、教学态度、教学能力和教学艺术的综合体现，而教学思想是否正确又是最为关键的。

2. 评教材处理

教材只为教师提供一个教学的平台。处理知识的传授与学习，要充分地理解编者的意图，以自己独特的见解来处理教材。具体体现：①教学目的的确定是否明确、全面，有针对性、导向性；②教学重点是否把握准确，教学过程是否做到突出重点；③难点是否把握准确，教学过程中难点是否得到突破；④教材的组织、知识点的处理是否精心。

3. 评教法选择

具体体现：①培养自学能力（自主学习）；②培养创新精神（张扬个性）；③感悟与体验知识和能力的形成；④积极参与学习（合作探究）。

4. 评学法指导

具体体现在是否培养了学生良好的学习习惯、良好的学习方法、良好的心理状态。

5. 评能力培养

具体体现：①课上学生的能力得到了哪些提高，是否具有系统性；②能否结合新的知识点帮助学生构建新的知识体系；③教师是否在教学过程中结合知识点有意识地培养学生的创新能力，尤其是对思维能力的训练。

6. 评师生关系

具体体现在主导地位和主体地位的和谐统一。

7. 评教师教学情感的投入

8. 评辅助手段的科学性和实效性

评课案例 7（一等奖　评课人：沈祎；执教老师：缪娴）

我作为同一备课组的教师，和其他伙伴一起反复听同一堂课，对缪娴老师的这堂公开课可以说是深有感触。重复或许会给观者带来审美疲劳，但每一堂课其实都让我们感受到一些不一样的东西。这些或是细微的渐变，或是颠覆性的推倒重来，都体现了作为教师对自身教学工作的执着和热情。这一点是难能可贵的。

从最后的成效来看，教师能很好地落实单元训练目标，抓住情景交融的特点，感受理解“我”对滹沱河的情感变化（失望、悲伤→害怕、敬畏→崇敬、热爱），并从中获得启迪，注重品词品句，力求将语言文字品读训练与情感教育、思想教育融于一体。

本文是一篇叙事写景的散文，在叙述与描写的过程中，作者将“河”与“人”紧密联系，将“景”与“情”有机结合，展现了大自然无常的变幻和震撼人心的力量，抒发了对自然伟力和家乡的崇敬、怀念之情。然而文章所展现的北方大河所特有的磅礴气势是生活在城市中的现代中学生难以想象的，他们缺少这样的生活体验。所以，缪娴老师在课堂教学中非常注重立足于文本本身，引导学生通过多种形式的朗读品味词句，从而感受这一种别样的风情，进而理解作者的情感。课堂上琅琅书声时时响起，朗读形式多样，不流于表面，与文章文本把握和情感体验很好地结合了起来。

情景交融是这篇散文最大的特点，缪娴老师在教学环节设计上环环相扣，重点难点鲜明突出，教学思路非常清晰。她充分调动学生参与的积极和热情，引导学生把握“我”情感变化的过程，落实学生对关键词句的理解，帮助学生更好地走进文本，走进作者的心灵，教学效果良好。教师在课堂教学方面着重抓住“我”对滹沱河的情感变化展开教学。在教材把握方面，结合提问“‘我’和滹沱河究竟相似在什么地方?”展开讨论，进而把文章的主题升华到“一方水土养一方人”。提问和板书的结合较好。如果能把“九宫格”式的板书设计得再简练一些，放弃琐碎的细节罗列，突出情感线索，重点会更突出。此外，结合作者的生平经历继续挖掘，真正触及本文与单元主题的联系方面，似乎由于课堂容量关系，未能深入，留有些许遗憾。

教学实践证明了：学习课文不能就事论事，要教会学生走进作者的心灵，才能更好地读懂、读透课文，把握作者的思想情感。

准确地把握评课的内容，在获奖评课中都得到了良好的体现，尤其是在沈祎评缪娴、周纯评周晔、韩波评章臻的一等奖评课中，体现得尤为集中。

当然，评课要有重点。以上所述评课内容并非在一次评课中都必须出现，有所侧重才能突出重点。

（三）时代呼唤评课中心的转移

以学生为主体自然不应该只停留在教师的“教”上，因此，评课者必须密切关注学生“学”的状态。

评课案例8(节选)(优秀奖　评课人：李蓉；执教老师：韩杨杨)

建议：首先，在教案的书写方面有些专业术语表述还要更准确一些，关注学生的不同学习层次并提供更多有效的学练手段；其次，对课堂上学生的学习状况要有更准确的判断，及时捕捉学生练习中发生的共性或个体问题，并能准确地解释动作原理及发生错误的原因，也就是对课堂生成问题或资源的准确把握，这是提高课堂有效性的关键。

评课案例9（节选）（三等奖　评课人：袁艳萍；执教老师：韦华）

……介绍方式不重复，整节课都让同学们沉浸在体验式学习中。举例一：……同学们都发出了感叹："我们需要多大的书包来装课本啊，幸亏蔡伦发明了造纸技术！"举例二：……这位同学一边给大家展示照片，一边给大家介绍她的造纸过程，最后她拿出自己造的一张小小纸说："造张纸可真不容易啊！"举例三：……韦老师说有人推算出祖冲之在算了12 000多个正多边形后才能得出这个结论。体验是人类的一种心理感受，体验式学习不仅对学生的感性认识有帮助，而且在发展学生的情感、价值观方面有独特的作用。韦华老师引导学生进行体验式学习，对我启发很大，我认为这是本节课最大的亮点。

评课案例10（节选）（二等奖　评课人：王克一；执教老师：任欢菁）

本堂课有以下两个突出的亮点。一是情景创设适切。……任老师将小灯的亮暗变化与电流的变化联系起来，使学生印象深刻，丰富了学生的感性知识，从而引出问题：通过小灯的电流与哪些因素有关？层层递进教学给人以流畅、自然的感觉。二是教学方法特别适合学生的年龄特点。……最值得欣赏的是请学生根据测量数据在投影片上和学案中画出相应的图像……非常直观、方便，突破了很多教师认为最难突破的教学难点。她注重对学生进行一些科学方法教育，充分体现了"以学生发展为本"的理念……

(四) 评课的艺术又是语言的艺术

评课是对话，评课者的语言决定了评价的可被接收性，这一点毋庸置疑。

1. 评价语言要简洁

评课案例11（优秀奖　评课人：柏彬；执教老师：柴华）

柴老师的课有几个亮点，让我印象深刻：①将学生喜欢的流行歌曲融入音乐课堂，贴近学生喜好，走进学生心里；②引导学生欣赏品味流行歌曲，用学生喜闻乐见的形式教育学生树立正确的人生观和价值观；③展现了音乐独特的魅力和育人功能。这堂课给我的启示是：①教师首先要了解学生的需要和喜好，才能更好地因势利导，引导学生；②音乐课有其他学科不可替代的重要的育人功能，对于学生审美艺术品位的熏陶乃至对其一生人文情怀的培养意义深远，教师应该努力把每堂课上好，正如这堂课中的柴老师一样。

案例条理清晰，语言简洁，表意直白，给听评者以"诚实"的心理暗示，有益于执教老师接受评价。

2. 不要文饰，但不拒绝委婉

考虑到听评人的心理特点和年龄阶段等因素，评课的语言可以委婉一些，特别是对于问题的呈现，委婉的语言更易于为听评人所接受。

评课案例12（节选）（三等奖　评课人：綦荆；执教老师：姚国昕）

> 在"感悟课文"这一教学环节中，姚老师组织学生结合生活，总结交流学习本文后的感受与收获，做到有的放矢，培养学生自主合作的学习能力。若能对"你是否也曾有过与小作者类似的举动呢？"这一问题作进一步的拓展，引导学生模仿课文将自己童年的幼稚举动写成片段，相互进行交流，一方面能达到读写结合的效果，另一方面也可以避免剩余时间里的尴尬……

评课老师以商榷的口气，娓娓道来，着实体现出评课艺术。

评课的艺术除了以上四大点，还值得提及的是：评课要本着发展教师的原则，期望价值要吻合教师的最近发展区，切忌不切合该教师实际的过高要求或者过低要求；评课要尊重教师的教学思路——教学有法，教无定法，因势利导的评课才能彰显评课的价值；评课者要对教学基本内容以及学科体系有先行的了解，以避免评课时无的放矢。

精彩的演奏往往留下悠长的回音。评课便是公开研讨课的回音，这回音，扩大了公开研讨课的影响力，使提高课堂教学有效性的系列研讨活动也尤其有效。

（该文曾获上海市闵行区教育科研一等奖）

初中探究性课程评价的初步探索

第一部分：问题的提出

从国际国内范围看，在中学开展研究性（探究性）学习已经成为共识。我国大致于20世纪90年代中后期正式在中学启动探究性学习。开展探究性学习初期，发展比较迅速。到21世纪初，多种迹象表明探究性学习遭遇困顿，如学生进行探究性学习的热情下降，探究性学习的内容和理论发展迟缓，等等。大量研究者认为，造成这一现象主要是因为探究性学习与中考、高考没有直接相关，从而导致学校和学生对于探究性学习的冷漠。我们研究认为，探究性课程评价的滞后是影响探究性学习发展的重要原因。

已有的探究性课程的评价研究还处于起步阶段，其主要表现是：①目前的评价大多散见于对于探究性学习的整体研究之中，鲜有将探究性学习评价作为相对独立的研究的；②目前对于探究性学习的评价研究大多散见于学科探究性学习中，缺少规律性的整合；③现有的初中探究性学习评价严重模糊了不同学段的学生差异，或是一种评价制度沿用三年，或是随意施行，各自为政，互不关联；④目前的探索还过多地局限在对于学生参与态度的评价层面上，评价不能较为准确地反映学生探究性学习的能力发展水平，难以评价其作为新兴的教育载体对于培养学生全面发展的促进作用，评价在某些局部几乎演变成“点名簿”或“班志”；⑤目前尚未形成理论结合实际的操作性强的权威性评价体系。

我们在过去重视评价学生探究性学习态度的基础上，逐渐重视评价学生的探究性学习的能力发展，重视评价探究性学习作为新兴的教育载体在培养学生全面发展过程中的作用和意义。评价重视学生学段差异和联系，开发出从中学预备年级到初二年级的探究性学习的评价系统，使评价制度适应探究性学习发展的需要，从而推动探究性学习走出“普及性”阶段，穿越“巩固”阶段，向更成熟、更科学的方向发展，以新课程的全新生命力对于“二期课改”产生积极影响。

该选题已经被正式批准立项为闵行区重点教育研究课题。

第二部分:课题研究的原则

一、 以教学工作实践支撑课题研究的原则

我们主张教学实践与课题研究同步,坚持在做中学。从课题组研究人员安排看,学校探究性课程领导小组的组长(即校长)、常务副组长(即教科研室主任)以及分管各年级的副组长成为本次研究的骨干力量。组长负责宏观调控,常务组长负责理论攻坚,各年级分管副组长负责带领年级任课教师执行子课题研究。从研究的内容和流程看,各子课题组先行在总结已有经验的基础上,进一步理论务虚,初步建立可以运用于教学实践的评价制度,并且运用于实际教学工作。这样的研究较好地统一了理论和实践,有效地避免了理论与实践的剥离,可以保证实践的合理性和理论研究的正确性以及可操作性,同时,在人力资源的整合上也是合理和有效度的,也在一定的程度上避免了给师生增添教与学的负担。

二、 在实践中检验,在修改中完善的原则

理论要在实践中检验。与课题研究同步的教学实践为我们检验评价的正确与否提供了快捷有效的渠道。我们探索的原则是:将初步建立的评价运用于实践,指导实践并且在实践中不断完善。概括起来,我们将在几个维度上检验:①评价是否具备可操作性?②评价是否有利于调动学生的学习兴趣?③评价是否有利于学习过程的进行和学习环节之间的衔接?④评价对于评价的课题是否公平?⑤评价是否关注全部的评价客体?⑥实施的评价制度与评价目标的达成;⑦评价在促进学生养成、形成、提高的过程中的有效性。主要检验手段是多种形式的学生信息反馈、与历史的纵向比较,以及与外围学校的横向比较。

三、 尊重学习主体感受的原则

学生是探究性学习的主体,探究性学习评价研究的目的是促进主体的自主发展。因此,研究要着力关注学习主体与评价制度之间和谐的关系。一方面,两者之间是否和谐,我们可以从上述的检验中发现,一方面要扩大师与生、教与学之间的交流,从学生中获得更多的一手信息,以使主体领悟评价的意义,从而自

觉地接受评价，自觉地顺从评价的需要主动发展。

第三部分：分年级评价制度细略

一、 中学预备年级评价

（一）概论

中学预备年级学生的认知特点和学习能力决定了评价的方式、评价的内容以及评价的目的。我们认为：①评价方式倾向于直观性、即时性，以此吻合低年级学生注意力不持久、注重感性忽略理性的特点；②评价内容重视学生的参与态度、合作精神、有始有终地参与学习活动的能力以及主动发挥的意识，这样设计的依据是尊重主体已有的小学评价的定式，在新的集体中巩固原有的认知，逐渐养成新的环境中的学习兴趣和学习规范；③评价的目的即促进学生养成浓厚的学习兴趣和良好的学习习惯。

（二）评价主体

采用多元主体评价，即学生评价和教师评价。重视学生评价，以学生较大程度的参与激发学生学习热情，为建立评价（即制度）与评价客体（即学生）的和谐关系奠基，其意义是长远的，中学预备年级学生的品质特点决定其比较关注客观情况而少有其他干扰，可以为措施实行提供便利。侧重过程评价以及重视学生评价关注了探究性学习的特点，这两点对于传统的学科评价是突破。

（三）评价方式

1. 学生评价

（1）学生自评。

单元一得：学生根据教师的要求，在单元学习结束之后撰写单元一得（100～200 字，内容与单元学习相关，可以是能力发展、情感建立、兴趣养成等多方面的收获概述），并自行打分。自我评价为优秀记 4 分，良好记 3 分，及格记 2 分，尚待努力记 1 分。学期内该项总得分的平均值即为该项最终得分，记作 N_3。

学期回顾：学生根据教师的要求，在学期学习结束时撰写学期回顾（200～300 字，内容与学期学习相关，以学习兴趣、习惯养成、完成情况、主体发挥情况、与小组成员合作等因素为自评内容），并自行打分。自我评价优秀记 4 分，良好记 3 分，及格记 2 分，尚待努力记 1 分。该项得分记作 N_4。

（2）小组互评。

每学期两次小组互评。小组充分考虑成员参与率、完成率、合作态度、个性化能力展现等因素，对学生进行打分。具体统计可以运用表 7。

表 7　中学预备年级小组互评量表

被评价者姓名	参与情况（满分 2 分）	完成率（满分 2 分）	合作态度（满分 2 分）	个性化能力展现（满分 2 分）	总计得分 M_3/M_4	被评价人签名
组别：　小组长签名：			完成互评时间：　　年　月　日			

注：该表在期中、期末分别使用一次。期中得分记作 M_3，期末得分记作 M_4。

（3）班级审核。

组成班级“互评审核委员会”，由科代表担任主任（或者选举产生），另有班干代表 1 人、队干代表 1 人、普通同学 2 人，为了操作便捷，一般不超过 5 人。委员会在主任领导下开展工作：①审核个人自评得分，有权对自评过高或者过低的分数进行调整，审定的 N_3 记作 N_1；审定的 N_4 记作 N_2；②审核各小组两次互评得分，保留合理得分，根据实际修改小组不合理的互评得分，修改时要充分了解实际情况，修正客观失误与主观失误，统一各组评价尺度。经审核的 M_3 记作 M_1；经审核的 M_4 记作 M_2。

学生评价的最终得分 $H = N_1 + N_2 + M_1 + M_2$。

依据统计需要，计算出该生得分占其小组成员总得分的百分比 $P = H \div$ 小组成员 H 值的总和 $\times 100\%$。

2. 教师评价

教师的评价集中表现在过程性评价。在评价体系中，教师应体现关注学生学习和发展的过程；真实、有效地记录表明学生发展过程的资料，并通过一定的评价表格或一定的形式及时将这些资料反馈给学生，使学生了解自己的成长与发展；应不断对学生的表现进行纵向比较，或与一定的评价标准相比较，使学生明确努力的方向并对学生提出具体的改进建议。

中学预备年级的探究性学习较多是以小组为单位进行的，因此，教师评价从评价对象上区分为“小组评价”和“个体评价”。其中，“小组评价”为对于小组整体学习情况的评价，“个体评价”是对于学生个人在学习活动中优异表现的评价记录。

（1）小组评价。

小组评价由三个部分构成：课堂评价、户外活动评价、小组成果评价。

针对低年级学生兴趣和接受信息特点，对于小组学习，教师评价均以“★”数表示。具体统计可以运用表8、表9、表10。

表8　中学预备年级课堂评价量表

小组名称			上课时间	年　月　日	
分　类	就位迅速 1～5“★”	合作 1～5“★”	倾听 1～4“★”	创造 1～3“★”	总计得 “★”
得　分					

注：整个学期课堂评价得“★”总和记作 X_1。

表9　中学预备年级户外活动评价量表

小组名称		活动地点		活动主题		年　月　日
分　类	文明与安全 1～5“★”	全员参与 1～5“★”	分工合作 1～3“★”	学习态度与学习 效果 1～4“★”	总计得 “★”	
得　分						

注：整个学期户外活动评价得“★”总和记作 X_2。

表10　中学预备年级小组成果评价量表

小组名称		成果名称		展示时间		年　月　日
分　类	如期完成 1～5“★”	分工明确 1～5“★”	研究规范 1～3“★”	研究特色 1～3“★”	总计得“★”	
得　分						

注：整个学期小组成果评价得“★”总和记作 X_3。

整个学期该小组“小组得分”$X = X_1 + X_2 + X_3$。

（2）个体评价。

“个体评价”即相对于“小组评价”而言的评价。初中探究性学习关注集体学习，也不忽视个体的发挥，在学习过程中，教师主要依据四类因素（认真的态度、真诚的合作、有责任感、创造性发挥）表扬学生，并将表扬演绎成“★”的积累，一般一次表扬记一个“★”。

整个学期该学生“个体评价”得“★”总和记作 Y。

整个学期学生总得分以“★”表示，记作 Q，$Q = P \times X + Y$。

教师根据学生得分，从高分到低分取，按 30％为优；30％为良；30％为合格；10％为尚待努力。该成绩为载入学籍档案的最终成绩。

辅助评价：教师根据学生学习过程资料，在学生成长记录册上写上“教师寄语”。探究性学习小组根据学生学习过程资料，在学生成长记录册上写上“同学寄语”。

二、 初一年级评价

（一）概论

学生经过一年的学习，已经初步培养了学习兴趣，教育的重点应该由培养兴趣转向形成兴趣，从培养规范转向形成规范，并且逐渐关注对学生的探究性学习能力的培养。这一变化，决定了初一年级探究性学习评价的变化。我们认为这主要体现在如下几个方面：①以记分制取代记“★”制；②评价内容在继续关注学生的参与态度、学生的合作精神、有始有终地参与学习活动的能力的同时逐步关注学生持之以恒的学习态度和较好的规范以及主动发挥的意识；③评价的目的即通过评价学生持久的学习兴趣和良好的学习规范的养成，达到促进学生主动探究、主动提高探究性学习能力的目的。

（二）评价主体

采用多元主体评价，即学生评价和教师评价。通过“激励”与“竞争”，努力寻找闪光点，正确公正地评价学生；积极创造条件，使学生在小组间树立竞争意识，学会竞争，尽力把学生的学习动机激发到最佳水平。初一的孩子敢想、敢说、敢做，只要有了明确的活动评价，让孩子们处于相互督促、相互合作竞争的环境中，就能较好地发展他们的自身能力了。以建立评价(即制度)与评价客体(即学生)的和谐关系奠基,其意义是长远的,初一学生的品质特点决定其比较关注客观情况而少有其他干扰,可以为措施提供便利。侧重过程评价。

(三)评价方式

1. 学生评价

(1)学生自评。

学生自评结果由“单元一得”“学期论文”两方面构成。

单元一得:学生根据教师的要求,在表格中填写内容。

要求反映出在达到目标的过程中,学生付出的努力与取得的进步,并通过学生的反思与改进,激励学生取得更好的成绩。

内容主要是考查学生综合素质,可包括行为习惯、学习习惯、心理品质、沟通交流、合作学习、动手操作、观察能力、组织能力、创造精神等。

自我评价为优秀记10分,良好记8分,及格记5分,尚待努力记2分。学期内该项学生总得分的平均值为该项最终得分,记作N_3。

与中学预备年级相比较,该项评价有3个显著变化。其一,由开放式的撰写转变为依据表格规范填写;其二,由泛化的自评到有明确要求的评价;其三,扩大分值以突出个体权重。

学期论文:学生根据教师的要求,在学期学习结束之后撰写学期论文。

要求每位学生完成一篇总结性小论文,500～600字,初步符合论文的规范。内容在学期学习内容中选择。可以是撰写一份完整的研究报告,也可以是关于自己本学期学习上的某个重要收获。

学生的小论文,经小组交流后,按照各三分之一的比例评出一、二、三等奖。根据奖项的高低,分别加上10分、8分、5分,有需尚待努力的,记2分。该项得分记作N_4。

与中学预备年级相比较,该项评价有4个显著变化。其一,没有格式规范的“回顾”被有格式规范的小论文取代;其二,字数增加;其三,撰写内容更加贴近探究性学习本身;其四,由小组对论文评选出奖项。

(2)小组互评。

每学期两次小组互评。小组充分考虑成员,具体统计可以运用表11。

表 11　初一年级小组互评量表

被评价者姓名	主动性（满分 2 分）	合作效率（满分 2 分）	稳定的学习（满分 3 分）	个性化能力展现（满分 3 分）	总计得分	被评价人签名
组别：　小组长签名：			完成互评时间：　年　月　日			

注：与中学预备年级同类评价相比，评价因素的变动在于教学目的的变化；评价重点转移为学生持续、稳定的学习兴趣以及个性化能力展现。该表在期中、期末分别使用一次。中期得分记作 M_3；期末得分记作 M_4。

（3）班级审核。

由“互评审核委员会”进行班级审核。委员会在主任领导下开展工作：①审核个人自评得分，有权对于自评过高或者过低的分数进行调整，审定的 N_3 记作 N_1，审定的 N_4 记作 N_2；②审核各小组两次互评得分，保留合理得分，根据实际修改小组不合理的互评得分，修改时要充分了解实际情况，修正客观失误与主观失误，统一各组评价尺度。经审核的 M_3 记作 M_1，经审核的 M_4 记作 M_2。

审核分数在班级公示一周，充分听取同学意见后生效。

学生评价的最终得分 $H = N_1 + N_2 + M_1 + M_2$。

依据统计需要，计算出该生得分占其小组成员总得分的百分比 $P = H \div$ 小组成员 H 值的总和 $\times 100\%$。

2. 教师评价

初一年级的教师评价的基本形式与预备年级的教师评价相同。

（1）小组评价。

小组评价由三个部分构成：课堂评价、户外活动评价、小组成果评价。具体统计可以运用表 12、表 13、表 14。

表 12　初一年级课堂评价量表

小组名称			时　间	年　月　日	
分　类	有序学习 1～5 分	倾　听 1～5 分	完成率 1～5 分	创　造 1～5 分	总计得分
得　分					

注：整个学期课堂评价得分总和记作 X_1。

表 13　初一年级户外活动评价量表

小组名称		活动地点		活动内容		年　月　日
分　　类	文明与安全 1～4 分	分工合作 1～5 分	完成率 1～5 分	创　造 1～5 分	总计得分	
得　　分						

注：整个学期户外活动评价得分总和记作 X_2。

表 14　初一年级小组成果评价量表

小组名称		活动地点		活动内容		年　月　日
分　　类	如期完成 1～3 分	内容梯度 1～5 分	研究规范 1～5 分	研究特色 1～5 分	总计得分	
得　　分						

注：整个学期小组成果评价得分总和记作 X_3。

整个学期该小组“小组得分”$X = X_1 + X_2 + X_3$。

(2) 个体评价。

在学习过程中，教师依据特定因素（认真的态度、真诚的合作、有责任感、创造性发挥等）表扬学生，一般一次表扬记 1～2 分。

整个学期该学生“个体评价”得分总和记作 Y。

学期学生总得分记作 Q，$Q = P \times X + Y$。

教师根据学生得分，从高分到低分取，30％为优，30％为良，30％为合格，10％为尚待努力。该成绩为载入学籍档案的最终成绩。

辅助评价：教师根据学生学习过程资料，在学生成长记录册上写上“教师寄语”。探究性学习小组根据学生学习过程资料，在学生成长记录册上写上“同学寄语”。

三、初二年级评价

（一）概论

学生经过两年的初中学习，已经基本完成兴趣的养成和探究性学习的规范，这一变化决定了初二年级探究性学习评价的变化。我们认为这主要体现在如下几个方面:①评价不再以参与和兴趣为重点,取而代之的是科学和规范的要求;②两年的学习已经使学生的学习能力有了一定的层次差异,评价由对小组学习效果的关注转变成为较大程度地关注学生的个性差异;③由于初二学生相对低年级具备较为稳定的特点以及初二学生课业负担普遍加重的特点,将降低对初二学生进行评价的频率。

(二) 评价主体

采用多元主体评价,依然采用学生评价和教师评价。

(三) 评价方式

1. 阶段论文评价

学生在每一个单元结束之后,根据探究的内容撰写研究论文,字数在 500 字以上。小组按照 A、B、C 等第计 6 分、4 分、2 分,得分记作 N_1。

教师对学生的阶段论文打分,满分 10 分,得分记作 N_2。

学生该阶段得分 $N_3 = N_1 + N_2$。

学生一学期的阶段得分总和记作 N。

2. 学期论文得分

学生在学期学习结束时,在本学期研究内容中选取自己认为最有价值的问题撰写学期论文,字数在 800 字以上。

班级审核委员会对学生的学期论文打分,以论文质量为依据,满分 20 分,得分记作 M_1。

教师对学生学期论文打分,满分为 30 分,得分记作 M_2。

学生学期论文总得分 $M = M_1 + M_2$。

3. 合作成果得分

合作成果得分包括学习态度得分和小组成果得分。

(1) 学习态度得分。

学习小组按照表 15 测量记录学生学习态度,每学期一次。

表 15　初二年级学生学习态度测量量表

组别					
姓　名	出勤情况（满分 5 分，无故缺席一次扣 1 分，扣完为止）	合作态度（满分 5 分）	对于小组学习的重要程度（满分 5 分）	特别贡献加分（满分 5 分）	总计得分 X

小组成员得分总和为 W。

个人得分占小组总分百分比 $P = X \div W \times 100\%$。

（2）小组成果得分。

单元学习结束之后，将举行探究性学习成果展示。评价采用小组学习成果评价量表，如表 16 所示，由教师和班级考核委员会打分。所得分取各考核成员打分的平均分。

表 16　小组学习成果评价量表

组　别		成果名称		年　月　日
评价内容				总计得分
报告内容是否清晰、有条理（满分 5 分）				
成果是否丰富、有意义（满分 5 分）				
报告陈述是否精练（满分 5 分）				
成果展示技巧（满分 3 分）				
语态仪表（满分 2 分）				
时间控制（满分 2 分）				
答辩能力和正确程度以及其他组员的有效补充（满分 5 分）				
是否全员参与研究（满分 5 分）				

学期得分总和为小组学期研究成果得分，记作 Y。

学生个人学期合作学习得分 $Z = P \times Y$。

学生学期总计得分 Q＝N＋M＋Z。

教师按照学生得分的高低取10％为特优，20％为优秀，30％为良好，30％为合格，10％为尚待努力。该成绩为载入学籍档案的最终成绩。

辅助评价：教师根据学生学习过程资料，在学生成长记录册上写上“教师寄语”。探究性学习小组根据学生学习过程资料，在学生成长记录册上写上“同学寄语”。

第四部分：写在后面的话

一般认为，开设探究式学习活动应把握住以下目标：①培养观察生活、探究周围自然和社会问题的兴趣，获得亲自参与探索性研究的体验。②培养发现问题和解决问题的能力，包括善于确立问题，能够建立假设，能使用基本的研究工具，掌握搜集信息（数据）、查阅文献资料、分析资料并得出结论的能力。③在共同的探讨过程中，培养学生的合作意识和能力。④培养学生的科学精神，使学生切实学会科学的方法。评价的目的应该是促进目标的最大可能的实现，这也正是我们探索的目的。

探究性学习评价系统的变化追求“同”中之“异”和“异”中之“同”。过去比较零星的探究性课程的评价有一个显著的特点，那就是评价忽视学生的不同学段的年龄特点。我们的探究力求评价吻合不同学段学生的能力特点和心理特点，使系统的评价“同”中有“异”，“异”中有“同”，力求评价真正反映学生在探究性学习方面表现出来的态度、情感、能力，以使评价在整个学习课程中最为有效地促进学生的全面发展。

我们的探索尚处于起步阶段，一些评价策略尚在检验过程之中，有待于我们进一步完善。

（该研究曾获得闵行区教育科研一等奖）

雪化了变成春天

“雪化了变成春天。”——一句诗人也难以索求的佳句，竟被一位小学生在语文试卷上不经意地道出。然而，无异于飞矢击中掠过蓝天的白鸽，孩子的老师在“春天”旁边画了一个“×”。据称，标准答案是“雪化了变成水(或泥土)”。

一星美丽的火花就这样被拂落。这顿悟的灵感，显示着非同凡响的想象力和创造力。遗憾的是，类似的残酷几乎是俯拾即是，只是我们习惯了去忽视。表面上，我们嘉赏给孩子世界上最美的词汇——花朵；骨子里，我们常常无视孩子的自由和尊严。我们圈养式的教育就像圈养一群懦弱的羔羊。

我们竟不明白，草原之于羊儿恰如呼吸之于生命。我们或是苛刻或是温柔地禁锢着孩子的个性，几近残忍地迫使一双双清纯似水的眸子滴溜着捕捉我们的意图，以博得我们永恒的针对性品德评价——“听话”！为了“听话”，孩子被沉重的书包压塌了柔嫩的双肩，就像鹰隼未搏击长空就被扯伤了翎羽；为了“听话”，孩子被拒于户外的大千世界，日复一日渐渐板起不再舒展的面容，即使难得有一次背着我们释放一下固有的童心，其惶惶然也无异于偷食了禁果；为了“听话”，我们甚至不惜毁掉如此至善至美的诗句，“×”去一个孩子难得的一次成功体验。

我们只对“满分”感兴趣，因此我们能冷眼于一个稚子面对99分时的沮丧与惆怅而毫不动容。我们并不在乎孩子是否能拥有堪称生命之柱的自尊与自信，也许是因为我们就这样“听话”地走来。而我们又为这个世界带来了些什么呢？爱迪生“不听话”，上学三年就被退学，却为人类创造了一片光明；比尔·盖茨“不听话”，按捺不住创造的冲动撂下学业去发展电脑，结果是造福于人类，也使自己富甲天下。抚今思昔，仿佛我们历来就如此，传说中的那只猴子，一次次地被那些“忠厚长者”整得死去活来，不正是因为他“太不听话”吗？想来，他修得“正果”之日，定是耗干了泪水，磨平了棱角。

于是我确信了日前闹得沸沸扬扬的当代“神话”：一位由于父严而成为“神童”的少年大学生，面对采访记者信誓旦旦——他的第一愿望就是要杀了父亲。唉，原来“听话”的结果，还会如此！真可怜了中国父母教师之心。

当今世界，培养能力远胜过传授知识，以发展创造性思维为核心的素质教育已呈星火之势，“听话”和“满分”也必将渐逝于中国教育大舞台。我真心地为稚子们祈祷——雪化了定会变成春天！

（本文曾发表于《华东师范大学学报》）

“化雪”小长假

又值小长假，觉得有话要说，本拟题“话说”，转念一思，似乎“化雪”更妙！

为师者，对于小长假，有喜有忧：喜者，可以一扫工作辛劳，进入生命的驿站，稍事休息，享受些许悠闲滋味；忧者，本已渐渐有序的学生，如野马般散放几天，一待回归，又不知增添几多狂性。真是无长假忧，有长假也忧！

然则何时而乐耶？

于是，我们有“习惯做法”——用作业的缰绳系住放养的“马”。可是，作业的缰绳真的系得住放养的“马”吗？姑且不谈作业本身的有效性如何，几乎可以断定，其有效性与量成反比；而且长假之后，老师们收作业、检查作业，往往为学生的“斐然成果”“气翻”！事实是，你难为了学生，学生自然要难为你！而对于学生来说，认真完成作业的人往往是最没有必要做这些作业的人；最有必要做这些作业的人却几乎不会认真做这些作业！学校浪费纸张，学生受了折磨，教师被气得“痛不欲生”！天地良心，我们一片苦心，却冻结了一个一个小长假！

向往自由是生命的天性，贪玩是生命的天性！执意与天性过不去的人，注定要被挫伤——不管您的出发点有多好！

必须“化雪”！

布置一点亲情作业！我不敢轻言懂亲情的孩子就是优秀的孩子，但是懂亲情的孩子往往最容易习得良好的行为习惯，懂亲情的孩子最接近于优秀！陪妈妈买一次菜，买菜时不仅仅会用到数学、生物等显性知识与能力，还隐藏有人际交往等能力的运用；倒一次垃圾、洗一次碗筷、烧几道菜等等，可知一饭一汤，来之不易；锦绣江南，人杰地灵，让孩子策划一次文化浅旅，对目的、意义、行程等的考量，无不可以构成对知识与能力的考察，更智慧者，甚至可以进而将之与文化学习密切相关！

换一个时空解读师生关系！司空见惯的校园师生关系换一个平台呈现，兴许能够绽放出更加绚丽的花朵。间或组织点有安全保障的小队活动，改良人际关系，另辟蹊径关爱学困生，何如？充分利用现代信息平台，在嘈杂的现实中寻觅一处安静的时空，用心会话，用真情“融雪”，何如？

文化课的作业是必须的。作业对于学生是不可或缺的营养，爱吃最能补充营养，不爱吃也必须学会吃，至少是不得不吃！但是既然作业是营养，教师就必须是营养师，先得花大力气为学生配料，决不能“抓到篮子里都是菜”！最好的营养是适量而精确的。长假作业，学生能挑千斤，可以只给八百，但是这八百斤必须挑到位。第一次就要形成一个火炉效应，没有达到的，坚定不移地要求达到！以前我要求学生默写时，预先布置，到规定时间不完成就必须抄写（不是罚抄，是以抄写促成默写），再默写，直至达到要求才通过。有如“白鼠跳”，渐渐就形成条件反射了。领会这些道理，老师们也不至于在小长假后纷纷被“气翻”了。

用心呵护学生的小长假，您也将得到学生的用心呵护！

——雪化了，就是春天！

源自一个月教学的感受与感悟(老查说课系列 1)[①]

感谢初二年级组老师特别是初二(4)班班主任陈丽老师，敢于让一位校长真刀真枪地上一个月语文课！倒不是说校长不会上课，称职的校长多半是从成功教师起步的，就怕忙得顾不上教学！一个月来，说不忙是假的，曾经有过一两次因公迟到(向学生道歉了)，早读课只能上半节，自主拓展课(中午)也曾因为会议差了一两节，作文虽然写了两篇，但是没有时间备作文评讲课，还要拖到下下周。然而，忙并且快乐着也是实情。其实作出这个决定也十分惴惴，本人自 1985 年 9 月参加工作以来，因校长之职多次短期脱离语文课堂，这次是脱离时间最长的。然而，我酷爱上语文课，与其说是用自己的行动减轻同行的负担(其间，罗月华、国海英老师曾表示想要代劳)，更重要的是自己想过把瘾！

重拾语文教学一个月，感受与感悟颇多，不吐不快！

一、 两点感受

(一) 同行给力

衷心感谢语文组同行，尤其是林蓓蓓、罗月华两位资深老师，杨海鹰、王怡雯、王素云三位年轻老师以及语文组其他老师，甚至还包括陈海华、孙永红、沈晓明、程虹、张莉、李昂等等非语文学科的老师。由于你们的长期或间或到来，使我每一堂课都不敢怠慢，尽全力把最优秀的一面呈现给你们！可以这么说，每一堂课，我都感到快乐！每一堂课的快乐，都有你们的功劳！

(二) 学生给力

衷心感谢初二语文组林蓓蓓、王怡雯、陈敏三位老师，你们始终一贯坚持正

---

① 校长的岗位在课堂，可以是校长亲自上课，也可以是校长观课。和一般老师有所区别的是，无论是上课还是观课，校长都应该是学校主张教学改革的实践者、排头兵、示范者，从不同的角度诠释学校正在主张的教学改进。

老查说课系列真实记录了我十余年来的教学实践和评课体会。坦率地说，我一贯奉行的评课并不侧重于挑毛病，而是侧重于发现！发现教师教学中的优点，予以提升和归纳，是寄望于优点能逐渐“成长”为风格。同时我也在评课中贯彻落实学校的教学主张，为逐渐建立和完善七宝实验中学的“活力课堂”而努力。

确的语文教学方向，使我与学生迅速接轨，感觉这些学生就像一直是我带到初二的！孩子们热情参与，积极配合，使我眼前的课堂活力四射！孩子们的能力使我惊叹！正应了我时常说的：“初二年级的老师们在做一项鬼斧神工的事业，在化平淡为神奇！”面对你们，我恍如回到了文来中学的课堂——不，你们的主动、你们的纯洁甚至超越了我曾经的文来中学学生！

二、 四点感悟

(一) 基础课学习的“本”“息”“利”

我把教学的目的分为“本”“息”“利”。“本”是依据教学大纲和考试一般要求必须达到的目的。我认为完成了这些，学习一篇文章的基本目的就达成了，可以打 85 分。“息”是再进一步的拓展，还是基于文章的一些基础，与考试相关，完成了就可以打 95 分。“利”是更进一步拓展，是关系到人格建构或者学科向未来延伸的问题，掌握到这一步便是实现 100 分了。

以我教授的《木兰诗》为例：

“本”：背诵、默写全诗。我分三步使学生百分之百完成。第一步：背诵；第二步：14 位学生全部完成，11 位学生错了 1～3 个字，2 位学生错字超过 3 个；第三步：学生百分之百完成。这样，“未成曲调先有情”，尚未正式开始课堂教学，“本”就达到了。

“息”：理解诗歌至每句、每词。我用课后阅读作业、课内检查、小组学习、重点讲解的方法，占用少量课堂时间就完成了教学目标。

“利”：文段句词的赏析，人物品格的解读，与现代文阅读及写作的整合等。

由于夯实了“本”，得到了“息”，于是，我们有足够的操作空间获“利”。

(二) 语文学科的特殊性可以提升教师角色的影响力

当我惊诧于孩子们超乎想象的学习能力时，老师们纷纷提出：这是校长的影响力。我承认，校长得天独厚的条件的确能够强调其“教师的影响力”，在管理学上，这叫“权力性影响”；但我以为，虽然教师角色的“权力性影响”稍逊于“校长影响”，但是教师可以着重提升自己的“非权力性影响”。形成教师“非权力性影响”的因素除去一般教师的共性外(例如言谈举止、尊重、诚信、公平、人际能力、业务能力等)，语文教师还有其得天独厚的优势：引导学生体验行为之美、哲理之美、形象之美、人文之美。语文教师“心中有佛、口吐莲花”，不亦美乎？久而久之，“乌”与“屋”交错，爱语文便爱语文教师，爱语文教师便爱语文。

我教授《木兰诗》，就用一段时间引导学生体验木兰的品质。

学生从“愿为市鞍马，从此替爷征”读出“孝顺的木兰”后，我便顺势提出：父母亲给了我们生命，我们时刻准备着以自己的生命报答父母的养育之恩；再提出孝顺父母、尊敬老师是优秀人物的门槛，是最基本的品质。

学生从“旦辞爷娘去，暮宿黄河边……但闻燕山胡骑鸣啾啾”读出“自主自立的木兰”后，我就顺势提出：我们学校的教育特色就是“自主、自立”，“优秀的人物从小就要学会自主自立”。

学生从“木兰不用尚书郎，愿驰千里足，送儿还故乡”中读出了“淡泊名利的木兰”。此外，我发现了少许问题，提出：木兰功成名就，才有淡泊名利的资本。进而表示：淡泊名利是强者的姿态，但也是弱者的呻吟。这样说的教育目的是：莫让“淡泊名利”模糊了少年的追求。

特别有意思的是，孩子们从“阿姊闻妹来，当户理红妆”中读出：把自己打扮得干干净净、漂漂亮亮也是对于他人的尊重！这一点使我兴奋！为师 27 年，我从不敢蓬头垢面、邋里邋遢地进入课堂，大多数时候是西装革履，我就是这样想的，我从童心里找到了注脚！

《孔子家语・六本》有云：“与善人居，如入芝兰之室，久而不闻其香，即与之化矣。”善人者，亦可谓有美好形象、美好思想之人。

(三) 用一生来备课

苏联教育家苏霍姆林斯基写过一本专著《给教师的建议》，书中有这样一个章节——《教师的时间从哪里来？一昼夜只有 24 小时》，文中举了一个从业 30 年的老教师讲历史公开课的事例，课讲得非常出色，听课的老师都入了迷。事后一个听课教师向其请教：“您花了多少时间来备这节课？不止一个小时吧？”这位历史老师说：“对这节课，我准备了一辈子。对每一节课，我都是用终身的时间来备课的。不过，对这节课的直接准备，或者说现场准备，只用了大约 15 分钟。”

年少时我曾经间接师从当代教育大师魏书生。魏老师之所以台上的 45 分钟能挥洒自如，游刃有余，是因为背后有他平时艰辛的付出。正所谓“台上一分钟，台下十年功”，这其中的奥秘是“功夫在诗外”。说白了，魏老师能做到“讲哪一课也行”，就是由于他对教材太熟了，而且有自己独到的教育方法和教育艺术。是的，魏老师他也是在用一生去备课！

用一生来备课，是一个教师的生命自觉！因为那不是写在备课本上的，而是写在记忆深处的，写在教师的职业操守上的。写在备课本上与写在记忆深处的不同在于：写在备课本上的是死的，不一定符合现阶段的教学实际；写在记忆深处的是活的，可以根据教学实际适时调整。写在备课本上的是有限的；写在记忆深处的是无限的。写在备课本上是为他人的；写在记忆深处是由于生命自觉。

当然，写在记忆深处应该先从写在备课本上做起。不但是十年教龄以下的教师应该认真写好备课本，而且前十年并没有准备“写在记忆深处”的老师、没有很成功的教学个案的老师，也不可以轻言“写在记忆深处”。

写在记忆深处，洞察教材，洞察学科体系，准确判断学生的需要，才可以做到游刃有余。

罗月华老师在点评时提到我的课有许多即兴的内容。能够做到即兴，就在于“用一生备课”。值得指出的是，即兴不是随意。即兴是依据学科规律、学生即时状况进行的智慧整合。我以为只要一贯用心，结果自然水到渠成——没有最好，只有更好。

我校高举课程统整的大旗，统整要有资料占有与遴选，尤其重要的是，教师的厚度，在于积淀。

(四) 不重复他人，也不重复自己

赫拉克利特说：人不能两次踏入同一条河流。对于河流来说，主要是河流中的水换了。而对于教学来说，学生变了，主体变了，所以教师的备课内容要变，教师的教学方法也要变，过去的经验仅仅是参考。

记得我在上法国作家都德的《最后一课》前，与凌蓓蓓、王怡雯老师有半个多小时的集体备课，我们决定选用“整体阅读法”。晚上，大约 10 点钟，我再次思考备课的问题，觉得这文本太大，整体推进的方式可能很生硬，于是决定放弃之前的备课，而是基本依据小说的情节推进教学。因为就其“课前”“课中”“课后”等环节写作而言，各有千秋。于是我在这“千秋”上做文章，引导学生深入体会不同部分的重要教学价值。

我进入该年级后，还体会到新型自主学习方式的高效性。于是，我不停地使自己业已形成几十年的教学方法迁就于“活力课堂”的自主学习，在凌蓓蓓老师的鼓励下，我也觉得自己越来越能够驾驭“活力课堂”了。

艾青的《我爱这土地》，我以前也教过，但是这次——只有这次，我完全依赖“诵读法”完成教学，感觉比以前历次效果都好，包括在文来中学的时候。

此外，我还总结出一些经验，譬如要准确判断文本的教学价值，取其精髓，放弃一般；赞许学生需要智慧，而且能带来教与学的快乐；要引导学生将所学纳入原有的知识与能力体系；知识培养能力的中心是培养兴趣、养成习惯、培养方法等等。

林林总总，非在作秀，实希望能够对您有所启迪！

凌波微步——看“活力课堂”背景下的影子老师（老查说课系列2）

观江逊老师的课，很受教益。

整堂课，都是学生在表现、在活动，学生主宰着课堂，自主发展。我以为，这充分体现了“活力课堂”的本质！

把表现的机会让给学生，教师甘当隐形人，教师课堂教授的时间估计未超过8分钟。能支撑这些的主要原因是什么？

其一，教师建立在对于教学内容认知与学生学情认知充分了解的基础上的自信。

其二，养成良好的教与学的习惯。

其三，把握教育的真谛，具备正确的教师观与学生观。

其四，扎实的课前准备。

其五，良好的班级风气。

在这堂课上，我还看出了一些值得称颂之处。

一是“活力课堂”的德育功能展露无遗。

（1）学习内容——如何看待少年的虚荣心。

（2）自主发展，寻求真知。

（3）发问、答问，互动融洽，宛如平常一段歌，又精彩迭现，自信、自立、自强，均从这里起步。

二是课内与课外的融通。

课堂之精彩，决定于课外。引导学生课前进行大量的自主探究，充分体现了当代教育的主张。

三是细节之美。

（1）教师：双手递给学生表格（赢得的是学生双手接）。

（2）学生问问题，获得主持学生回答后，老师不忘记说：“谢谢你的回答！”

学科虽然有异，然而教学更多的是相通！

信任决定课堂效益(老查说课系列3)

抱歉,昨天未听陈宁老师讲课,作为毕业班把关教师,陈宁老师在课程统整方面做得很突出,建议大家加深了解。

上午听了徐宇飞老师的课和陆静老师的课。

印象中,这是第四次听徐宇飞老师的课。徐老师的课有一大特点,即尽可能使教学内容与学生生活实际相联系,力求立竿见影地以正能量影响学生。本节课亦如是。另外,从学生的积极发言中可见徐老师与学生建立了良好的师生关系。

课后我与徐老师商讨,有以下几点想法:

信任学生,让学生讨论、阐述,真理的名词概念依赖灌输,真理的内化依赖学生发现。往深处说,教育要培养怀疑精神,教育更要培养信任这一品质。教师把课堂交还给学生,就是信任学生,就是潜移默化地培养学生信任的品质。立足于课堂,放眼于社会;走好今天,兼顾明天,这是教育的本质。

印象中,这是第二或第三次听陆静老师的课。日前有专家听陆老师的课,褒赞极多。今日我亲见现在的陆静,大呼"士别三日"——多亏了"活力课堂"!

陆老师的课有以下几点特色:

一是培养学生质疑的习惯。此举实属高明!不单是"活力课堂"需要"高效的质疑"来主宰"高效的课堂",而且,质疑就是思考的结果,质疑有方就是学习有方。能够产生问题——有价值的问题,这是课堂最具价值的体现。宛如为人,善于对生活环境提出质疑的,可谓善者、智者,反之则不然。

二是关注学生,关注全体学生,关注最弱势的学生!

三是以优雅的教师形象传道授业。

四是优秀的教师以激情灌输真理,一流的教师以激情启发真理。陆静找到了通往一流的路径。

五是现场有众多老师"捧场",足见陆老师拥有十分良好的同事关系。

课后我与陆老师商讨,提出以下几点改进建议:

文言词汇部分联系生活的实效性不强,可以试试其他方法。词句脱离只有利于记忆,欠缺理解与沟通。

问题可以放一些在课外争论,其效果将会更好。我常为之。

“活力课堂”优美的生态(老查说课系列 4)

4 月 3 日,我听了顾春花老师的课。

我对于顾老师的课的已有印象是:平稳。今天观来,有如下体会:

(1) 以思想品德课、初二年级这两个条件为前提,本节课还能呈现出如此优美的生态,足见顾老师的教学具备一贯的有效性,初二(2)班也具备良好的班风。

(2) 立足课堂,放眼社会——充分体现了现代教学的特点。

(3) 教学宏观结构把握较好,教学层次清晰,尤其是很注意在学习中运用“比较教学法”引导学生发现。

(4) 假如没有课堂活力,本课内容就会沦为空洞的说教。实践证明,在信息科技极为发达的今天,“活力课堂”是教师专业化的自救行为。

与顾老师商榷后,我提出了一些改进意见。

本节课中,老师采取了分小组制作 PPT 呈现社会现象的做法,6 组宣读 6 个故事。我感到如果换一种做法,效果可能会更明显。新做法流程如下:

(1) 提出导学要求。学生个体搜寻社会现象,并且依据自己的理解制作漫画 PPT。

(2) 课上分小组交流,推出最有特点的故事。

(3) 小组代表口头陈述所推荐的故事,展示相关漫画 PPT,简述自己对故事的态度,聚焦几个关键词,譬如:舍己为人(利他)、珍爱生命、厉行节约、自私自利、人云亦云等。教师引导,聚焦两个最具特点的故事深入挖掘。

(4) “收紧口袋”——从故事中得到正确认知(学生讨论后,教师点拨,得出真知)。

我推荐此种方式的理由是:

(1) 个体搜寻可以让每一个学生动起来,制作漫画形象阐述自己的态度,且吻合学生兴趣。

(2) 小组交流既有“共享”,又有“评判”“竞争”“奖赏”。

(3) 口头陈述有理解、说话训练,同时可以为聚焦关键词和“收紧口袋”节约出时间。

(4) 现象是浅认知,聚焦才有可能内化。

叫得出学生姓名也是一点善(老查说课系列5)

今天我听了褚炎老师的课。

能够熟练地叫出学生名字——作为带教许多班级的音乐课老师,做到这一点,实属不易!熟练地叫出自己学生的名字,亦是尊重学生的表现!

与褚老师商榷后,我提出几点想法:

(1) 教师要备课,这是入门。不仅要备课,而且要认真备课。

(2) 要知晓教学三维目标的关联:通过过程与方法夯实知识与技能;在过程与方法之中,自觉渗透情感态度与价值观。

(3) 教学中要学会使用多媒体手段。

(4) 音乐课教学的本质在于教学生——愿意唱、喜欢唱、会唱;愿意听、喜欢听、会听。

(5) 现代教育,尤其关注"行知",不"行"哪有"知"? 尤其是音乐课,不管你分析得怎样天花乱坠,只要学生不愿唱、不喜欢唱、不会唱,不愿听、不喜欢听、不会听,这课就完全无效或者基本无效或者低效。

(6) 他山之石,可以攻玉。日前闵教院专家来我校视导,所听多是好课。只要像李凤兰老师一样具备谦虚的胸怀,像马玉萌老师一样热爱学生,像江逊、陆静老师一样信任学生,我有充分的理由相信,褚老师的进步也指日可待!我们期待着!

支撑课堂效益的是人格的厚度(老查说课系列6)

一个月就这么过去了。这一个月,我集中精力审阅“名校托管机制下普通公立初中内生式发展研究丛书”(共计150万字),因而错过了太多的课的风景,失去了一些学习的机会,但愿没有伤及盼望我听课的老师的心!如果有,我仅可以宽慰您的是,我身不在课堂,心却在牵挂着您的课,因为东涌副校长和国海英老师每每都会传达给我他们对于每一节课的赞赏与意见。而且,如果真能获得您对我来听课的盼望,这对于我,是一件极其有幸的、喜悦的事;对于您,可能是又一轮挺进的开端——不因为我有什么“金手指”,而因为您有信心在校长面前展示您的优缺点!所以,请把您的愿望说出来,我一定会如您的愿,哪怕实在有重要公务——呵护您的发展,是一位校长最大的公务!

以下举几个我印象很深的例子。

汪名媛老师的课我仅仅听了20分钟,但对于她的课,我是有着极深刻的印象的。一位25岁就以英语教学和担任班主任“倾校倾城”的教师,当年的积淀足以影响汪老师职业全程。

我阅读过陈妍老师、项志萍老师对于名媛课的点评,同意她们的观点:夯实、实在、课如其人。这样的课,与其说是在教学生知识技能,毋宁说是教学生做一个像名媛老师一样,夯实、实在的人。在错综复杂的现实中,提倡实实在在做事做人,不阿谀、不奉承、不盲目“愤青”,的确堪称教育精品!

建议的是,当更加“活力”一些!我们坚守人格不变,然而为了与时俱进地培育学生,我们的育人观念、育人方式非变不可!

张春老师执教公开课时,我正在赶制一篇编辑部的约稿,便致信道歉了。的确遗憾,失却了一次很好的思维训练练习!张老师的课以理性贯穿,整体性强,并不深谙数学的我每次听张老师讲课,甚至不会有一分钟开小差的机会,不是喘不过气,而是被其严谨的逻辑深深吸引。张老师的课理性之余,渗透着为师的亲切感。观其讲课,宛如见一慈祥的母亲带着学步不久的孩子……因此,学生们喜欢张老师。李同学如是说:“校长,夜深人静的时候,每当完成一道数学题,您不知道我有多快乐!”孩子说到这里,兴奋得抓耳挠腮!

郭同学从某知名民办中学转入我校一个月后，她的母亲有一天突然来到我办公室，说要见见孩子的语、数、外老师[好像是吴静华、陈妍、王文静、王素云等，其中必定有张春老师，因为她带(四)(五)两个班]。她说家里孩子这一个月每天念叨她的新老师是如何如何好，作为母亲想要亲见一下，看看她们为什么具有这样的人格魅力。后来知道，这位母亲身份不凡，是博士，是 CEO。而郭同学，位列年级第五！

陈妍老师平时风趣活泼、幽默正气，充满人类生长的正能量，其课亦如此！尽管“雏凤清于老凤声”是必然趋势，但“积土成山，积水成渊”乃古训，您尚在走向优秀的过程之中，只有低调、学习、奉献、调动智慧力量，才能和“好”一起慢慢变老！

期间我还听了荆莉、张瑜等老师的课。你们这些“后浪”教师有充分的理由感谢你们的前辈及“准前辈”，感谢一所日臻优秀的学校，尤其感谢一群一群具备良好情商的莘莘学子！假以时日，您也许也可以站在前述三位老师的高度，到那时可不要忘记这些哦！因为，支撑课堂效益的是人格的厚度！

不是所有牛奶都叫特仑苏(老查说课系列7)

又一次享受了刘琳琳的课!

说享受,是有据可循的。那时,学校有重要接待任务,但我还是抑制不住地去享受听课。待听课完毕,手机上竟然有9个未接电话,而我浑然不觉!不赖听力不好,只赖课的魅力!

放手让学生做,琳琳的课是一个样板。"随风潜入夜,润物细无声",教学处处皆德育,琳琳的课又是一个模板。

"你来总结吧!"——大胆!教学的大胆基于对学生的高度信任!而信任恰恰是人际关系里不可或缺的宝贵财富——尽管有时会因之付出代价。但"吃一堑,长一智"嘛,故"堑"常有,智亦与日俱增!

课堂上,"赏者如织",侧面证实了这优美的课堂生态。

不单是"台上一分钟,台下十年功","活力课堂"要求教师以毕生来备课。对于每一节课而言,"活力课堂"的备课内涵自是成倍数的高于传统教学的备课内涵!琳琳老师为我们展示了这一成果!

小小的遗憾是,细节之中略有破绽,但"艺术总是有遗憾的",瑕不掩瑜。

突然想起"不是所有牛奶都叫特仑苏!"窃曾妄以为,"副课"的育人价值不比"主课",其受学生的关注度也不比"主课"。今以琳琳课观之,此言大谬矣!同一学科的课堂本质也许相差无几,然而,刀剑无异,舞者不同,高手才能舞出优雅姿态!

——"不是所有牛奶都叫特仑苏!"

“老查的面子”(老查说课系列8)

昨日，与闵教院语文专家董学平、王林、殷秀德、郑仲仁等偶聚语文沙龙，专家对我校教学情况作了详实中肯的点评：

（1）盛赞“活力课堂”，建议以“本土高效模式”载入闵行区教学改进成果，并且一再要求强势推广此范式，提示我校做好全方位展示准备。

（2）盛赞在“新优质学校初态评估”中语文组老师集体展现的课堂生态，如此以集体形式展现的优秀程度是众多学校中不可多得的。建议语文组老师从此起步，打造高质量品牌。且戏称这样，“老查才有面子”。

（3）重提王素云老师的课和马玉萌老师的课，极尽喜爱、赞美之词，对两位老师用“前途未可限量”以表期望！

此外，几位专家还对于我校教师参与全市古诗文竞赛寄予厚望，希望我们在第八的基础上，更上一层楼，并为语文老师“呼吁奖励”——专家表态可多予名额！

面对专家鼓励，我有些诚惶诚恐。兢兢业业，仍“恐托付不效”，以伤“专家之明”！

依然信赖的"旧船票"（老查说课系列9）

海华的课，我听了不下五节（海华听我的课似乎超过五节）。其中印象最深的有三节：

第一次听在三年前，我刚来不久，时值秋季，那时听海华的课，却犹如春风扑面，感觉独树一帜！究其原因，可能一在于全员的平均水平不高，高点就十分显著；二在于海华尚未因课著名，羁绊与负担较少。

第二次听在半年前，那堂课上老师极尽表现。看得出，盛名之下，他越想做好，越不敢放手让学生做。恰如此，感觉海华的专业发展走进了U形谷。

第三次就在刚刚。论即时印象，似乎依然赶不上初识时那份亲切自然，但是细品之下，发现进步实在不小。

一，学生有学习的欲望，说明建立了良好的课堂学习生态——不过，为"积分"而学的欲望，最终要转化为为了学习本身而学的欲望。这要求目前对于一部分教师高了点，但是对于海华则不然。

二，会欣赏鼓励学生。正因为老师有持衡的大善，才产生张益多这样有创造性的美妙回答（张益多回答内容：恶人说出其为善的事，不能全信；恶人著出其为恶的事，则是史实）。突然想起，诗是最富于创造的，没有哪一种文学样式像诗有那么多变化，高举"诗韵校园"的旗帜，不正是呼应了创造性培养的主题吗？

海华等教师会欣赏学生，仿佛天生就具备向学生输入正能量的能力——其实不是天生的，一方面依赖于源源不断地接受教育的新思想，"多听"重于"多言"；最重要的，在于他们人格的厚度！

三，注重培养学生的阅读能力以及文献研究的能力。但要指明的是，读书能力的培养不是简单的几何求证，文科的读书需要源于"功利"却又不能表现在细节上尽是"功利"。"回答一个问题——看书！"为什么不可以演绎成"看书——回答一系列问题"呢？而且回答不容许"照本宣科"，如果像前者那样，教育与教学意义何在？文献研究之基础在于寻找文献，但这却由老师找好了。可能是因为老师痛爱学生时间，却不小心剥夺了孩子的寻找体验，对否？

四，"九一八"事变、西安事变、卢沟桥事变，这几处知识点的讲解中，教师教、学生学,局部呈现出精彩场景。稍显遗憾的是,我没有听出学生对于这三个历史事实之间关联的认识,更没有听出学生对于教材编写者将这三个事变串联的意图的理解。相反,我很是欣赏一些数学老师的课,上至"董、张、安、莉"四大高手,中至"孔、孙、徐"等小辈,其课因环环相扣的内在逻辑使我流连忘返。

海华特别敢上课,这一点我十分欣赏!一般成名教师或者只是年龄大一点的老师(海华当然属于前者)不敢上课,可以理解。但是这于一个集体是不好的,年轻人还等着分享您的经验呢。至少,只有常听课、常上课,才能保证一张旧船票温馨如故!

海华敢于挑战,尽管业已走在青春的边缘,却依然是少年心态。

于是撰文呼吁:期待依然值得信赖的"旧船票"!

贾铮有几分神奇(老查说课系列10)

初二(2)班学生的阳光状态,折射出贾铮的神奇;初二(2)班急剧增长的"学业GDP",折射出茅老师的神奇。笔者曾戏言:贾、茅二位老师对于初二(1)班、初二(2)班的突出贡献,足以写进学校的史册。这好像又不尽是戏言,是我个人的心里话!在这个年级,团结兴校的意志贯彻得很彻底,甚至落实到每一位教师——尽管,她们今天还远未达成"化平淡为神奇",但师生坚持着这么走下去,达成可能只是时间问题!

看贾老师执教(1)(2)班A层英语课,我观之,除了中间一列倒数第三排靠窗一位女同学不在状态外,其余35名同学无一不在认真投入学习!足见贾老师教学功力。

"活力课堂"可以一改传统教学高年级"暮气沉沉"的学习状态,贾老师为我们提供了实证与借鉴。

分层走班教学实在是基于保护学生自尊心不受到伤害,又贯彻"因材施教"永恒教学真理的智慧的中庸之道。我甚至这样理解:由于该年级实施分层走班教学,所以团队的凝聚力愈发增强。当然,美好的理念更要高度的智慧和辛勤的劳作支撑。在这里,学生几乎都是英才!这是多美妙的事!

关于英语专业学习的问题,我的拙见已经在刚刚英语评课会上发表,不再赘述。由于学生家庭背景所折射的对于孩子的期望值不同,以及英语学科内容本身相对于数学学科的学习过程中自我激励的实现困难,该学科对于教师的影响力、对于和谐的师生关系、对于"活力课堂"的依赖性似乎更强!记忆中周贵老师的一节录像课就把这个分寸把握得很好,我看过,很欣赏,建议英语老师们在校园网内查读一次。

乌申斯基说过:最好的老师最爱"丑陋"的孩子。我曾一度以为那是一个不可企及的高度,今以贾、茅等代表性老师观之,发现自己竟然也"out"了,向你们致敬!

是啊,教育者的喜悦岂止于培育英才!

“行”“知”合一（老查说课系列 11）

励昌高、瞿冬青老师的课被安排在同一节，实属无奈。公开课密度大，又要照顾好各位听课老师，的确让相关部门绞尽脑汁。想在两边都听的我，只能采取一边听一半的办法了。

昌高是入职不到一年的教师，课已经上得比较成熟了。这对于昌高本人、对于我们这个集体，都是极其有益的事。有这个结果，除了昌高自身的努力，还有体育组同仁的帮助，尤其是离不开欣欣向荣的学校环境。个人的进步，的确离不开集体。

昌高很重视培养学生的安全意识，每一个有潜在危险的动作，都指导学生互相保护，初二(4)班的同学在这一点上已经逐渐体现出“训练有素”了。对于这一点，我很是欣慰，做学生的精神导师、学业老师，其基础还是做好学生心灵的保护者、健康的护工、生命的守护神。

整体教学流程是很顺畅的，要做到这一点，开放性的户外体育课比之其他室内授课，略有难度。然而一位“菜鸟级”老师都能做好，这对我们不少的老教师，是存在一些启发甚至刺激作用的。

学习中，“行”与“知”要结合起来，以肢体语言居多的体育课也不例外。譬如，“杠上摆腿”是双杠运动过程的一个分解动作，讲究肢体的协调和舒展，不仅仅是为了美观，更是为了更好地衔接下一步上杠动作。教师宜用对比示范法教学，简洁明了地使学生明白杠上摆腿的协调和舒展的重要性。这既是我们课程统整的必须，也是提高教学有效性的必须。“行”是做，“知”是明白为什么这样做。

冬青的课我听过不少次，一次比一次有进步。

很欣赏冬青授课的语音——那声音极富穿透力，健康而响亮！这使得数学课堂同样激情四射，这对于提高教学效率是很有帮助的。

冬青很注意“行”“知”结合，一边是习题算式，一边是棋盘状的直角坐标系，点怎样移动，都可以直观显现。对于复杂抽象的逻辑思维问题，为照顾偏弱势的学生，能够直观的就尽量直观，这样易于使学生明了。当然对于能力较强的学生，则未必一定这样。

如果结合"活力课堂"的小组学习，每个组准备一个围棋盘，黑、白棋子各一枚，让学生移动，用自己的语言描绘出直角坐标系内点的移动轨迹，效果又会怎样呢？

冬青注意到了总结的重要性，但是我感到总结的艺术还要提升。在概括直角坐标系内点的平移问题时，冬青用了一长串话，详细却不好记。我身边的董董用"上加下减、右加左减"来概括就简洁通俗多了。我有时左右不分，就概括为"加往正方向，减往负方向"，就可能克服在一定的情境中左右模糊的问题了。

"行"与"知"的结合，于教育教学，是极为有益的。

五朵金花（老查说课系列12）

五位老师的课我几乎都没有听完整，做一个全面评价很难，就拣几个感受较深的说吧。

万隽老师的课：

品味一句话：我们的同学非常认真，重点的地方做了标识！

揣度万老师说这一句话的缘由：发现有部分同学有良好的阅读圈画的习惯。

揣度万老师说这一句话的目的：希望更多的同学养成阅读圈画的习惯。

试比较不同的表达方式：

A.“请同学们认真圈画重点部分。”常态祈使句，易使已经形成良好习惯的同学感觉被忽视，失去一个受鼓励欣赏的机会。

B.“看有的同学圈画做得很好，不会圈画的同学要向他们学习。”理不糙话糙，表扬好的也就是在激励不好的，有些话未必要挑明。教育，是在耐心等待一树花开。

窥斑见豹，万老师是有教育教学艺术追求的！不难发现，艺术其实源于一己善念！

建议：“活力课堂”的显性特征之一，就是让学生代替教师多讲一些。因此，我们完全可以保护好嗓子，一般不鼓励用扩音器。我认为，扩音器用于班级上课犹如戴着手套握手，总感觉缺了点什么。幸好，万老师及时摘除了扩音器，这也表现出万老师良好的教学反思能力！

李昂老师的课：

多次听过李老师的课，总体感觉良好，尤其表现在李老师对于学生的亲和力，还有教学流程的流畅性、语言的细腻性和简洁性。

但是，本节课和我一年前听的课区别不大，表现在如下几点：

“活力课堂”特征不明显，没有显著的自主学习。要知道，“活力课堂”对于弱势学生的有效性应该超过对于强势学生的。

在讲解“直线相交、平行、异面关系”时，尽管课程限定在“长方体”内，但这个限定不影响学生手握两支笔，比画比画。我以为，这一比画，三种关系及其特点就一目了然了，何须多言？

回忆我的学生时代，当时我对于“异面”很是费解，教师宜以此为难点重点讲解。

宜尽可能少用“集体齐声回答”，这样的教学方式最容易付出“忽视的代价”。

张玉萍老师的课：

上学期我听过玉萍一节劳技课，可能是玉萍太拘泥于素材，所以那课不能算是成功。如今玉萍回归到专业课，一招一式，可圈可点。

在拓展课上，玉萍很注意课程资源整合，结合感恩节，让学生制作感恩卡。但是回到计算机课，又有些拘泥了——与其用那么多时间修改一位陌生人的照片，编辑一位陌生人的资料，为什么不修改自己或者自己父母、老师的照片呢？至少也可以是现实生活中一位有影响力、充满正能量的人物的照片呀。学——实，说的是学习的内驱力在于有用途；学——识，说的是学的过程能获得对于生活的认知。

在开放性较强的课堂上，充分关注到每一位学生，这是难点，但同时也是必须的！

罗月华老师的课：

与李昂老师的课相反，月华老师的课很具备“活力课堂”的学生自主学习意识。这一点，在月华的不少课中有显著体现。月华在课上也很注意鼓励学生、欣赏学生，尤其是她在课堂上所展现的很强的控制课堂的能力，使几乎没有一个学生不在听课中。这些，是很值得学习的。

比之于教学形式，教学内容则尤为重要！高效课堂的基础是课程统整，解决学什么的问题。人类的知识林林总总难以计数，但是只有一部分最适合某一节课、某一群学生，选择哪些知识，要建立在充分理解课程、大纲、学生的基础之上。可以说，任何撇开教学目的的内容都是低效的，甚至是无效的。因此，我们的“活力课堂”将课程统整放在了首要地位。同理，朋友圈中，大家都欢迎我，我的确也把点菜当作享受！看着“光盘”现象，我很愉悦。至于“秘诀”，在于点菜过程中我总在考虑每一位朋友喜欢吃什么、最合适吃什么、最应该吃什么。

魏澜老师的课：

在烈日下听了魏老师的课，对我，是不到一节；对于体育老师，是一生数不清的节数；于是乎想颂歌体育教师不惧烈日寒风的精神——突然又打住了，“选我所爱，爱我所选”，选择了这个职业就注定了这个情节，确为职业操守，不赞也罢。

要赞的是体育课学生的状态，每一位学生都积极投入。在极为开放的课堂，关注每一位学生，实在是我们创建优质教育的必须！魏澜和月华都做得很好。

前滚翻的动作，部分学生头着地的部位不对，应该向后脑勺移动三厘米左右——这可是大事呀！

一家之言，不对之处请海涵！

示范效应——横看成岭侧成峰（老查说课系列13）

开课，越来越成为一种自觉行为。这是教师自我发展意识的觉醒，也是教务部门对于校长办学思想执行力强的具体表现。

项志萍老师开课之际，正值感恩节节庆日紧张准备阶段。我曾经试探性地问她，要不要我和教务处打声招呼，推迟到下学期吧？结果被婉拒了。人的生命是立体化发展的，恰如饭要吃，菜也要吃，水要喝，空气要吸，很多时候这些几乎同步进行。具备一定智商与情商的人自然会把生活和工作中一团乱麻的事情处理得有条不紊，高智商、高情商的人处理得更加得心应手。当然，无论是谁，都要经历从不会理到会理的过程，高手也是从菜鸟起步的。志萍老师对于事件的处理方法，可以为少数因为日常事务较多而婉拒或者直接不接受相关部门下达任务的同志所借鉴。

袁静芬老师也越来越具备志萍工作时的特点，一个多学期以来，她身兼人事干部、班主任、英语老师多职，仅有体力而不具备精神是难以长期承担这样较为繁重的工作的。发展中的学校、日臻优秀的学校，需要更多勇于承担的人！做教育就是做“登天”的事业，从马斯洛需要层次理论看，做教育的人自身的需要除了满足生理需要、安全需要之外，尤其要追求交际需要、尊重需要、自我实现的需要。也许正是因为如此，文明社会总是把教师放到被尊重的地位。从武功看，“吴用”也许真的“无用”，但是他是“梁山之师”，因此，作者将他排在一百单八将的第三位！

两位英语老师的课都显示出个人扎实或者比较扎实的专业功底，与学生的交流、学生的表现也都不错。可是从“活力课堂”的角度看，还有较大的可提升空间。这么说吧，中国人民用步枪、大刀、长矛、土雷把日本鬼子赶出中国，如果我们当年就普遍拥有“三八大盖”、榴弹炮，付出的代价是不是会小得多——那是生命的代价呀！决定的因素是人，这不错，可是同样的人用威力不同的武器，其效果显然有差异，节省下来的不仅仅是时间，而是生命。我校的“活力课堂”已获权威界初步认可，可算是教育教学的最新式武器！

“活力课堂”上，可以分组默写单词，组与组之间交叉评阅，让学生体会一把老师的感觉，也许会做得更实在，效果更好！上期说过，任务驱动模式是“活力课堂”研究的核心问题，“布置什么任务”“怎样布置任务”皆是学问。

笔者听课之余想到：可否从预备年级开始，英语都用三种颜色的笔板书和写作业：一种是黑色——常态；一种是红色，专门书写词性变化；一种是黄色，专门书写动态变化？此是预设，其效果试一试才知道，至少这个奇想源于记忆的“强化”效应。

杨秀英老师的课最突出的特点在于教学目的与教学过程的一致性。这一点也很值得我学习，我上课比较随性，有时会伤及课堂效率。其次，包括秀英的课在内的几节体育课都让我很骄傲、很自豪！骄傲与自豪的是，学生居然在这样的开放性极强的课上，有那样的注意力！何哉？静态地看，因为明确的教学目的，因为夯实的教学行为，因为教师对于课堂的经营能力；动态地看，便是我们学生普遍地走向优秀了。如果您觉得“学生喜欢体育课”，那可能是因为您不太了解体育课！学生普遍喜欢做自己喜欢的活动，让我打篮球我喜欢，让我跑步我也乐于享受第一个冲过红线的感觉，但是让我“垫上”，让我“跳箱”？我情愿听“伤神”的数学课。智者见智，不要说“我不行”，看到别人能行，自己也一定能行！

康健的课我一直是比较欣赏的，其课之精彩很大程度源自作为老师，他有一颗难得的童心。做教育的人，还是“幼稚”点好！有时候，我欣赏自己的童心；有时候，我又痛恨自己缺心眼！不过可以安慰自己的是，时间长了，是什么人都会明白，对不？用游戏法完成几乎整个教学过程，真的是非常棒！也许有人疑惑其课堂的容量会否伤及课堂效率，但我以为，大胆点，没有关系！只有孩子认真聆听过、实践后获得的知识与能力才能长远。从生命全程角度看，这是真正的高效！

一点建议：计算机课，不管是复习课还是新课，都是手不离键盘为好！我们有这条件的。

凤燕老师对于教学有研究热情，本节课也在努力实践“活力课堂”的模式。从教学方法看，凤老师做得不错，或者说，挺不错。学生的积极参与，也有任务驱动的习惯。对于一位成熟型教师而言，这份求变的精神值得充分肯定！

不过我挺疑惑的，凤老师一向对于学科本质的认识还是挺有见地的，但在我看来，今天这课上安排的学习内容却有些偏差。前面用一些时间检查学生初读的效果还算合适——但是最好分段叙述故事以更有效；后面，我不知道为什么要书写孙猴子的简历，还将其作为研究主题？是以此铺垫孙悟空的形象讨论？可是预备年级学生初知人物的性格特点即可呀？了解性格，重在文本阅读与研究，对不对？记得某一次中考命题时，涉及“人物形象”这个名词，遭遇猛烈抨击，当时还是笔者代为解围的——这还是预备年级呀，更不必如此深入。可能正是这一目标设计的偏差，才导致整个教学过程任务安排出现偏差。就此点而言，课程统整真的是太必须了，否则，差之毫厘，失之千里。

实在想设计活动，表演几个课本剧如何？哪怕因为时间关系，稚嫩一点也可以，哪怕就只用一些对白，甚至是传统的分角色朗读。

感谢老师们以实际行动声援“活力课堂”！对于我提出的几点认识，不对之处，敬请谅解！

“活力课堂”之花尽情绽放（老查说课系列14）

日前，主办的刊物《基础教育参考》登载了我校的《“活力课堂”：“教学改进”环境下的新教学策略》一文；《闵行教育研究》创刊号首篇登载了我校《“活力课堂”：“教学改进”背景下的教学范式》一文。这些迹象表明，我校首创的“活力课堂”模式正走出“养在深闺人未识”的境地，逐渐地为外界了解，为专家们认可。我们进一步研究发现，“活力课堂”不仅仅可以提升教学效率，其必将或者说已经在育人的工作中发挥着越来越重要的作用。现代教育所提倡的“终身学习意识和学习能力”，对于林林总总的文化的“筛选能力、识别能力”，现代社会发展、生存所必不可少的“合作学习能力、合作研究能力”，生命进程中的“自我激励能力”，均可以对号入座地在“活力课堂”的学习方式中找到恰当的注脚。是的，我们没有理由怀疑了，没有理由不推进这一可以实现教学相长的新教学范式！

新学期伊始，相关部门又开始了新时期的“活力课堂”的教学研究。近两个月，我重点听了两节中队会、两节“诗韵校园”语文课、一节英语课、一节化学课，特发表以下拙见。

陈妍老师的中队会是应华东师范大学基础教育研究要求，为山东省济南市骨干班主任研修班所上的示范课。初二(5)班中队是很有青春活力的中队，少先队员们用自己的才艺演绎着青春的梦想，整个过程渗透着教育应该具有的正能量。我这样思考着我们的教育：譬如学车，没有练习场是设置在坑坑洼洼、甚至危机四伏的道路上的，因为学员是生手，先得学会在规范的道路上行驶，逐渐习得一定的能力，才能应对以后的非常规道路。教育也是如此，渗透了生命的正能量，在未来的生活中才能用正能量去抵御一切非正能量。学生还小，基础教育暂且没有引导学生去解剖社会的责任。鲁迅先生的大作之所以逐渐被请出初中教材，兴许编者就是从这点理解出发的。

陈海华老师的中队会亦是应华东师范大学基础教育研究要求，为山东省济南市骨干班主任研修班所上的示范课。队会主题与初二(5)班中队的相同，也具备同样的优点。不过感觉上比之初二，初一(4)班的中队队员们更具备特长和活力，这一点与学校发展进程十分吻合。听课的专家也这样评价，从一高一低的两个年级中，看得见我们学校的发展。

班会、队会均是育人的课程，对于学生的成长是不可或缺的。听课专家对于两节课、对于我校学生，均作出高度评价。

杨海鹰老师这次与上宝中学初三年级组长江涛老师同台竞技！对于基本上还是默默无闻的我校，这本身就是一个了不起的进步。（同时期还有戴丽娜老师与上宝中学老师、文来中学老师的同台竞技，戴老师几度胜出。该课是区、市竞赛课，在此不作过多评价。）我欣赏杨老师在课堂上的语文老师风度，沉着中透着幽默，欣赏其将课程统整到“诗韵校园”的文化建设，但是还是应该进一步放手，调动学生自主学习。学生自主开放的朵朵小花，较之于教师主体的绚丽花朵更有意义！解放教学生产力，提高教学效益，教师应尽可能将力量运用到促进学生主动探究上，把提出问题、解决问题、得出结论、推动下一步教学进程都交给学生，其越与教师的预设达成比较高的吻合度，就愈见教师功力。

江涛老师的课，我本来准备礼节性地听上十分钟，可是一听就走不开了。说实话，这样的好课实在难得，扪心自问，对于我自己，也是极受教益。并不高大的江涛老师，给我留下了一个高大的背影。即使师生之间并不熟悉，但真正做到为学生发展奠基的人，瞬间就能为学生接受和深爱！诗文化、自主学习、“活力课堂”，在江老师的这一节课中得到了几近完美的诠释！教育教学，有太多的相通相融之外，所谓殊途同归，说的正是这一道理。江老师这节课，顿时消除了我对于上宝中学的一些偏见。做到全市数一数二，生源固然主要，教师的苦干精神固然重要，然而，同样重要的，是教师普遍具备与时俱进的教育教学的视野和教育教学的能力！

荆莉老师是进入第二年教龄的老师。真不简单，整堂课组织教学、内容设计、理论实验等安排井井有条，丝毫不见“菜鸟”瑕疵！记得去年上半年王怡雯老师曾经在区内上优质示范课，区语文研训员殷秀德老师这样肯定：“没有一个人在课堂上‘死去’。”这句话也就成为闵行区的经典评课辞令，雯雯老师也借此课在区内小有名气起来。那么，我以为，在荆莉老师的课上，没有一个学生不处于探究学习的状态！不是说荆莉比雯雯高明，是因为时过境迁，我们的“活力课堂”理应发展到这一步！不过，其中还有不小的提升空间。关于细节问题，我同荆莉老师有过一些交流，在此不赘述了。荆莉老师教学能力的迅速提升，与一个欣欣向荣的教师集体有着密不可分的关系。

近期张瑜老师、鲍娟老师的课，我因为会议冲突关系，没赶上听。张瑜老师的课我尚未听到部门反馈。不过，我要提的是，张瑜老师是一颗了不起的螺丝钉，她总是把学校的需要看成是自己最大的需要！在课程教学上，她越发显露出“多面手”的本质。我们学校不大，出于政策考虑和经济考虑，不可能有很大的学科教师贮藏空间，而学校课程教师又不可或缺，具备更多一专多能的能手，教师具备以学校需要为自我最大需要的意识，对于一所走向优秀的学校来说，是很幸福的事。

鲍娟老师的课，相关部门领导给了高度的评价。从评价中我感受到了鲍老师的成长。“学生学得主动，学得快乐，十分凸显‘活力课堂’的要素。”——这是我听到的听课老师和领导的评价。

谢谢各位执教老师！同时也谢谢相关部门精心为老师发展搭建高效的平台！

"活力课堂"必须彰显的示范(老查说课系列15)

我们所主张的"活力课堂",力图将较为前沿的"课程统整""自主学习""课堂即时评价"融为一体,其体系之大、观念之新,可以说是前无古人。因此,我们必须有自己的优质范例。11月29日,刘琳琳、王怡雯老师为大家首开"活力课堂"示范观摩课,对于我们创建"活力课堂"是有着划时代的意义的。全体老师对此给予高度的关注,认真倾听授课的全过程,其意义尤为重大;教育集团初中联合体教师百忙之中来我校听课,是兄弟学校对于我们的肯定与援助。

我曾经以"不是所有牛奶都叫特仑苏"为题,评价琳琳老师的课。从课程统整的维度看,这一堂课很看重学科的德育功能,而且人际关系学、生物学等能力与知识,在整堂课中均得到了贯彻。

从自主学习的维度看,这份自主不单表现在学生主宰课堂,还表现在我们在课堂上看不见的课堂学习内容的前挪。内容前挪(预习、自学、先行探究)与内容后续(练习)的区别不仅仅是时间安排问题。前挪,保持了学生学习的新鲜感、好奇心,这些美好的学习情感往往被传统的教学方式淹没。前挪,决定了学生自学了一点就有成就感,就会赢得表彰,学习的情绪是充满期待的喜悦。后续不可或缺,但必须适可而止,以谨防演变成为惩罚性的。被惩罚的次数多了,渐渐地,学生将失去学习乐趣;被欣赏的次数多了,渐渐地,也就促成了学生的学习兴趣。健康的孩子是喝被欣赏的奶水长大的,目前世界最新的"翻转课堂"主张正好诠释了我们的观点。

至于课堂即时评价,刘琳琳老师采用了个性化的笑脸,吻合预备年级学生的认知特点,有吸引力。每个学段教师均可以在学校教务处统一部署的评价框架下,形成自己的个性化课堂评价,以促成学生浓烈的合作学习兴趣。

我以为,这节课的瑕疵有两点:一是准备得过于充分,以至于课堂学习成为课堂展示,"未有挫折"(江逊语)。经历挫折不仅仅能培养耐挫力,挫折本身还会带出众多的教育教学资源,会使课堂如潮起潮落,叠献精彩。二是关于人文品德的追求过于急功近利,在一定程度上使课堂陷入程式化,客观上削减了知识与能力习得的空间。"活力课堂"讲究的是全程德育,全程德育更讲究润物无声。

王怡雯老师的课渐见“大家风范”。这风范首先体现在教师的行为,这是显而易见的,也极有借鉴意义和借鉴的可能。始终洋溢着的微笑,不仅仅成就着教师美好的形象,尤其能给学生以温暖、鼓励;话语不多,可以把更多的表现时空腾给孩子,同时也表现出对于学生的高度信任,恰到好处的语言才堪称天籁之音;肢体语言、站的角度都仿佛经过精心设计,一招一式都那么优美、贴切。

从“活力课堂”的三维度看,雯雯老师的课已表现出活动设计者所期待的示范效应。

课程统整维度,雯雯老师把知识能力点落实在学习对于字词句段的感知鉴赏上,课堂呈现良好的语文生态。

自主学习的维度,课堂学习内容前挪,学生用一个回答就印证了——“我昨天晚上预习的”;小组学习的时间比较充裕,较好地体现了“活力课堂”的教学主张;学生能够沉浸讨论,回答问题积极有序。

课堂即时评价在一个初始年级已经运用得行云流水了,这不仅仅依赖于教师良好的教学素养,同时也说明了我们的生源已经得到了极大的改善。仅在较短的时间里,他们已经适应了七宝实验中学的文化——孩子的心,清纯如水,对于善与美具有极高的识别能力和接受能力!种种迹象表明,预备年级学生的水平达到了前所未有的高度!

上课的艺术终有道不尽的遗憾,再好的课也是如此!雯雯老师的课在课程价值的取向上尚有值得推敲的地方。编者在教材中编入《森林里的绅士》,是否意在还原作者茅盾 1945 年的写作意图?如果是,就不应该编入六年级课本,因为那思想对于六年级学生似乎太深奥。大着胆说,即便编者这么想,我们也大可不必奉之为经典,也可以大胆改造!雯雯就有这种思想,因此,开始就请学生“豪猪自叙”,因为被誉为“绅士”的豪猪的确在作者笔下不乏可爱之处,不少习性也的确值得人类借鉴!这样,可以尝试以“您愿不愿意当一头豪猪”为解读切入点。预计学生分成两派,正好有了矛盾冲突——有认知冲突才有活力,才有多元解读,才有“一千个哈姆雷特”!愿意——发掘出可以为少年借鉴的“绅士风度”;不愿意——读出作者茅盾当年的写作意图!紧密结合阅读课文,在过程中夯实“双基”。

总之,感谢琳琳、雯雯等老师的精彩示范!感谢老师们的全员参与!让我们共同期待今天下午两节课的精彩!

“活力课堂”的新标杆(老查说课系列16)

张莉和吴静华老师执教“活力课堂”示范课已经半个多月了,其良好的课堂生态,依然历历在目。思考半个多月,我觉得可以下判断了:这是实实在在的高效课堂,这是“活力课堂”的新标杆!

张莉老师课堂最显性的优点在于,敢于让学生自学最关键的有难度的问题——推导公式。能够做到这一点,是基于教师对于学生的充分了解和高度信任,同时也表现了教师充分的自信!学过车的人想一想就会明白——高明的教练往往很懂得放手,而貌似敬业、实际水平不高的教练总是一百个不放心,没完没了地絮絮叨叨,絮叨得学员手足无措。高水平的教练也指点,但是“惜字如金”,恰到好处的“蜻蜓点水”往往使人醍醐灌顶、茅塞顿开。信任关注下往往能够盛开最绚丽的花朵,张老师的学生推断出的公式就令人耳目一新!从这点看,张老师堪称“金牌教练”。

联系实际生活、深入浅出地走近学习内容也是张老师授课的特点:谜语、扇子、量角器、贝壳等示例信手拈来,让数学也如此亲切。课程教学似乎有这样的规律:基础教育,尽可能把深奥的道理简单化;高等教育,尽可能把简单的道理深奥化。这是由教育的阶段性目的决定的。如果有老师企图在基础教育,尤其在低学段把简单的道理深奥化,其谬误可谓大矣!这种做法充其量只是炫耀一下自我。

一点建议,仅供参考:理科的课前气氛酝酿是否可以不用齐诵?齐诵很热闹,但是热闹不是理科需要的“场”,就让学生看书、默读、静思,宛如思维风暴来临之前的平静,可否?

耳闻静华老师执教“活力课堂”关注下的复习课早已是得心应手,自成风格了,吾观此课,信然!吴老师竟然完全放手让学生分组整理复习内容,分组诠释复习内容,此胆识的确非同小可!究其实,她和张莉老师一样,胆大而不妄为,胆大建立在对于学生有充分认知、信任学生与信任自己的基础上!学生主宰复习课,不单是在“翻转课堂”理念下的先行学习,而且“将心比心”,学生自行安排的重难点可能更加适切于学生的整体认知,针对性更强!比之于我们传统的复习课，老师们面面俱到、点点强调——结果却往往是面面到不了、点点未强调！因为复习课内容没有新鲜感，没有新鲜感学生就难以集中注意力。而“翻转课堂”恰到好处地提供了学生新鲜感，可谓创举！可以广泛推广。注意，此形式与学生学力程度无关，低程度有低程度的要求，而且低程度学生中的相对较高程度学生整理出来的内容最契合他们的最近发展区。

一点建议：也许静华老师在复习前已让学生对学习内容实行分组分工整理（没有求证），但是我以为教师完全可以让每组全面整理所有涉及本节课的内容。因为，学习的目的不是为了某一节课，而是为了学习这个内容，这样可以避免分工带来的知识能力掌握的疏漏。

说几句貌似是题外话的感想，名师是怎样炼成的？

(1) 学习学习再学习。不惑之年的张莉、静华老师，对于最新的教育教学思想、教育教学方法持欢迎的态度，因此与时俱进，在一个群体中始终站在高点。

(2) 坚持坚持再坚持。记得在我校教学尚处于不堪回首的低潮时，静华老师执教的毕业班的英语优秀率就曾经位于全区第 13 位。再观现在初二年级，静华、志萍、陈妍执教的班级英语全区统考几次赫然进入前 10 名，竟然超过了几家“贵族”。其中，坚持着的课程统整、考试分析是有决定性作用的！记得四年前，每天早晨巡视时，我总是看到张莉老师领导下的数学备课组（包括孙怡虹老师、李昂老师）雷打不动地抓紧时间批改刚刚收上来的家庭作业，为了使今天的上课更有针对性。我曾经断言：坚持下来，有戏！四年后，该年级数学成绩从起始的第 43 位跳跃到第 15 位！更何况，张莉老师还培养了一个同样具有精神和艺术的“小张莉”。

(3) 理解特殊社会环境的传统职业。是的，我们有些卑微！躁动的社会有些漠视我们这些一直在传统文化中被尊重的文化人！不单单是作为教师，校长又如何？孔子是最成功的“校长”，其功名盖世不逊于任何帝王；即使老蒋，“校长”是其部属对其最尊敬的称谓，一定尊贵于“总司令”“委员长”！但是，人心不古了！今天，校长在外见谁都点头哈腰，唯恐礼貌不周，招致学校蒙受损失；在内唯唯诺诺，唯恐弹一个滑音影响和谐，又何况一教师？内有学生挑剔、行政管理、规范制约、考试压力、教育压力；外有社会挑剔、家长要求等等，不尽是合理，亦有枉处。也许，我们的民族正处于一个特殊的文化阵痛期，但是总有一天会平静如初。不过,教育与文化境界要恢复平静如初是需要明白人坚守的!

我选择了教育,或者说教育选择了我,又或者说其实我别无选择!因此,我们必须是教育的"明白人"。我们的工作不可能真正轻松,因为我们事关育人。我们仅仅能做到的是尽量科学化、人文化,在紧张的前提下略微轻松一点,促成我们内部良好的人际环境,做好个人分内的事。一份爱心给学生,一点善意给同事。我们的待遇不可能很高,因为教师是一个十分庞大的工作群体,任何一点基数的提高从全国来看都是极大的数字。还有,我们的身份不是物质财富的直接创造者,"近水楼台先得月"与我们无缘。我们仅仅能做的是:作为个体,多劳一点,优劳一点,从而在再分配原则下多得一点点;作为集体,遵循上级指示,做好学校教育工作,在关于学校的各项评比中抓大放小,明辨是非,争取外部高度评价,争取奖金利益——今年就是如此。当然,要从根本上解决心理平衡问题,还是要说服自己,理解"工作生活化"的深刻内涵:把工作看作生活的重要内涵。享受工作,是享受工作带来的成功感受,工作薪酬只能勉强带给我们一个较为体面的生活境遇。所有指望靠教师工作发财,或者财富与高收入者平齐的人,都是注定要受挫的。

最后要说:"题内""题外",我们都需要张莉、静华一样的标杆!

“活力课堂”：从实验走向普及(老查说课系列17)

说课专栏停摆几个月了，首先说声对不起！说是事儿忙，这个原因也很勉强，因为和专职教师一样，既然教育的决战在课堂，那么，教师的工作在课堂，校长的主要工作也应该在课堂！其实，近来的多次听课总给我无限的欢喜！

什么样的教师可以自信地认为自己是最好的老师呢？起决定性作用的因素很多，我以为以下四个因素必不可少：①学生喜欢您上课吗？如果不喜欢，可以一票否决！②您的同行赞赏您的课吗？尤其是来自不同学科老师的赞赏。③您带得出成绩吗？您眼里和心里认为“无可救药”的学生越少，越能证明您的高水平。④您忌惮于执教公开课吗？自信的老师、最好的老师往往“人来疯”。

听了8节公开课，我感觉“活力课堂”正在从实验走向普及。

孙怡虹老师、刘超子老师是为合肥经济开发区校长培训班老师开课的。我由于是“串听”，只有整体印象，没记得太多细节。整体印象是学生主动、课堂生动。尤其是我们开课在初二(1)(3)班。并没有刻意安排在低年级或者课堂生态更好的初二(4)(5)班，学生仍能在课堂上呈现出那样的生态，说明“活力课堂”正从实验走向普及。怡红作为非数学专业毕业的数学老师，也愈来愈专业；超子是刚刚参加工作才两年的老师，就能够为校长培训班开课，的确是一件十分了不起的事。有正能量、有学习精神，再难的事都有可能做好。

闵行区教学现场会可能是我校建校史上最具规模、最具有说服力的教学活动。之所以能够得到这次机会，是因为我们的“活力课堂”、我们的学校越来越具有影响力；之所以敢于承担这样光荣而艰巨的任务，是因为我们具备为数不少的诸如李大维、张莉、恽怡、王文静这样堪配示范、勇于示范的“本土‘活力课堂’专家”。

不吃老本，要立新功！大维是最“老”的教师了，以距离退休仅四年的资历活跃在教学改革的最前沿，这不仅仅说明大维老师具备教师应有的发展正能量，也从一个角度反映出我们教师普遍追求专业发展的现实，折射出“活力课堂”深受欢迎的事实。观其课，最使我印象深刻的是教师身上洋溢的激情，这激情深深感染着学生；还有老师扎实的学科功底，把握学科本质，重在培养学生实验动手能力、观察能力的一贯做法。这些，堪称我校的宝贵财富！

张莉老师近期因为家庭特殊情况（爱人援疆）不得不暂离班主任工作岗位，但是她没有就此偃旗息鼓，而是另挑重担，在张春老师身体不适的情况下一直担任学科主任。懂教育的人会发现，如果说理想是人生的支柱，那么数学学科堪称“学习的支柱”，潜意识里，学生的成绩“好赖”往往决定于他的数学成绩。担任学科主任的张老师协同其他“三大高手”，带领我们数学组逐渐走到本区公办初中前沿！“小张莉、小晓寒、小张春、小董董”也“当春发生”！张莉老师本学年已经两次执教示范课了，其压力可想而知。然而，真正的好老师是不仅仅对于学生有要求，而且对于自己同样有要求的人！见好就收是庸俗的人生法则！不息的追求，决定永远的青春！我观张莉老师的课，深受教益，每一次均有深刻体会。放开手让学生动手体验，充分相信学生才能充分调动学生，这些都是张莉这样高效率老师的典型特点！还有“坚持一贯”“教育者先行”“查漏补缺毫不松懈”，也是张莉老师的一贯特点。

恽老师此次的示范课，堪称“化蝶”！恽怡老师单纯、朴实、内秀，不事张扬。记得在我校缺乏班主任的发展窘境下，恽老师低调地找到我毛遂自荐。要知道2012届正是我们教学发展的转折点，无论是作为该届初二的班主任还是英语老师，在这个关键的转折点上，恽老师都留下了让人感动、称赞的美好亮色！我虽仅观其课十余分钟，但恽老师的温情和学生的积极让我印象极为深刻，老师的爱与呵护，激发着学生的学习热情！当今学生，也许不一定信奉真理，可能只愿意信奉会爱他的人！这是恽怡老师给我最大的启发！

文静老师算是后起之秀了！在我们学校，她也许更能代表一个群体，一个活力四射、魅力无比的“80后”群体！这个群体很辛苦，你们不仅仅代表我校教育的未来，更是我们当今实力的证明！默数我们学校班主任名册，该有多少“80后”！我脑海里时常显现着这样的一幕，在寒冷的冬季，当你们，年轻的母亲，早晨六点多钟离开温暖的家，撇开您挚爱的、年幼的，甚至是尚在哺乳时期的孩子的时刻，您有多么不忍却多么义无反顾！因为您牢记着您人生的使命，您是母亲，您更是老师！对吗？于是我内心深处总是涌现着对于你们无限的怜爱。你们把最为宝贵的青春献给了教育，可是我能够拿什么来回报您？也许，我只能用你们的未来报答你们！用一所具有尊严的学校报答你们！这样想着，你们这个群体其实也很幸福，因为也许在一些传统的名校、强校，你们的同龄人还是边缘人的时候，你们早已是学生心中的“神”了！你们早一步证实了职业的价值，你们早一步证实了生命的价值！由于属于同学科，文静的备课我也参与了。我不打算赞赏她勇于求学的精神、精益求精的精神，这些在我们这里已经很普遍，在我们“80后”教师中更加普遍。我只是赞赏她的悟性——往往一点就通！敢于追求必须辅以善于追求，敢于坚持必须辅以勇于放弃，这样才可以独领风骚！课后，一些观课老师对文静这堂课生态之好简直不能相信……当然这一切都是真的，是原生态，不是演戏！

特别值得一提的是，这次大型活动中，我们各处室精诚合作，老师们全力支持，学生们竭尽表现，全校所表现出的学校上升期所具备的精气神令来客敬佩！身为校长，我深感幸福！身为校长，我感恩大家！我愈加坚定了一个信念，不管前程有多少泥泞或者荆棘，我都将义无反顾，凝聚众心，成就一所彪炳教育史册的名校！

从实验走向普及(老查说课系列18)

该说说殷秀德老师的课了!

闵行区语文教研员秀德老师今天堪称“小大家”了。我自傲的是,十年来,我见证了秀德老师的成长!秀德老师讲的是《沉船之前》,这是一篇剖析人性的文章,是初中语文教学的难点。此内容秀德老师却讲得那么的精彩,宛如平常一段歌,其深刻的人生哲理就隐藏在这平常的“活力课堂”的旋律之中,那么贴切!我很受教益的是:①如何在最短的时间内了解学生的学习基础?秀德老师是第一次面对这些学生,学情尚且掌握得这样迅速而准确,我们每天面对熟悉的学生,就更应该对他们了如指掌了。②课堂是需要跌宕起伏的,最优美的跌宕起伏应该是认知的冲突。以例析之:关于人物,老师先“挖了一个坑”,问作品涉及了哪几个人物——学生从认知冲突中深刻体验了主要人物、次要人物之分;关于作品主题,老师故伎重演——问:作品写了几类人?学生成长了,再不上当。杨同学(据了解,尚且是学习成绩滞后的同学)一言蔽之——只是一类人!老师惊愕!观课者惊愕!妙哉妙哉!③关注学生、尊重学生、鼓励学生,提倡教育公平,等等,在秀德老师的课上展现得淋漓尽致!上海市教研员曹刚老师也对此赞不绝口。

王怡雯老师是公开课的常客了,她执教的是上海市优青班学员展示课。近期,她是第二个有缘进入优青班的青年老师了,先前进入优青班的是张杰老师。这是一所学校的光荣。雯雯老师课堂上表现出的教师状态很优雅,言谈举止间随处折射出对于孩子的信任和爱!这是我们最需要的教师情感,而当这种情感不完全以话语形式呈现时,教育就臻于“化境”了。雯雯老师对于文本的解读较之于上个学期的公开课,又进了一大步,这是令人欣喜的。教师的话不多,符合以学生为主体的原则;但是教师又是断然不可缺少的,他是组织者、是导演,更是学生认知的导师。雯雯正在向这方面努力。建议她多想想殷秀德老师的课,思索教师怎样以认知冲突形成课堂跌宕起伏的戏剧效果。

听李晓芳老师的课,我直呼“过瘾”!晓芳老师是特地给绍兴市文澜中学的“取经者”传道。都知道晓芳与戴丽娜、马玉萌、董良祥、安晓寒等均堪称“考霸级”老师，殊不知“考霸”自有“考霸”的诀窍。娜娜的青春无敌，萌萌的激情奔放，董董的磨杵成针，晓寒的理性尊重……晓芳呢？余观此课，顿悟：晓芳老师有办法让学生学得主动，学得活力四射，学得激情洋溢，学得欲罢不能！究其原因，晓芳与时俱进，深刻领悟“活力课堂”三维度的辩证统一关系，并且付诸实践。做一个现代教育教学的弄潮儿，岂不快哉！

在这里，鲍娟老师便是“菜鸟”了。她联手晓芳老师，给远道而来的“取经者”传道，不仅仅是对自己发展实力的证明，也说明“活力课堂”“老幼不欺”，谁先一步学习，谁就可以傲然于潮头！我观鲍娟老师的课，很快就捕捉到了吴静华老师讲课的影子。“把讲台让给学生”对学生的成长意义何止于教学！鲍娟老师虽教龄不足两年，而今，其教学实力已今非昔比。成长之快，在于有学习抓手——“活力课堂”；成长之快，在于有执着于学习的精神，还在于有“本土‘活力课堂’专家”的引领！

“活力课堂”，必须从实验走向普及！2013 届毕业生现象很好地诠释了这一点，当他们正值六年级时，正是我校开始“杜郎口教学”探索的时候。目前的“八年级现象”亦可以说明这一点。他们学得好，在强手如林的闵行学界仅有的两次区统考中均跻身前十名，而且，他们学得比较轻松。我们的“活力课堂”，最早就在这个年级全面试点，当时年级主任静华老师与教务处副主任国海英老师联袂担任“活力课堂”课题组组长。

“活力课堂”，已经从实验走向普及！我们绝不可以开门是“活力”，闭门是“暮气”，这不仅仅对于教学不利，更严重的是对于教育不利！教育不能表演一套，实际一套。那样很累且低效，甚至是负效。所幸的是，从我所接触的面来看，我担心的事情没有发生。

要有足够的勇气去爱(老查说课系列19)

10月17日清晨,第一节课,兜过一圈教室,我发现全校教学秩序井然,然而,这井然让我深感不安,因为我几乎没有发现一堂课是我们主张的"活力课堂"!几乎所有的课堂都是老师在绘声绘色地讲读!

10月16日下午,我与束副校长参加了闵行区新优质学校创建例会。会上,恽敏霞院长公布了以初一(现初二)年级为样本的全区学生绿色指标调研结果,我校几乎每一项指标都位于九所学校的前列!其中超过50%的指标均为正向第一!朱越副局长说:"新优质学校均取得很大进步,尤其是七宝实验中学,不少指标已经进入闵行区上游水平!"朱雪平书记更是握着我的手,直言不讳地说:"你们学校已经很好了,但这多亏七宝中学的帮助!"

面对我们已经取得的成绩,面对外界的褒奖,我似乎感受到前所未有的压力。领导和社会是这样抬举我们,我们可千万不能做"不识抬举"的人或校啊!

带挈我校走出困境,成为"好学校"的原因有很多,其中最为重要的,就是我们形成了我们的标志性产品:"活力课堂"!其传统课堂所无可比拟的威力,相信我们广大教师都心知肚明。可是,为什么我们总是习惯于喋喋不休地去讲?多讲,对于好学生,恰如母亲把食品一点点嚼烂喂给孩子吃,剥夺了孩子咀嚼的体验;对于学困生,则是"填鸭",不管你的胃能不能吸收,反正做母亲的任务完成了!

现在,嚼烂喂饲的母亲可能只存在于最僻远的乡村,然而,作为文化弄潮人的老师,为什么就愿意滞留在文化的最末端呢?

——"活力课堂",要有足够的勇气去爱!

一、"活力课堂"最挑战教师的专业底蕴

传统课堂是您事先准备好东西,大家按部就班就行;"活力课堂"中,您要遴选学生的观点,形成高效的教学计划,您必须具备通观教学本质的能力,于无章中觅有章!让每个学生舀取一瓢水,您只能是一方池塘,至少得是一口井!

二、“活力课堂”最挑战教师的组织能力

传统课堂中您是县令，您是法官，只要您惊堂木一拍，全场鸦雀无声。但是，无声就代表在认真地听课吗？认真听课就代表用心听课吗？用心听课就代表能独立解决问题吗？考试可不是比听力！“活力课堂”活力四射，您只是议事会主席，您要在谛听中发现、调整，让无序的外在承载有序的探究！就像我们发展中的学校，内部总会有不同的声音，这些声音都是学校发展所不可多得的营养，它们往往让学校决策更科学，让学校发展更有活力。假如我“灭了”这些声音，无异于自掘坟墓！既做不到，也不可做！

三、“活力课堂”最挑战教师的耐性

这一点可以用做家务比喻：勤劳的母亲，一手包办，三下五除二就把床理好了、衣服洗好了、衣服叠好了、碗筷洗好了、地拖干净了，可是，女儿除了会享受这些，其他什么都得不到，而母亲也不可能一辈子做女儿的保姆！智慧的母亲一点一点带着渐渐长大的女儿做家务，尽管比自己亲手做累好几倍，家务效果也不尽如人意，但是，女儿在一点一点地获得，这多么可贵。毕竟，女儿最后总要独立生活！就像我们的孩子，面对纷繁的世界，有太多需要自己学习，授之以鱼何如授之以渔呀！

四、“活力课堂”最挑战教师的成就观

传统理念中，讲究教师口吐莲花。教师在口吐莲花中自我陶醉，尽情阐述着自己的专业理解，欣赏着自己生命的价值。细想一想，让众多年轻的生灵静静做生命的听众，是不是有些残酷？凭什么剥夺孩子绽放生命的机会？现代教学要求把课堂还给孩子，让孩子做课堂的主人！只有孩子的生命迸发出活力，课堂才有活力，课堂才会高效！

亲爱的老师们，你们的敬业精神几乎无可挑剔！然而，如果我们不打算退化到昨天，不想再去经历那些不堪回首的没有尊严的往日，请适当让我们的嘴休息下来，相信孩子！相信自己的学生！

面对今天的孩子，请坚持“活力课堂”！

从尴尬走向从容（老查说课系列20）

这学期我开始正式带课，先"试试水"，在预备年级上一节拓展课，自命名为——魅力诗文化。

大约是因为校长上课，抑或预备年级那班年轻的同仁"作弄"我，小小的一个班，挤进了近50个人，连过道里都是人……

上课了。我信心满满地要上"活力课堂"类型的课。可是这班小家伙可不像初三同学那样给校长面子！我讲课时还好点，提出问题时，下面就是"一锅粥"！我又不能发火，甚至连大声呵斥一下都不敢！一下课，我稍显狼狈地来到预备年级办公室，小同仁们就幸灾乐祸地朝我坏笑，但从她们的笑中，我得到了启发。

第二节课，还是那么多人，但是我已经盘算好"活力课堂"的"加分"方案了！我告诉同学们，每一个正确的回答可以得一个章，每一个创造性的问题得两个章。还有，我把古诗文默写命名为"大比武"。由于学生是(4)班、(5)班的组合，我便算各班的平均得分。首次明星班是(5)班，平均得分90分，默写的是4首诗；共计15个同学得100分，他们分别获得两个章。这课堂较之于第一节课，明显好一些。

作为任课老师，我还应该维护我的课堂利益（尽管有滥用校长权力之嫌）。我对名媛老师、束涌副校长说：我只要30人！他们比小朋友给我面子，真的调走了十几个学生，尽管有三五个走了一半又硬生生地要回来，但是这使我高兴——对于教师而言，哪有比学生抢着听自己的课更快乐的事呢！第三节课前，我设计出了我的管理"利器"：魅力诗文化拓展班加章证明（以下均为手写）。

________老师：

________同学在学习该课程中，表现优异，获得"活力课堂"争章________个。烦请载入该生所在班学习小组。谢谢！

魅力诗文化拓展班任课教师查建生

________月________日

我把我的"章"交给陈丽老师，委托她见条加章。（在这里表示感谢了。）

上了四节课，感觉学生一点点"上路"了。四节课也就是160分钟时间，大部分学生已经将七首诗囫囵吞枣地学会了，不少还能正确默写了。七首诗中可有诸如《蒹葭》《硕鼠》《你是人间四月天》这样的名篇！我以为教学效率有了。何况，学生在“活力课堂”奖章的激励下，还真能够答出一些让人拍案叫绝的东西来：我的预备年级学生就自己总结出硕鼠让人讨厌的“品质”是贪得无厌、忘恩负义、好逸恶劳。他们还说《硕鼠》是借物喻人。在我的启发下，他们想到了“奴隶主”。还有田磊同学的答案很绝：“当代的‘啃老族’！”

我反思：我是运用“活力课堂”，从尴尬走向了从容。

享受运动，享受教育（老查说课系列21）

依依不舍中，第六届运动会落下帷幕……我敢说，七宝实验中学的历届运动会中，这一届是最好的！

采撷几个剪影共同回味吧！

当国旗队、彩旗队走过，那精气神就使人倍感振奋——这是声名鹊起的现代实中应该有的精气神；这份精气神，预示着本届运动会将不同凡响！

接下来是各运动队入场。入场式比拼的是班主任对于现代办学思想的理解——果然争奇斗艳，匠心独运、淋漓尽致地表现着我校办学特色！入场式比拼的是班级文化，所谓场上几分钟，场下多日功，形成的过程有着太多师生的心血与付出！入场式比拼的是学生的能力，有班主任导演的，这显示着班主任的责任与才艺以及学生的执行力；有家长导演的，这标志着现代学校教育的高位和谐，实中教育已经渐渐深入人心，我们当"惜福"；我更为欣赏的是由学生导演的，他们虽稚嫩一些，然而内里藏着太多的珠玑。不管哪支队伍，搁在两三年前，准是一等奖的得主，这标志着我校巨大的进步！

尤其不可忽视的是教工运动队入场。果然不愧为闵行区"奉献精神第一"的教职工队伍，新优质学校的精气神写在每一位队员的脸上！老师们深知，我们是孩子们的榜样，我们的人格影响着孩子，每一点示范都要从最简单的做起！

竞赛项目精彩纷呈。应该指出的是，群众体育运动，最讲究的不是成绩，而是参与的面和参与的精神。很享受孩子们的拼搏，尤其是看到一些平时在学习上不显山露水的孩子第一个撞开终点的红线时，我深感欣慰！美丽的青春岁月，我们和孩子们一起营造美好的生命记忆！孩子们认真地计较成绩，我不止一次接受孩子为成绩而"上访"，都认真对待，告诉他们找裁判长，裁判长解决不了，我就和他们说道理——公平公正是我们追求的目标，我们只能在相对公平中追求公平，所以公平公正才那么具备迷人的魅力！才那么值得我们毕生追求！这就是社会！

教职工的竞赛是忙里偷闲，这也是一道亮丽的风景。单是看孩子们蜂拥而至、高呼拥戴的架势，就知道我们在享受教育，在享受被评为闵行区第二的良好的师生关系。这是多么幸福的事！我们在现身说法，即使我们比赛中有些“小赖皮”，但正是这样的表现拉近了和孩子们的距离——只要您愿意，您随时都可以年轻！

最吸引眼球的是孩子们登上领奖台。这架势，甚至不逊色于奥运会颁奖！我们是在用心和孩子们做游戏，多么高尚的游戏！我们正带领孩子们在幸福的游戏中成长！当我们把闪亮的奖牌挂在孩子的胸前的时候，当我们和孩子一起扬起成功的鲜花的时候，当我们的生命和孩子的青春一起定格的时候——我想，您一定能体会到什么叫作幸福的教师！花时间如花钱，只要值得！

忘不了那个小男孩——他错过了上领奖台，便急匆匆地找到组委会。束涌副校长灵机一动：单独为你颁奖，请校长为你颁奖！我拥着孩子，感觉孩子身子微微发颤；我看着孩子，发现孩子的眼中充满泪花。这是教育的机智，只要用心，就可以带给孩子生命中的感动。那一刻，我们两人一定终身不忘！

欣赏着孩子，感恩着老师。这样综合的教育活动，全过程中老师们热情投入，没有一个掉链子，太多太多的老师工作的同时还不忘记为孩子们喝彩！

我似乎是最闲的。我有理由闲一些，因为大家都可以把大事做得这么漂亮。享受着孩子们一遍一遍争先恐后的问好，感恩着每一位教职员工为一所薄弱学校的华丽转身所做的一切，享受着教育——我心陶醉……

又开始享受课堂(老查说课系列22)

昨天,从校园网上看到一条提示,下周因为期中考试,拓展课暂停一次,我突然有一种莫名其妙的失落感,便知道自己开始享受课堂了!

从惧怕到享受,这是一个充满正能量的过程。

作为老师,我享受学生的成绩:上周举行了第三次"比武",容量很大,是默写《蒹葭》和《硕鼠》,总计48行诗,结果全班同学均得分超过80分,4位同学得满分(计分标准为错一个字扣2分)。要知道,预备年级最优秀的学生一般参加了古诗文竞赛班和铜管乐队。

作为老师,我享受学生你追我赶的进步。第一次、第二次"比武",来自(5)班的同学领先,是"明星班";第三次"比武",来自(4)班的同学领先,(4)班是第三次"比武"的明星班。

作为老师,我享受学生的知识视野。当我开始带领学生学习屈原的时候,同学们的发言已经把我课前预备的知识讲述了一大半——才11岁的他们,知道的居然那么多!

作为老师,我享受着学生的见解。由于屈原诗赋实在太长,我只挑选了一些名句作为学习内容:"路漫漫其修远兮,吾将上下而求索。""众人皆醉我独醒,举世皆浊我独清。"……孩子们一读,就急不可耐地发表见解了。下课铃声不期而至,居然让孩子们异口同声地惋惜:"哎呀!"

作为老师,我享受着孩子们的快乐。当我宣布"比武达人"的时刻,当我宣布本次"比武明星班"的时候,当我颁发前两周学生所得章的时候,一阵阵自发的掌声,就是快乐和分享快乐!

作为老师,我享受着同事们的帮助。前面两个月,有两位班主任陈丽、马玉萌老师帮助过我;有年级主任汪名媛老师、束涌副校长、国海英副主任、毛毛老师、陆静老师帮助过我;还有一些隐性帮助,就不一一列举了!

做着自己愿意做的事,做着自己能够做的事,做着自己喜欢做的事,真的无比快乐!

做一个会思想的教师（老查说课系列23）

——兼评三节“活力课堂”能手评比课

我曾撰文《做一个有思想的教师》。时间过去了一整年，觉得用《做一个会思想的教师》更平直。其实，有思想不等同于有想法，所谓有思想，无论赞同与否，皆指促进进步、促进和谐、提升综合幸福指数的充满正能量的好思想。汉语中就是有些词汇很奇特，看上去呈现中性，其实是大大的褒义，如有内涵、有气度等，句法上未限定或修饰“好的内涵、美的气度”，但是其实是这个意思。

“会思想”也许可以在一定程度上避免误读“有思想”。所谓会思想，就是善于接通他人的思想。作为一名“国家教师”，维护国家利益；作为一名“人民教师”，维护学生利益。想国之所想，为学生着想。国家雇员，责任所系！

会思想更多地用在本职工作。在课堂中融入思想，在思想指导下履行专业职责，这样可以超越一般意义上的“雇员”，而成为优秀的人民教师。

“活力课堂”是学校的思想主张，是六年多全校师生智慧的结晶，是全校的共同价值追求。实中成长的历史证明，我们做了一次智慧的选择。

“活力课堂”能手评比课的点评要从“三维度”“四要素”展开。

文青的课在第一个维度上渗透了“思想”。据了解，其制作的原本是“花瓶”“碟盘”之类，但文青智慧地选择了制作“mini 小黄人”，显然更贴近学生的兴趣——文青的思想接通了一次学生的思想！

初二（2）班生态非同一般，在晓芳的带领下，俨然呈现超越初三（4）班、2014届（4）班之势。加之文青老师将教学内容统整得吻合学生兴趣，因此，学生投入得比较专注。

重组建议：老师把动手前指导全部交给学生自读解决，如何？再把节省下来的时间用于学生基本完成作品。也许还能剩下时间，这时候，老师组织学生点评。这样就完整了，高效了！

关于常识性学科，尤其是连统考也没有的学科，可以加大一点自主性。音乐美术类，基本歌舞能力训练、基本绘画能力训练还应该是主旋律。否则，净培养出当代“叶公”，只会说说而已。这就是要更高层次地把握统整。

万隽老师的课恰好踩在了一个难点上，和 11、12 岁的孩子说生理知识，真是难为万老师了。但是，课堂没有出现极有可能出现的负能量！这基于孩子们的好素养，基于孩子们对于老师的信任爱戴。课堂气氛中规中矩（内容所限，也只能中规中矩）。

关于早恋现象的讨论就很接教育的"地气"了！早恋问题是在教育中很让人头痛的问题，在合适的场合，用专业的方法引导，无疑是个极好的选择。万老师很好地"思想"了一回。

很欣赏万老师对于孩子们的名字张口即来。这是尊重！课少面大时间短，熟记每一个孩子的名字有难度，然而万老师做到了！

重组建议：遇敏感内容，男女生分开上，内容不减，学生学起来也许更加投入和主动。

孔斐老师当属"年轻老教师"了，近些年一直紧跟"四大高手"，现在又在预备年级独当一面，不懈地追求着专业梦，很正能量！

先赞赞学生生态：预备年级的孩子已经深谙"活力课堂"了。我以为，这是很有典型意义的"活力课堂"，每一个学生都活力无限，学得投入、学得主动、学得高效。孔斐的思想很贴近学生，才呈现出这样的课堂生态。当然，看看其班主任是谁，就更加容易理解了。

孔老师的教法亦颇得张莉老师真传。记得张老师的"活力课堂"示范课也运用过类似教法。

放手！课堂的天空属于每一个孩子！孔斐老师讲授不超过 15 分钟，然而，课堂的容量一点不少——因为每一个孩子都在老师的视野里自在地飞，而不是由老师拉着跑！

重组建议：细节"盘活"！如聆听孩子回答要准确，要零失误；放开手培养孩子综合能力——数学之外，如讲述曹冲称象的故事。

笔者一家之言，希望不要影响评委亮分！谢谢！

初三复习策略及其他(老查说课系列24)

日前，下晚班后在校门口偶遇文来初中老校长，情不自禁，深深感恩于老校长当年把我安在初三整整五年，让我从一个沪上中考门外汉蜕变成一个内行，被业内冠以“语文命题专家”之名。终身感激老校长当年给我的机遇——不是每一位老师都能够拥有这份机遇和荣幸！回想起来，当年作为学校中层领导，且每年均是接手语文成绩不够理想的班级，多数时候还执教两个班，累则累矣，难则难矣，然而那是最为充实的岁月，亦是最为自由的岁月！

我们面临的本届初三，是最接近“天空”的一次！所谓“天空”，就是让芸芸公立初中最觊觎的“个位数中考位次”，我校难得有这样一次历史机遇！作为教师的我，曾经司空见惯，作为一所从低谷中走出来学校校长的我，却属实难得一见！为了学生、您、我，乃至一所学校，我们都没有理由让这次机遇白白丧失！这样，就不难理解前些时段，我破天荒煞有介事地请两个备课组聊天。为了成就，什么都值得！不过，我要特别申明的是，排名不是唯一，我们只是借用排名来促进教育。

初三复习要注重整体推进与重点突破。也就是说，分阶段有重点，但是重点复习要兼顾整体，所谓“滚雪球式”推进，可以有效减少孩子的遗忘——尽管遗忘不能完全避免，但是吻合记忆规律的反复的确可以保持记忆的相对完整性。

复习课最好的老师是学生自己。让学生有自主复习的热情和能力，这是教师的高级能力。想一想，如学生没有热情，您讲得天花乱坠有什么用？学生听进去多少？况且复习课已经失去了新鲜感，想要讲得天花乱坠也不容易。学生自主复习，可以根据自己掌握的内容与未掌握的内容来制定复习策略，理论上应该很高效。怎样让理论的高效变成实际高效，就要考验您的能力了。如果预备年级就着手这个问题的研究，带初三就水到渠成了！

成堆的作业苦了孩子，也尴尬了自己。往往，我为了不陷入“批或不批”的尴尬，首先是少做、精做！除了近五年中考试卷外，我一般不让学生做整份练习卷，而是在练习卷上“开天眼”，即做最值得做的题目，不机械重复！教师先做、先选，换一种劳动方式等同于休息。我也更加懂得孩子做题的艰辛，尤其也能让学生有效避免某些“奇葩”题的戏弄。

用别人的题目考，因此要去接近别人的题目，要花大量精力去研究别人的命题、权威的命题。命题一般受中考题动向左右，因此要花大力气研究中考题；此外，一些段考的传统命题人的特点也要有些了解。最要不得的是闭门造车，你好不容易把“车”造成，猛然发现铁轨的宽度已经不适宜了，情何以堪？

最要一讲到底的老师是最不自信的老师，也是对学生最不负责的老师！原因很简单，学习学习，就是学着生活，学着面对生命中未来的一切！在这种模式下，即使偶尔考高分，也只是为老师考了高分，高分不属于学生自己！

谢谢各位阅读！祝愿考试顺利！

分层·融合环境下的课堂评价（老查说课系列25）

“活力课堂”历经两任校长接力，沐浴七载风雨，渐渐被证明为高效课堂。日渐增长的教学效率、越来越和谐的师生关系、几乎是独树一帜的92%的好课（良好课）率，证明璀璨的花树无不滋生于“活力课堂”的沃土！

可以预见，随着我们基于资源库建设的课程统整的精进以及基于小组合作学习、自主探究学习的深入研究，“活力课堂”将从既有的40%的效能释放扩展至50%的效能释放。而要确保这一增长，必须有课堂评价的鼎力支撑。

小组积分敲章，“活力课堂”积分换奖品超市是我校的独创，是七宝实验中学老师集体智慧的结晶！可以这么比较：若干年来，在闵行这块土地，实施“杜郎口教学”的有之，实施“后茶馆教学”的有之，实施“洋思教学”的也有之，单依一届毕业生一飞冲天者亦有之，而像我校这样，年级整体质量均衡、教师整体发展、渐渐走向高位的原基础薄弱学校，的确鲜见！造就这一现实，“活力课堂”评价暨积分换奖品超市确实功高居首。因为，我们在可能的环境下，创造了学生的需要。有需要，才有动力！

欣喜地看见，在我校的教学改进渐渐地发展成为自下而上的行动，各年级都纷纷求变。预备年级不适宜过早分层（指分层走班教学），于是英语备课组决定实施教师走班计划。这一决策大胆开明，有益于教师成长，落脚于学生成长，为未来的分层积淀了良好基础！初一、初二、初三年级各有不同形式的分层。分层，学习内容最吻合学生的最近发展区，实践证明其高效。请注重五个稳：一是教师心态要稳。学校的主张是教师组团发展，因此学校的教学绩效考评主要针对年级组和备课组，至于年级组内部、备课组内部，都交给“尊严”和“舆论”纠偏。因此，最合适的人带最合适的层，不能说“儿科专家不如脑科专家”。二是学生家长心态要稳。教师尤其是班主任要做大量宣传工作。分层不是歧视性分班，相反，是教育对于每一个个体的高度重视，是改教学大灶为教学营养灶的行动，让最合适的人进入最合适的层。年级组对于暂时还不太理解的家长要宽容、要等待，甚至短期内“顺从”。三是学生心态要稳。其实做好了第一、二点，第三点就水到渠成了。四是教学秩序要稳。不单单是班主任，还有任课老师都必须付出比原有的更高的责任心。这一举措甚至对于学生财产安全，对于学生人际关系，对于班级卫生的保持都是一个全新的挑战。五是教师责任心要稳。其一是分层教学决定了备课量的增长，一般一节备课要扩展至一节半备课，单一的进度快慢安排是换汤不换药的低效行为；其二是不管谁带最滞后层，谁带最领先层，荣誉是大家的，苦难也是大家的，“吹开幸福的花”不能只靠一张嘴！在我们这种类型的学校，学困生的高度决定了我们学校的高度！

分层教学冲击了原有的小组积分组织形式，但是，小组积分、积分换奖品的“金手杖”万万丢弃不得！从教务处年级组层面看，必须将原来侧重于物质奖励的模式转移到精神激励系统的开发，与“六维创优机制”交相辉映，辅以物质奖励。从基础教师操作的层面看，我主张年级形成特色。

这里有两种建议：

其一，干脆实施双轨制，分层教学班自成学习小组，单独实施评价奖励。其长处在于便于操作；其短处在于评价繁杂不聚焦，效果减弱，还有其结果不太有益于整合进班级教育。而且，分层相对灵活，学生相对又不固定，容易造成评价短暂或者落空。

其二，最有效的是“划账式”走班评价。即在新的“层”中，也划定固定的学习小组，每一个月将小组内得章均分（或者由组长按劳分配）给每一个成员，由任课老师核定后通过“支票”形式划给该生所在班班主任，由班主任统一在该生所在原组内盖章。其处理细节是：分层教学的任课老师严格制定教务处分配的章数（有需要增加的可以申请补给章数），教务处给“层”专用“记账本”（敲章手册），分层任课教师敲章权利局限于“层”内敲章，“支票”支付到原班级原学习小组方可生效。请注意我的遣词：“划账”“补给”“支票”，一切都是为了形成评价的严肃性，不严肃的评价效果是要打折扣的，教师的重视必然带动学生重视！

请参阅我在预备年级带魅力诗文化拓展班时使用的“转账支票”。

采用这种方式的益处多多，短处在于给教师添麻烦。不过，忙于评价本身就是对于评价的强化。

在具体实践中，各位同仁，尤其是年级组单位可以发挥集体的智慧。因为

“活力课堂”本来就是我们全体实中人智慧的结晶。在我的印象中，不少老师对于评价都有自己的好的想法，尤其以琳琳老师和娜娜老师的评价给我印象最深。

坚持就是能力！坚持亦是创新！坚持更是进步！

祝各位同仁新学期教安！

大师的此岸是"小师"(其一)(老查说课系列 26)

——语文课应该这样教

5月11日、12日，应七宝二中、七宝三中、航华中学、航华二中、合肥市五十九中要求，在七宝中学教育集团初中教学联合会的统一部署下，由七宝镇教育发展促进会协助，七宝实验中学承办了新一届以"推进'活力课堂'，促成生命自觉"为主题的"活力课堂"教学展示活动。

我校17位教师执教了"活力课堂"示范课。由于多种原因，17节课我不能全听，只能是窥一斑而见全豹，难免偏颇，见谅！

萌萌老师的课激情四溢、趣味横生。如聆听了田同学"无厘头"的回答，机智地说："你我都懂了。"这面对教学中猝不及防现象的淡定、幽默，赢得大家的会心一笑，既体现出对田同学的尊重，又不因"次滑音"而白白耽搁时间(其实，极不具代表性的问题可以在课后单独解决，因这是班级化教学)。这要求老师极具修养和瞬间判断的能力！萌萌如此，堪赞！此外，其对寓言概念与特点的推出，也极为经典！萌萌在继续成长。

陆静老师的课居然凸显出大家风范！观其课风，时而阳光明媚，时而一碧万顷，时而波云诡秘，时而艰涩迂行。笔者不由在内心感叹：到底其本科毕业于南京师大！其实不是偏爱，是从心底的一种佩服。少年的心合起来，是一片海，做老师的在海中从容导航，的确优雅至极！很多时候，我反对功利，但是适当的功利也是小草们拔节的方向，是蓝天——倘能做好这一点，陆静老师则前途不可限量！

茅茅老师——了不起的茅茅！都说"士别三日，当刮目相待"，这才多少天没有听茅茅老师的课，又惊喜到了。上一次的震撼在体育节的"拔萝卜"。那时，她才接手初一的一个班，任班主任……这极具正能量的声音，每一声都经典；那一招一式，倾情张扬——这是茅茅在上课？正好听到"避席而答"，学生一个肢体演绎，赢得满堂彩；而面对诘责刁难，君子应该持怎样的态度——君子，任何时候都不应该失去君子风度、君子行为——真正的课堂，就是德育。茅茅得矣！

素云老师：在众多执教公开课的老师中，素云属小字辈了，单凭这份自信与勇气，就值得充分肯定！教师，从来不是“孤芳自赏”的事业，教师的职业决定教师要善于张扬——无论是人性的善的张扬还是知识与能力的善的张扬，因为教师是靠影响力工作的！课如其人，初听起来，素云的课“也无风雨也无晴”，但是那不是内行的看法，内行总是愿意“沉浸”的。沉浸其中，素云的课语文色彩极浓，组成的细节无不凸显其语文功力，其实不逊于萌萌、陆静对于语文的理解。如果能够汲取前述三位教师的特点，形成波澜起伏的课堂生态，素云的课就更加理想了。

海鹰老师：海鹰作为初中语文组不可多得的男教师，的确有很多地方表现出男教师的特点——不愿意重复他人，甚至不愿意重复自己，课堂呈现出思想深度。能够让学生在语文思想的天空舞蹈，实在优美得很！特别值得我们注意的是，海鹰同时注意了带领学生在地面行走！飞在天空，是为了吸取新鲜的空气和明了未来的方向，但走向前方，更需要用行走来完成！

雯雯老师：雯雯的课如小桥流水般，总是那么细腻、清澈，一道弯过去，接着一道弯，去猜想，却又料不到下一道弯的风景，而当下一个风景来临，却总能赢得达意者会心一笑。民主课堂在雯雯课堂上表现得尤其充分。建议雯雯在控制音量上稍微注意一点，最优秀的老师对于音量的控制，如歌唱家的声音高低错落，如书法家的惜墨、泼墨。

海英老师：海英是“活力课堂”的首倡者之一，因此我不太愿意用“活力课堂”的维度与要素来评价海英的课，因为有点怯。即使如我，就“活力课堂”来说，也一定上不出海英老师的功力。我只是想就此谈谈海英老师的课堂精神。身体不够好，但是这不是老师可以在课堂上精神懈怠的理由。有如演员，大家只关注她在舞台上的呈现。一位女教师，把课堂上出了北方的刚性，难得！堪赞！教师，也许将其称为学生精神的缔造者有点过，但是的确，教师的精神能深度感染学生的精神！

语文老师们，大师的此岸是“小师”，勿以善小而不为，您做到了！

大师的此岸是“小师”(其二)(老查说课系列 27)

——我见数学课

5 月 11 日、12 日，应七宝二中、七宝三中、航华中学、航华二中、合肥市五十九中要求，在七宝中学教育集团初中教学联合会的统一部署下，由七宝镇教育发展促进会协助，七宝实验中学承办了新一届以“推进‘活力课堂’，促成生命自觉”为主题的“活力课堂”教学展示活动。

我校 17 位教师执教了“活力课堂”示范课，其中 4 位老师执教了数学课。可惜我因为个人失误又一次错过了孔斐老师的课。

晓寒的课：说实在话，我个人尤其钟爱张春、董董、张莉、晓寒“四大高手”的课。数学逻辑在他们的演绎下，就像萝卜青菜一般简单！如果我在高中时代有这样的数学老师，就不会“萎缩”到弃理从文了！(此语从一位学生家长赞扬董董的话中演绎而来。)晓寒与一所新优质学校共成长，经过五届初三连续洗礼，该见到的学生类型基本上都见到了，因此，面对学生，她总是显得游刃有余。晓寒老师在课堂上有一种不加渲染的威严，的确值得为师者驻足一思！晓寒一般执教高年级，其课本偏传统理性。现在晓寒老师选择了“活力课堂”，就是针对初中生认知特点，在课堂上注入感性，值得盛赞！

孔斐的课：由于没有亲听，评起来有些隔靴搔痒。但是从其他听课者反应来看，她的课很是显现出我们主张的“活力课堂”的特点，尤其在关于正方形问题的讨论中，因为是预备生遇到空间概念，学生在课堂上跟着教师行走颇为艰涩。有行家对此表示异议，但身为门外汉的我以为这堂课恰恰说明孔斐对于“活力课堂”有深刻认识！唯其难，偏让学生自行获得，姿势不优美，但是本质优美深刻，又何妨？此外，孔斐老师于生活、于工作有不少值得青年教师们借鉴的地方！

怡红的课：近些时日多次聆听怡红老师的课，本次是站在窗外听的，没办法，“门庭若市”啊！怡红的课一次比一次好，从之前略显不从容，到现在“胜似闲庭信步”，这是内涵功力的增长，促成了今天的自信！怡红在“活力课堂”的基本操作上早已成熟，在此不多述。站在窗外，只见其人不闻其声，说得上的也只有这些了。多次中途接班，怡红付出了很多！

张莉的课：张莉把数学课上出了语文味——课中激情四射，略显娇小的身躯竟然具备这么强烈的生命张力！张莉把数学课上出了探究味，原来真正的探究应该表现在传统学科、国家课程！还有，张莉的课在很多时候成为学生求知的乐园。

其实，我很为数学组老师们高兴，“四大高手”云集，那么敬业，那么和谐，那么一心爱校和爱生，真的是少年才俊们的无比幸运！如果少年才俊们不打算改变生活轨迹，那么，未来，您一定会感激这些为您倾情示范的“老”教师。

数学——唯有数学，不知怎的就成了学生学习最重要的心理支柱，数学在，一切都在；数学不在，往往导致一切都没有了！而学好数学，课堂最重要，可尴尬的是，仅靠课堂又解决不了问题。于是，放学后见得最多的是数学老师依然在忙碌的身影。您总是在平凡中书写着职业的高尚！

也许，一个人具备了连自己都难以意识到的高尚，就可以被称为“大师”了！

大师的此岸是“小师”(其三)(老查说课系列 28)

——门外汉说英语课

5 月 11 日、12 日,应七宝二中、七宝三中、航华中学、航华二中、合肥市五十九中要求,在七宝中学教育集团初中教学联合会的统一部署下,由七宝镇教育发展促进会协助,七宝实验中学承办了新一届以“推进‘活力课堂’,促成生命自觉”为主题的“活力课堂”教学展示活动。

我校 17 位教师执教了“活力课堂”示范课,其中 6 位教师执教了英语课。需要道歉的是,由于我们安排欠妥,少数几节英语课上座率不佳,这一定不与您水平或者知名度相关,是我们组织者的问题! 即使在我,枉称研究生读过,迄今也不十分情愿听英语课——没有学会英语思维,听起来头疼! 然而,我每一节课都蹭听了一小会,也只能听一小会儿。

娜娜的课依然行云流水——或者说,更加行云流水! 随着“活力课堂”的深入,娜娜已然成为“活力课堂”最年轻的大师了! 什么课、什么班,到她手里也都玩得转。于是乎,她的学生总是极为自觉的:君不见 2014 届“实中一号”,赵祺铭、汪博文、许天章等等,四年中,是何等地彰显生命活力? 君不见,预备年级的小小同学,居然在考前留下补课(据说预备年级这样做的不止一人)? 君不见,小小同学居然集体家访学困生,简直“神奇”! 个人魅力? 诚然! 然而教师的个人魅力更多的是绽放在课堂——于是,我们必须选择“活力课堂”,因为,谁也不喜欢死气沉沉!

刘莹的课:一进入刘莹老师的课堂,就不自觉地被她的气场吸引。许是学生自学充分,说起来滔滔不绝,刘莹时不时地插入几句话,课堂就呈现出十分良好的生态。记得 2013 届,刘莹与诸多年轻的班主任偕同两位稍年长的班主任,完成了“麻袋上绣花”的神奇——兴许,历史上没有哪一届学生底子差,但是,那一届学生带给了七宝实中最初的尊严! 现刘莹老师中途接手新的班级,我们有理由对她寄予厚望。

恽怡老师:恽怡老师最近执教了好多次公开课,笔者曾经以“化蝶”为她点赞。恽老师没有让我们失望,作为教研组长,在第一线亲力亲为,如同我,希望大家听课，自己也努力多听课；希望大家评课，自己就不停地抛砖引玉；希望大家上好“活力课堂”，自己也“装模装样”地上点小课……恽老师和贾铮老师均采用吴静华式教学法，这阐释了我们积极健康的互助互学氛围！学不足羞，不学则羞！这种方法的好处在于学生学得深刻。我在英语组研讨会上表述了自己的看法，就是事前任务可以不分配，而是逐一完成，任务虽重了点，但是作业与反复练习就可以省略许多。也许，老师们也是这么做的。

贾铮老师：贾老师以前是长期工作在高中的教师，从加入我们这个团队以来，于教育上几乎看不到过渡痕迹；于教学上，也日渐与初中教学合拍。她采用吴静华式教学法，学生备课很深刻、很到位。学生们备了一遍，讲了一遍，还能遗忘？就像我虽“已知天命”，但与学生共读一首陌生的诗歌，还能够展现出20岁的记忆力。我建议，这种课型最为重要的就是两个普及：普及学生，不要让课堂成为少数学生的“秀场”；普及内容，不要“熟一处、生数处”。贾铮老师作为最年轻的团队领导，工作也是风生水起，还能在教学上彰显示范，值得一赞！

名媛老师：作为在一定领域内早有影响的老师，作为相对资深的老师，名媛申领“活力课堂”示范课，像晓寒一样，本身就有意义，本身就是学校发展的需要。少年要长大，中年变老年，老年要退休。是花儿就要绽放——不错！是果蕾就要灌浆——不错！是秋天就要收获——不错！是冬天就要孕育下一个春天——还是没有错！也许，我们不是为了人生某一个孤零零的目标，也许我们就是为了无数个小的目标淡淡定定地追求，从从容容、有滋有味地活着。这一点，名媛对于我们是极好的榜样。余观名媛，仍在挑战，其课，仍在成长。

晓芳的课：其课堂的生态是广为人知的。“走到山边，便听见花花花花的声音”，这是朱自清早年形容梅雨潭的文字。梅雨潭我去过，其景未必赶得上晓芳课堂的优美生态！梅雨潭瀑布灵动，水花四溅令人印象深刻，往下看，梅雨潭显得安静了些，不似晓芳的课，是条不大不小的溪流，从老师到学生，一刻也不稍停地四溅着快乐的学的浪花！晓芳这个年龄，正是教学业务之花倾情绽放的年龄！

我等草民，未敢擅议教育宏观政策的是与非，尽管对学生和家长眼中把英语的重要性放在母语之上有腹诽，但是现实终归是现实。在初中阶段，英语与数学愣是成为少年学习大厦的两根支柱！在此道一声：英语老师，您辛苦了！有时候其他学科的教师已经坐在晚餐的桌前，您还在陪着宝贝们记单词……还时不时有不理解甚至委屈伴您！所幸的是，我能理解，并且为您的敬业、您的奉献深情点赞！

岁月深处，秋高气爽（老查说课系列 29）

我们开始课堂研究已经七年了；我们正式提出“活力课堂”概念已经五年了。不夸张地说，是我们践行的德育和“活力课堂”带挈我校从闵行区的后进走到了前列！生源地未有变化，教师队伍还是原有的队伍基础，只是我们的思想、我们的理念、我们的做法改变了，于是，我们梦想的一所普通公立初中的尊严建立了！

对于每一节课，我都有很多憧憬……当然，我也有理由挑剔——老师们也有底气接受挑剔。理性的挑剔会使人走向完美！

徐高鹰老师曾经是“活力课堂”能手赛一等奖得主。进入他的课堂，放眼望去小手林立，每一个孩子都在学的状态——这是七宝实验中学引以为自豪的课堂生态！不管数学再难，只要每一个孩子、每一节课都是这样的状态，就是从根本上控制了学困生范围，同时也在一定的程度上缓解了课后义务补缺补差的压力。高鹰老师很智慧地运用了“梯度标准”的加章——学生程度不一样，回答同类问题小组所得章数不一样。这就是俯下身子带动程度低的学生，是面向最大众的教学。

采用问答式教学，如何甄别懂或者不懂以及懂的程度是我们要共同面对的问题。在面向大众的教学中，又如何为程度相对高的学生铺就登高的阶梯，也是一个问题。还有，分小组学习如何设计小组共同作业，什么问题适合小组讨论，也应该是我们研究的方向。

杨秀英老师是在闵行区颇有影响力的体育老师了。饶是仲秋，下午的阳光照射下天气也慵懒得很。本节课的内容是跳绳，秀英老师安排的学习进程阶段清晰、层次分明，先是基本技能训练，面向全体；接着个体展示，每一位“高手”争着一展风采。令我尤其感兴趣的是，秀英老师又布置了双人跳绳，其意义在于难度增加又侧重培养合作精神——每个阶段的学习、成长的角度是不一样的，有智慧的老师往往让教学促进学生多方面成长收获。我看到的老师展示不多，但是老师一展示，立刻获得满堂喝彩！犹如数学，解题高手未必就是优秀数学老师，但是优秀数学老师首先必须是解题高手；犹如语文，诗文高手未必就是优秀语文老师，但是优秀语文老师首先必须是诗文高手！我没有看见杨老师多展示，毕竟，课堂上更多的是让学生展示风采、暴露问题，在做中学。

饶是天气慵懒，孩子们却很有活力、很欢悦，整个的一堂课，完全没有不在学习状态的学生！到底是专家——观课后，我由衷赞叹。

我们从“活力课堂”中来，要再回到“活力课堂”中去。我们走过了“活力课堂”的婴儿时代，走过了童年时代，今天的“活力课堂”，应该较之以往更加具有活力和臻于成熟。

谢谢你们！

我们为什么需要一所优质学校（老查说课系列30）

我们为什么需要一所优质学校？因为优质学校有一流的老师！

郝雨老师是标准“菜鸟”，入职才一个多月，然我观其课，纯熟流畅。何以使然？老教师引领得好；七宝实中学生已经具备较好的素质；郝雨自己很用心！

一群孩子围成一圈在跑，欢快地唱着儿歌：“独轮车，跑得快，上面坐个老太太，要五毛，给一块，你说奇怪不奇怪……”这场景像《城南旧事》、像流水行云、像谷场追逐、像老巷童声……让教学回归生活，让学习充满快乐！

王文静老师上课有着其特有的从容，教学内容设计丝丝入扣，特别注意小组活动的内容设计，这就让小组讨论不流于形式上的热闹，而是必须讨论，只有讨论才能较好地完成学习。这是我们研究的方向！盛赞！此外，课前诵读已经养成习惯，文静最注重学生的习惯培养。

我以为在紧扣教学本质的前提下，教师可以大胆地顺从学生一些，一些预先设计好的内容，如果学生的表述能够替代，不妨谦让给学生，让学生更多一些成功体验。如“爱花脸”较之“我对花脸‘一见钟情’”，我还真认为是后者（学生说法）更“生活”，更具体。

张春老师是成名高手了，她站在讲台上就是风范，若我是学生，我也喜欢看到这样有气度的老师。其教学内容统整、教学流程有教科书般的严谨，张弛有度的教学范式也堪赞堪叹，面向不同层次的学生的教学差异均得到了较好的体现。

在低年级，要尽快纯熟运用积分敲章激励，那不仅仅是结果完美，还是过程快乐！

张玉萍老师的课体现老教师的特点：课前就是眼保健操——尽管在专用教室，这个程序却马虎不得！任务驱动形式贯彻得很好。我特别欣赏的是玉萍教学内容的设计中，将高年级调查关于计算机运用的结论用于Excel表格设计练习，可谓用心良苦！不过，第一部分“发布新闻”感觉时间长了点，而且与第二部分学习Excel的相关性不强。此外，积分敲章运用最好竞争激烈一些。

李凤兰老师上课看似随意，其实严谨，总是在不经意之间悄然完成教学内容，而且还在不经意之间贯彻着德育渗透。但是我不赞同经常使用扣章，尤其是针对学生回答问题的扣章。这就像随意扣发奖金一样，动不动扣奖金，扣到谁都不快乐，不是吗？

外加一节引进教师试教课，今天居然听及 6 节课。纵使荷花玫瑰，各具风采，然而一天下来也是累得紧。我们的宝贝孩子们每天都得上七八节课也是辛苦，这就不难理解我们大力推进“活力课堂”的根本意图。

谢谢你们！

老师，我多么希望回赠您一个拥抱（老查说课系列31）

课上，一个孩子在说着故事："我在美国读的幼儿园，我的老师和我们亲密无间，经常给我一个大大的拥抱……后来，我随着父母回国了……再后来，听说老师因为乳腺癌去世了……老师，我多么希望回赠您一个拥抱……"

全场师生为之动容，在我的期待中，红着眼圈、声音少许哽咽的徐宇飞老师走过去，问："我可以给你一个拥抱吗？"

这是徐宇飞老师的一堂课，课题是《尊敬老师是人类的美德》。初中的孩子感性敏感于理性，能够用感性完成的内容，尽可能选择感性。还要注意视角变化，宇飞的学生讲到了幼儿园老师、一年级老师、五年级老师，启发到今天的我们，大胆说出今天的爱，岂不更好？

我很欣喜地看到，不止于老教师们将生命与职业完美整合，很多青年教师在这样光怪陆离的社会中，也十分高雅睿智地将青春与职业整合——王晓珏老师就是一个代表！今观其课，既专业又流畅，教学活动设计注意梯度；运用加章很成熟；学生学习状态不是停留在表层，而是沉入式的，这一点功德无量！取得这样的进步，与其所处环境中的"四大高手"息息相关，真心为这些谦虚好学的年轻老师庆幸，甚至，我看晓珏今天衣着，都颇受张春老师影响！"择其善者而从之"，做着自己喜欢的事，同时也被身边的大人孩子们喜欢着，是多么快乐的事！

学东西得慢慢来，有的是生长的时间！在设计小组任务的时候多回忆一下张莉老师前年的示范课，每一节课有一至两项必须小组共同完成的任务，就十分OK！

第五节课前我在处理事情，校长总有些"麻烦事儿"，有的课赶不上听，有的课只能赶上点"尾巴"。但凤燕老师这课的"尾巴"恰如孔雀开屏——一下课，学生就把老师团团围住，问这问那，争议着关云长，这就是优美的余音吧！

当然，语文课还必须忠实于文本，多读文本。但是我只赶上"尾巴"，就没有发言权了。

受益多多！心情愉悦！谢谢大家！

课堂活力是怎样形成的(老查说课系列32)

上周四并不完整地听了四次课。

项志萍老师的课前学生朗读安排得好,“积土成山,积水成渊”,看得出学生已经形成习惯;重点知识也落实到位,譬如in/at与时间的搭配,在楼层称谓上英语与美式英语的习惯差异,肯定句改否定句,等等,呈现出高效益。课堂开花是为了结果,效益才是最好的果。

最值得称道的是志萍老师对于课堂气氛的调控能力。当学生学习气氛稍微沉闷的时候,志萍采取了“由远及近”“从抽象到具体”的方法,将课程内容统整到校园,到学生身边。学习即生活,生活即学习,杜威大师此言不虚呀。课堂活力就是这样形成的。

建议:在课堂现场用好用准“活力课堂”加章。

邬军英老师的课在上午第四节。阳光的暴晒让我想到,哪一行都有无奈和困难,但这不是我们“做一行,厌一行”的理由。军英老师就是能够找准“做一行,爱一行”的理由!老鹰抓小鸡的游戏很好地促成了课前准备,比之于一般教科书式的课前准备,一定更受学生欢迎。教师示范出高水平,教师的影响力源自学生崇拜,学生崇拜的理由之一是教师的专业水平。

建议:教师示范时要聚焦学生注意力,以取得更好的示范效果。

我认为张瑜老师的课很优美,认真听了大半节课。正所谓“饮过才知酒浓”,真正认识到心理课太必需了。作为我们当时选定的一个多面手,张瑜的本科专业、研究生专业分别是历史和政治理论。因为学校需要,张瑜老师又改当心理老师。这“自学成才”的心理老师,在我看来很称职了,或者说臻于优秀了。内容设计中“给自己一个笑脸”“要发现自己的优点”小组活动落实得很高效,真好!

建议:课堂上使用讲授法时可以适当运用声调变化。

吴静华老师的课我依然只是赶上一点尾巴。静华老师关于“活力课堂”已经形成自己的特点,产生很不错的教学效益,而且其教学特点已经很有影响力,在英语学科以及其他学科都被借鉴。有这样的老师,是青年教师之幸,也是学校之幸！

记得两年前我曾经对静华老师的“活力课堂”教学特色提出了一点建议。今观其课，已然消灭了当年的“面”上欠缺，我自己也颇有成就感。

辛苦了，谢谢大家！

我是怎样设计"活力课堂"的小组活动的（老查说课系列 33）

10月19日，预备年级拓展课"好诗流香"上，我和学生共同学习了这么一首诗：

你还在我身旁

瀑布的水逆流而上，
蒲公英种子从远处飘回，聚成伞的模样。
太阳从西边升起，落到东方。

子弹退回枪膛，
运动员回到起跑线上，
我交回录取通知书，忘了十年寒窗。

厨房里飘来饭菜的香，
你把我的卷子签好名字，
关掉电视，帮我把书包背上。

你还在我身旁。

（这是一个儿子写给已逝母亲的诗，曾获得香港中文大学《独立时代》杂志社微情书征文大赛一等奖。课前我特意未介绍诗歌创作背景。）

教学流程：

1. 集体诵读与个别诵读

效果不好，没有情感，没有感染力。

2. 布置小组讨论题

（1）这首诗可能是什么人写给什么人的？

（2）从诗中看，诗人生活中可能发生了什么重大的事？

解答题（1）的关键过程：

生 1：是孩子写给父母的，从第三段看出来。

生 2：确切地说，是孩子写给母亲的，从“厨房里飘来饭菜的香”看出来。

师：回答得很好！

解答题(2)的关键过程：

生 1：“我”考上大学了，要告别母亲，从“我交回录取通知书”看得出。

师：考上大学是喜是忧？

生 2：喜。

师：那为什么忧愁？

生 3：妈妈病了。

师：(妈妈病了)够得上重大的事吗？

生 4：生病了也不一定会有离别呀。反过来可能更加“在身边”，因为要为生病的妈妈端茶倒水。(一阵停顿后)妈妈死了……(全场寂静，有一两处抽泣声……)

3. 再朗诵诗歌

效果良好，学生们声情并茂。

4. 布置小组讨论题

(1) 诗人抒发了什么样的思想感情？

(2) 学了这首诗，你获得什么启发？

……

5. 作业

有兴趣、愿意做的同学回去把这首诗读给自己的父母听，下节课和大家分享与父母共读此诗的过程与收获。(可加章)

良好生态，为青年教师发展提速（老查说课系列34）

项志萍老师为预备(1)班专门制作了量化加章记录单(见表17)。由此看来，志萍老师的量化加章规范、科学，值得借鉴。希望我的评课能够像这样引起商讨与共鸣！

周五听了陈书娟老师的课，由于听课时间较短，对于这节课，我印象不是十分深刻。但是我对书娟所讲的引进课印象很深刻！记得当时海英老师和陈宁老师与我一起听课，那一节课听得我们直呼精彩，一招一式都那么娴熟，学生倾听与主动学习都很到位，一点儿也察觉不到“菜鸟”的痕迹。于是，我们毫不犹豫地签下了书娟，而书娟也果断放弃了他校，选择了我们。

我在想，这世界怎么了？十多年前，一位新入职的老师臻于成熟往往必须要两轮，约莫六年时间。而在今天，频频出现“雏凤清于老凤声”的现象。君不见近几年我们所引进的老师，无论教授的是考试学科还是非考试学科，可有一个两个是不能胜任的？是我们运气好？抑或是我们“慧眼识人”？细细琢磨起来，这个现象在教育界并不是十分地普遍，可能重要的是他们选择了良好的生长环境，在我们实中这个良好的环境里，老教师不遗余力地帮助年轻教师；还有，我们在贯彻“活力课堂”这个新模式，在此，我们的“老”可能打了不少折扣，老未必老，新未必新；再者，教学部门比较高效的教学研究活动，也在青年教师的成长过程中推波助澜；现代信息渠道丰富，导师就时刻“潜伏”在电脑里，只要愿意成长，时刻有机会！

但是不全是利好。十几年前，一位青年教师由于与学生年龄差距小，很容易和学生打成一片，在贯彻德育的过程中真是不输给老教师，往往还频有出挑表现，可是今天有点不一样，新老师在贯彻德育的进度上较之于教学，好像慢半拍。原因诸多，我分析下来有以下几点：其一，与我们青年教师成长途径相关，我们基本上引进的是高材生，他们一贯自主自觉，高调生长，成长途径中很少结识问题学生，由于缺少“负面”成长体验，对教育对象缺乏深刻认识；其二，眼前的预备年级、初一年级学生对于生活和世界的认知已经远远“成熟”于若干年前的学生了，他们不再局限于用“年轻”“漂亮”来衡量师者，而是会综合衡量老师在教学上的高度。这样，年轻老师有可能会输给老教师；其三，年轻人容易急躁、容易理想化。诸如此类的原因还有不少，也不绝对，但是的确，青年教师的成长需要时间，需要老教师的陪伴。虚心使人进步！

年轻的朋友们，作为校长，因为体制所限，我的确不能给你们很丰厚的物质和回报，但是我希望你们在我们这个良好的生态中多多体会成长的快乐，我希望用我们今天的奋斗成就您一个平安而饱含尊严的职业生命！

谢谢大家！

表 17 “活力课堂”英语课个人及小组学习参与记录单

第________组 组长：________ 第________周

姓　名	周一	周二	周三	周四	周五	小计
小组得分						

当作业遭遇尴尬(老查说课系列35)

冬季寒冷,生命的机能都呈现不同程度的萎缩,一些动物进入冬眠期,鲜活的孩子的生命也不可避免地受到干扰——这是作业遭遇尴尬的主要原因。

不是忤逆,您可千万别以为孩子不做完作业是不尊重您!就像您偶尔不按照“领导指示”做事也不是“不服从领导”,就像偶尔“开会迟到”“不交小结”甚至“借故逃会”(最愿意在开大会时间“合法”上课)都不是大事儿。不管您怎样优秀,都有可能发生。究其实际,这些“指示”“会议”“小结”很可能存在不同的效度欠缺,就像您布置的作业。

山过去还是山,退一步海阔天空!安徽西递村有座楼名谓“作退一步想”,窃以为此实乃最有文化、最具心理特点的楼名!这岂止是退了一两尺之地,方便路人,更重要的是腾出了自己思考的空间。以恕己之心恕人,以悲人之心悲己,生存的灵与肉的空间便增长了许多倍。硬生生地不退不让,结果是挤伤了他人也硌疼了自己。但是关键还是一个“想”字。“想”字表明,这是积极的退、主动的退,是为了解决问题的退。您的世界,因为您智慧的、有度的退,而宽敞从容了许多。

前几天,我就遭遇了一次教育尴尬:清晨,走进某班级,我对一个玩着手机游戏的孩子呵斥了几句(是我近两年来唯一一次,之前2013届有过一次)。孩子先是按照我的要求走出班级,随即竟然一反常态地“忤逆”起我来……事后,我作退一步想,我当时采用呵斥的方法,出发点是为了这个孩子之外的其他孩子!既然如此,我的目的已经达到了;既然如此,孩子以不够恭敬的行为回答我的不恭敬,只不过是最简单的反应,我又何恼之有?当然教育不只是这么简单,还需要有后手“补白”……

还是说到作业,作业除了我们一般意识到的检测、巩固、提高功能之外,居于上位的,还是它的绕梁余韵之功!可以用之来优化、充实学生的学习生活的空间。不在于多做,只在于精做,只在于学生用心做。还有,作业是师与生课余沟通的桥梁纽带,在学生有克服不了的困难的时候,他们首先想到老师……可怕的是,把作业演变成大棒,演变成惩罚手段。多么可爱的警察叔叔与老师阿姨形象,愣是让奶奶吓唬小孙子的“把你交给警察”“把你交给老师”给糟蹋了！比这更加可怕的是,孩子在这个寒冬,作业往往做到深夜,耽误了孩子的生命本体的生长……

老师们,我也是老师,您的心情我理解,并且以深爱浅责的态度理解。我这么说您,绝不是不主张布置作业,只是主张智慧而适度地布置作业。

在生命最脆弱的季节,作业遭遇尴尬,莫让作业成了使师生反目的魔鬼！

教育的生命在于“盘活”课堂(老查说课系列36)

课堂是学生学校生活的中心所在,是学生成长的最核心的场所,也是师生关系最重要的交集点。“盘活”了课堂的教育,才是具有生命力的教育。

八年来,我们潜心打造“活力课堂”。“活力课堂”的主要内涵是:用统整网罗文化的精髓教自主唤醒学习的潜能,以评价激发探究的动力,让课堂焕发生命的活力。

探究的结果表明我们的探究是高效的。这首先表现在教师好课率的提升:2010年为7%;2013年为69%;2014年为97%。第二表现在受学生的欢迎程度,2014年底,数据表明98%的学生喜爱课堂生活。第三表现在整体学生文化课成绩的提升,八年来,我们经历了从落后到中游,从中游到上游的一个变化过程。

要实现我们的教学主张,方法是多种多样的,课堂文化是学校文化的重要组成部分,追求良好的校园文化生态是打造“活力课堂”的前提,同时,“活力课堂”的高效发展又反过来有力地推进校园文化。

回望“活力课堂”的发展过程,开发探究“活力课堂”发展规律,发现问题,整理思路,分类推进,形成“活力课堂”本土化能手和专家的基于教研组、备课组的共同打磨的四类课型研究,有着至关重要的作用。每学年一次的地毯式听评课,旨在发现问题,寻找亮点;定期开设的“活力课堂”研讨课,是针对所发现的问题,探索解决方法;一学年一次的“活力课堂”能手大赛,是着眼于提高广大青年教师的业务水平,优化师资,推进整体,放眼学校可持续发展;“活力课堂”精品课大赛是总结前期研究成果,致力于打造“活力课堂”本土专家,提高研究深度,彰显示范引领的影响力。

2016年4—5月,我们举办了第一届“活力课堂”精品课大赛。其实,在此之前,我们也举办过三次,只不过规模没有这么庞大,也没有贴上“竞赛”的标签。说是竞赛,只不过是组织者善意的噱头,因为每一位参赛老师都是推进“活力课堂”建设、八年来深受好评的老师。

10节精品课,我听了6节,参加了全部两个阶段的评课总结活动。从听课环节看,首先是精品课得到了广大教师的高度重视,以业务干部们为表率,每堂课都是门庭若市,还有几节课吸引了不少外来学习的教师。听课老师们反应强烈,从一个侧面表现出我们探索的成果。从课堂实际效果看,每节课都可圈可点。海华老师的课突出点在于课程统整,大量的阅读信息量,将教科书中极少的教条化信息补充得有血有肉,引导学生在历史情境中阅读历史,这的确是我们这个时代所需要的。陈妍老师是“活力课堂”的先锋,挑战英语作文教学难点本身就是自信,尽管低年级学生第一次经历这样大的场面难免局促,但是这恰恰证明好的学习习惯是一点点逐步养成的。进入高一年级,学生必将呈现出更加良好的学习状态。晓珏老师的课让我耳目一新,不单单是其课程整合资源很贴近学生生活实际,更让我为她高兴的还有两点:一是作为她的第二专业数学,她驾驭起来已经是越来越专业;二是她的教学风格里,越来越多地显现出数学组“四大高手”董董、晓寒、张春、张莉的影子,这与晓珏的谦虚上进以及高级教师们不遗余力的帮助是分不开的。娜娜老师的课既有少壮派活力四射的特点,又有成名老师行云流水的老成。一节以学生自学为主的课,既充满活力,又行云流水,是很难达成的,它基于老师的教学功力,成于学生积极学习的心态和良好的学科积淀,更依赖于师生的相互信任。媛媛老师的课上,全体学生都在理性地忙碌着,沉浸在快乐的探究里,这就是我们所提倡的课堂生态。课至高潮处,来听课的外校老师都不约而同地拿起手机,记录学生学习生态。张杰老师的课是理性的探究,能够将学生的注意力长久稳定在探究里,的确值得我们去深思、学习。

其余四节课我因为特殊原因没有听到,但我了解,陆静老师的课一贯幽默、生动,陈丽老师的课已臻于部分优秀,江逊老师的课充满智慧,孔斐老师的课尤其深得数学组“四大高手”真谛。

七宝实验中学创建新优质、从弱势走向先进的过程,归根结底就是“活力课堂”发展的过程:从学习形式的生动活泼,到学生思维的活跃灵动,再到焕发师生的生命活力。七宝中学“活力课堂”起步于追求课堂教学的有效性,臻于叫课堂教学回归育人本位,唯其如此,课堂教学才如同理学家朱熹所言:“问渠那得清如许?为有源头活水来。”

值此教学探索阶段成果结集面世之际,我谨代表学校,对教务处、教师发展中心、信息中心、学科组主任、备课组长们表示衷心感谢!尤其感谢十位为了“活力课堂”建设倾情示范的课堂教学先行者!

论“活力课堂”的发展方向(老查说课系列37)

——兼评两节“活力课堂”示范课

七宝实验中学新一轮“活力课堂”低年级(预备年级、初一年级)全员视导课即将在本学期第五周举行。尽管有“创全”,有校庆,有向上海市行规示范学校的最后冲刺,有第九届体育文化节,这些都不是可以丝毫懈怠于“活力课堂”研究的理由。因为教学是学校的中心工作,是学生成长的最核心载体,是教育的本色。

教务处于第三周(9月15日)先行安排了两位青年才俊执教“活力课堂”示范课,全校专职老师以及来自罗阳中学、龙柏中学、纪王学校、航华中学四所新优质领衔校或成员校的骨干老师全程参与听课,反响很好。王晓珏老师属“80后”靠近“90”,陈书娟老师是地地道道的“90后”,她们分别经历了六年和两年的“活力课堂”的历练,就破天荒地为七宝实验新优质基地的老师们讲课示范!这说明了一个道理:“活力课堂”不同于传统的课堂,它基于新的技术,依托的是新的理念,应用的是新的“生产工具”,形成的是新的“生产力”。这是“活力课堂”的发展大方向!呈现出这一现象并非偶然,放眼于社会,最先进的生产工具、最先进的生产力往往最突出地体现在年轻人身上,因为他们鲜有思想的桎梏,最能够吸收也最能够创造。好在我们从2008年学习“杜郎口教学”以来,吸纳“杜郎口教学”经验,吸纳七宝中学“二期课改”教材校本化统整的经验,吸纳“后茶馆”“洋思”的教学经验,形成的是七宝实验中学特色的“活力课堂”,这探究一坚持就是九年。九年来,几乎全部的老师都是伴随着“活力课堂”从春到夏,从秋到冬,没有疏懒于播种,更没有松懈于收藏。可以这么说,在七宝实中,只要您还能够熟练驾驭“活力课堂”,您就拥有一颗年轻的心!

“活力课堂”依然要坚持“三维度”“四要素”的方向,这些维度和要素在晓珏和书娟的课堂上表现得很具体、很突出。课程统整,旨在网罗文化的精髓。书娟老师这一次又有所突破。不知道她是否有意,在执教《生命之线》之前的八月,她到了珠峰大本营,而且经历了人生最大的浪漫,这内容,她整合进去了。教师有了“生命之线”的体验,并且有机整合进教学,以鲜活的生活激活文本,意义非凡。自主学习是现代学习的重要方向,联合国教科文组织力倡“学会学习”,自主学习就很好地贯彻了这一主张。人类的知识与技能是学不尽的,所有预设的学习内容总也赶不上大千世界匆匆向前的脚步,学会学习才是最意味深长的学习!教务处每年9月第1周、第2周主持的对预备年级“活力课堂”学习小组长的培训,就算是牵住了“活力课堂”的“牛鼻子”。好的课堂总能够长久地激起学生学习的欲望,我们用课堂评价很好地解决了这一问题。表面看来,我们现行的课堂评价随意性比较强,缺乏严谨的科学性,但是严谨的科学性往往是冷冰冰的,我们对于学生的课堂表现评价恰恰要有温度。因为只有适合的温度,才能保证生命的生长。基于学生成长的需要,就是最精致的科学。让学生的每一点成长都得到肯定和激励,这是教育的慈善,是教育最大的慈善!“三维度”关照下有“四要素”:导学案、学习小组、积分手册、积分换奖品超市。事实证明,要彻底改变学困生生活状态,养成草根学校的一流学风,让一所长期处于发展滞后状态的学校驶入长期进步状态的轨道,这“三维度”“四要素”,都不可以稍稍忘却。我要着重指出的是:其一,导学案不是预习题,导学案要充分体现“导”的特点,而且随着学生的学段变化,其实质也必须变化。那么,预习与导学的区别究竟在哪里呢?从字面上解释,预习一般就是按照老师的教学要求提前熟悉,虽然是学习内容的前挪,但是归根到底还是按照教师规定的思路甚至是内容去学习,不是真正意义上的自主学习;而导学则只是由老师提供学习的大致方向,具体的内容和路径要学生自主去找。上学期,我曾经看过一位优秀语文老师下发的导学案,第一题就是收罗了文本中的成语,要求学生查字典注释。我的建议是,不妨改为“请找出文本中成语,查阅工具书解释”,这样,既可以完成文本的初读,又加强了学生对于成语的感知能力和识辨能力。由于是学生在文本中去识别发现的,也更加有利于学生的积累和运用。也许,这样更加“导学”一些。我建议,在预备年级,导学案可以详尽一些,恪守导学案规范;到了初一年级,导学案可以逐渐放给部分优秀学生代为制定,把教的内容放手为学的内容;初二、初三年级,因为已逐渐养成了学生自主先学的习惯和能力,可以尝试以自主学习手册代替导学案。当然,导学还有很深的学问,由浅入深,奥妙无穷,等待着我们去探索。其二,问题教学不仅仅是聚焦在培养学生解决问题的能力,而且要密切关注培养学生提出问题的能力。几十年的教学改革,保守地说,在教育较发达地区,只是普遍地实现了一个突破,即由传统的教师自问自答设问式教学,演变成由老师问、学生答的“疑问式”教学，教师提出自己以为的疑问（也有高明一点的，设计学生作为“代问人”），让学生来解答。这种教学不能算是自主学习，它只是在一定的程度上提升了学生解决问题的能力，对于提高学生发现问题的能力，是非高效的！阅读生活，阅读大千世界，没有一个老师能为你们提前预设问题，只有学习才能擦亮你们一双双发现问题的眼睛。真实生活的需要，就是生命发展的需要，我们没有理由让习惯性的教学剥夺了孩子们的成长机会。我们寄予厚望的“活力课堂”，从理论上说，有可能从根本上解决这一积弊。除了探究，别无选择。

让教学回归育人的本位，这是“活力课堂”的根本方向！教学的意义除了育人，还是育人，之所以出现“片追”、出现过重的课业负担，问题不在教学本身，而在于我们对于它的理解有了偏差！教学的第一层意义，的确是生存的需要，是为了在未来的社会中找到适合自己发展的位置；然而教学更深刻的意义，是为了让学生通过学习，学会做事（learn to do）、学会做人（learn to be）、学会与人相处（learn to be with others）、学会学习（learn to how to learn）。究其实，浮云遮望眼，我们太多地沉溺于山脚下的风景，却迷失了攀登峰顶的路。我们带有歧视性地嘲弄那个“放羊、挣钱、娶老婆、生娃、放羊……”的孩子，却永远不会嘲笑自己。殊不知惯常否定自己、嘲弄自己过去的人，可能就是那个最乐于创造，最能够保持自己进步姿态的人。举个例子说，我们让孩子学习钢琴犹如让孩子攀一座高山，山脚是习得一门技能，山腰是培养一种兴趣爱好，形成良好的习惯，山顶是形成一个人美好的气质修养。这目标，一开始我们往往还能够明白，学着学着就忘记了向上走，就是念念不忘地考级、考级，被山脚下的功利缠住了前进的脚步，纵使那功利只不过是一厢情愿的，我们也乐此不疲。

学习是一个过程，最初的目的在于学习知识，形成能力；其次的目标在于养成学习的兴趣、学习的习惯，形成自主学习的能力；远大的目标是在学习过程中形成诸如懂得追求、懂得合作、善于发现、善于坚持、有诚信、有自信、有韧性、会反思等等属于人类的良好品质。这是我们理解的让教学回归育人的本位，是能够听得见的成长拔节的声音。

所谓活力，同样也分山脚下的风景和山顶上的气象。第一层次在于，以学生自主学习为主要学习形式，呈现出学的形式活泼；第二层次在于，问题探究激励下的学生敢于探究、乐于探究的思维活泼与灵动。前面两个层面落实好了，山顶的气象就在望了，即叶澜教授所力倡的：让课堂充满生命的活力。听得见课堂上自主学习、自觉成长的声音，才是真正意义上的人生课堂，才是让教学回归育人的本位。

“活力课堂”必须具有学习效率的保障，这是“活力课堂”的基本方向。就两位青年教师来说，书娟老师的教学效益是很高的，她所执教的班级在上学期的区统考中，语文成绩名列年级前茅；晓珏老师很神奇，在上学期的区统考中，数学科目居然全班最低成绩为 84 分，平均成绩超过 95 分，竟然可以与区域内最牛校最牛娃们较量一下，要知道，我们只是草根学校，全校没有“重点班”“实验班”“特长班”……这不奇怪，既然掌握了最先进的“生产工具”，那么就能产生最强大的“生产力”。“活力课堂”，就是以正常的行为方式，获得教学的高效。

就“活力课堂”而言，所谓不忘初心，就是探究的热情和探究的方向。

课堂，盛放学生的生命（老查说课系列38）

上周，我听了戴丽娜、陆静老师执教的"活力课堂"示范课，并且自己也"玩了一票"，应学生之邀上了一节课。总的感受是：课堂，是盛放学生生命的地方。

两位老师突出的共同点之一是在课堂上自始至终充满活力。这是必须的，因为我们的课堂名曰"活力课堂"，就必须用活力去激发活力，像一块云朵推动另一块云朵一样。这活力首现在直观，笑意盈盈而又富于变化的脸，使每一根神经都盛满爱意，让人不得不联想，智慧工作的教师原来可以这样的美丽和幸福。这美丽与幸福在无声地传递呀！这活力还体现在灵动的思维，教师的思维促进着学生的思维，学生的思维反过来激发教师的思维。"活力课堂"，灵动的思维在优美地舞蹈，甚至感觉不到薄暮已至，夕阳在山……

英语学科主任刘莹点评道："娜娜老师本节课突出的个性在于很精到地运用了课程统整。"我很认同这一点。这统整既体现在纵向，即以学习句式"We must (mustn't) do..."为依托，将前面的课程内容有机整合到本节课，而且高低错落有致，吻合学生发展情况；又体现在横向，在学科与德育之间，学生课堂活动的重要内容包括自主制定行为规范，很好地照应到我们主张的"六维教育""行为规范素养"，自然贴切地体现了"活力课堂""让教学回归育人本位"的主张。

语文学科主任陈宁点评道："静静老师本节课的突出特点在于运用学生的质疑组织教学内容，联系自己的生活经历深度理解文本内容。"我也深表赞成。上课伊始，让学生提出对本文不理解的或者需要重点解决的问题，老师经过筛选后逐一板书在黑板上，整节课就顺着这些问题，思考、讨论、陈述、解决。这是智慧而大胆的教学主张！老师在本节课执教的内容是《在柏林》，这是一个控诉战争罪恶的故事。结尾，老师道出了自己家族的故事，老师是南京人，家里的一位女性长辈曾经在南京大屠杀中惨遭侵略军凌辱，致残终身……偌大的教室（大会议室）顿时弥漫着仇恨的硝烟！让我深赞的是，静静老师立马平复自己的情绪，一舒袖，一顿喉，一个问题便掸开仇恨的雾霾——"联系今天，你们获得了什么启发？"全场学生几乎异口同声："爱好和平！"是啊，教育，许多都可拿去播种，但是千万别播种仇恨！我们铭记曾经的苦难，只是为了不让苦难重来……

我在即兴评课中这样说：上好课，是对学生的在校时间负责，是对学生的青春负责，是一名教师最大的政治责任和最突出的师德。在当今教育形势下，一堂好课的最低标准是有单位时间的教学效益，让学生喜欢课堂，让每一位学生参与到课堂，让学生主要通过课堂学习学得好课程，考得出成绩；最高标准是，课堂不仅仅是教授学科知识，培养学科能力的，它要实实在在地体现出成长人的载体的作用，其期待范畴远远高出学科范畴。尽管，它只是通过学科学习去教学生认知、融入、历练、成长。

走好今天，就是为明天做好了准备，对吗？

感谢娜娜老师和静静老师的示范！

给点时间，等待花开（老查说课系列39）

我一贯坚持，校长的核心责任是帮助老师，尤其是帮助年轻老师上好课。记得我34年前刚刚入职，我的领导和老教师们听我的课，一位胡领导评：“讲一口标准话。”一位任老师笑言：“你说的是查老师的普通话？”我领悟到：胡领导表扬我声音洪亮，音色浑厚；任老师觉得我普通话不标准。悠悠几十年，我谢了胡领导的善：您找到了我的一个优点。我尤其谢谢任老师的善：就是因为您的提醒，作为一位语文教师的我，总算是说得出一口大家都能听得懂的话，尽管普通话考试只得了87分，我却已经很尽力了。

说到这里，我想到了我校的伍老师。

伍老师是“95后”，今年刚刚入职。她很上进，9月伊始，就邀请我去听课，甚至有一次我已经答应她去听课，结果却因为其时正投入地写文稿，忘记了（兴许是潜意识里故意回避这特意为我准备的课）。今天很巧，早上巡校至预备年级，遇见伍老师，在她的邀请下，我走进教室。

伍老师讲的是杜牧的《江南春》。其教学程序是：

（1）检查背诵默写（《浪淘沙》（九曲黄河万里沙）、《江南春》、《书湖阴先生壁》）。

（2）联想：关于春天的古诗。

（3）讲述关于杜牧以及绝句、律诗的常识。

（4）诵读《江南春》。

（5）品读《江南春》。

我的即时评价是：您上了一节让我放心的课。因为课已初显成熟，肯定不会误人子弟。

伍老师当然不会满足于此！课后，我和伍老师攀谈起来：

我：你觉得哪些部分比较成功？

伍：学生回答关于杜牧以及绝句、律诗的常识；学生对于“四百八十”数词的品读。

我：你觉得哪个部分最没有达成你希望的效果？

伍：学生对于诗歌意境的理解。

我：就着刚才提到的，第一个问题是“死”的知识，学生只要预习了，就可以回答。第二个问题很浅显，“四百八十”一眼看上去就是多，它形不成“问题”；如果联系“七八颗星天外，两三点雨山前”，倒就成了“问题”，后者极言其少（这点与说明文“列数字”说明很相似）。至于第三个问题，不是预习能够铺垫的，而是要用“自读”铺垫。最简捷的方式，就是把最简洁的诗歌语言“泡化”成相对平实一点的散文语言，意境也就初显了……

伍老师的这节课，我还有几点评价和建议。首先检查背诵默写的做法很好。学习经典古诗词最基本的就是记住，如果这一点都不成，其他均是空中楼阁。但是其实不必放到课后批阅，最好是课堂上让学生互批，以达成巩固效果，并且有利于学生责任心的建立以及产生即时激励的效果。此外，还可立即转化为学习小组积分。

伍老师开始有些紧张，紧绷着脸，逐渐地露出了笑容，而且面部神情时常变化。老师笑起来的样子最好看，世人都更愿意接近笑脸。老师的笑容里含着鼓励，含着爱。老师的眼神里有肯定、有嗔责、有包容、有期待……

所有学习途径中，最让学生刻骨铭心的是自主学习的途径。导学案不是止步于死的知识记忆，好的导学案更加侧重引导学生将知识搭建成能力。

学一首诗词最为明显的目的在于使学生能够触摸到诗词所呈现的意境、理解诗词所传达的思想情感。注意，是“触摸到”，而不是“听懂”！读懂词句不难，不要在这一高度上纠缠，触摸到意境，体验了情感，才算是到达山顶。况且，将那抽象的、“不着边际”的文学语言“泡化”成平实一些的散文语言，并能够“披文入情”，待后内化成为自己的精神世界，这才是我们读诗的目的。诵诗有讲究，在比较中鉴别，在鉴别中理解，在理解后再诵读，方可读出诗中三昧。

学一首诗，带出几首诗，适当扩充一节课的内容含量，也是我们语文教学所主张的。记得早二十年前，有人评特级教师周陶富的课：听了周老师的课，所有可能考的考点都关注到了，课外的负担就轻多了。

七宝实中从 2010 年的没有优课到 2019 年优课率 57.1%，良课 + 优课率从 2010 年的 7%到 2019 年的几近 100%，就是因为外部专家不停地“观课”，就是因为我们一直主张“活力课堂”建设。

我非专家，关于课堂的许多理论我不熟悉。我只是知道，所谓好课，就是您所传达的知识是“真”的，您所培养的能力是“实”的，您的课堂，能够确保绝大部分，最好是全部学生都沉浸其中。

给点时间，等待花开！伍老师很用心，未来可期！

第四章

CHAPTER 04

“六维教育”，还原一个幸福的少年时代

2013 年,七宝实验中学被列入上海市闵行区首批新优质创建学校。彼时,学校经过四年的努力,已经跋涉出初期的泥泞,教育教学面貌焕然一新。

拿什么创建新优质?是在应试教育的陈弊里随波逐流,还是效仿时髦创造亮点?我们均给出了否定答案。

我们以为,真正的教育是全面发展人的教育,最好的教育是成人。于是,我们开始了“六维创优”的探索。随着学校的发展,“六维创优”开始面向全体学生。2014 年,我们将“六维创优”更名为“六维教育”。

“六维教育”的理念是:让优秀成为习惯,叫习惯化育人格,用人格主导人生。培育核心素养,成就高贵生命,还原一个幸福的少年时代。

成就更多的优秀，成就更高贵的生命

——七宝实验中学“六维创优”实践

七宝实验中学“六维创优”实践研究起始于2013年5月，2013年9月在全校开始实施。

第一部分：我们为什么创生“六维创优”

一、 现行学生评价不适应学生发展的需要

1. 现行学生评价主要类型

(1) 以学生学业成绩为主要依据的评价。(主流评价之一)

(2) 以“三好生”“优秀队员”“优秀团员”“优秀干部”为称谓的校、区及以上级别的激励性评价。(主流评价之二)

(3) 多元发展理念关照下的单项激励性评价。(辅助性评价)

2. 关于现行评价局限性的粗浅思考

(1) 现行两类主流评价分别由学校不同主管部门操作(教务处、德育处)，在具体实践之中严重割离了教学与德育，使学生发展领域陷入分化，分裂状态不符合当代教学与德育融合的需要。

(2) 独立进行的主流评价之一(即完全独立状态下的学生学业成绩评价)客观上成为应试教育的卫道士，不能够满足学生全面发展的需要。

(3) 由于评价标准的“高大上”以及传统做法的惯性，造成主流评价之二受益面窄，通常只在5%～10%。究其实，这只是应试教育下面向极少数精英层的评价，不是面向全体学生的评价。这样的评价不能够满足全体学生的需要。

(4) 多元发展理念关照下的单项激励性评价理论上面向全体学生，也符合马克思“人的全面发展”的基本理论，但遗憾的是，这种评价主张违背了人性规律。心理学家早已揭示，“逃避”是人性中极为根深蒂固的弱点，这一弱点在未成年人中表现得尤其突出。实践中，我们所主张的单项激励性评价往往成为学生全面发展的桎梏。实际上，主张学生全面发展的单项激励性评价却在一定程度

上阻碍了学生的全面发展。

（5）现行评价总体表现为对学生既往成长过程的终结性评价。在实践操作中，诸多因素的干扰容易使得这种教育手段起于评价而止于评价，不单单使其在以往过程中不能及时发挥其诊断与导向功能（滞后），还由于其过于强调阶段性，而忽视将学生已有的成长积淀有效地纳入学生的成长全过程，缺乏传递性。当代教育，呼唤评价关注学生全程发展的需要。

二、 发展中的学校迫切需要满足学生发展需要的评价体系

1. 学校的蜕变提供了评价改革的土壤

七宝实验中学的前身是市西实验中学，由于诸多历史原因，办学水平曾跌至低谷。经闵行区教育局、七宝镇政府、七宝中学运作，2009 年 9 月—2012 年 7 月，该校由七宝中学托管，更名为七宝实验中学，同时成为七宝中学教育集团核心学校。经历了托管期，学校走出办学低谷。至 2013 年，学校办学绩效评价、社会评价、学生综合素质发展水平、教师发展水平等都补齐了历史造成的差距，逐渐走在了全区公立普通初中的前列。

学校的发展对教育提出了更高层次的要求，同时也积淀了良好的发展基础。在新的形势下，学校适时提出新形势下的教育理念：让优秀成为习惯，叫习惯化育人格，用人格主导人生。

理念需要实践支撑，学校的发展终究是为了提高育人的效益，新形势下的学生评价体系成为发展需要。

2. 创建新优质学校的发展背景催生了“六维创优”评价机制

2013 年，七宝实中开始了闵行区首批新优质学校的创建工作。

鉴于学校发展的历史与现实，我们对于新优质高度浓缩的理解是：有一支思想纯正、业务水平高、与时俱进、不断发展、有教育实效的教师队伍；全体学生能够健康、全面地发展，其发展水平高于全区普通公立初中平均值；学校覆盖的社区老少对学校普遍持肯定态度。其核心标准在于全体学生能够健康、全面地发展，发展水平高于全区普通公立初中平均值。

创建新优质学校，可以使学校发展更加得到社会各方面的重视，同时也包含着社会各方面对于一所正处于上升期的学校更新更高的发展要求。要求的提

高,不单单是在激励我们重建新形势下的学生评价标准,尤其是在启发我们再审我们的教育内容,以科学的评价导向高效的教育。

我们创生"六维创优",面向全体学生,以期满足创建新优质环境下学生健康、全面的发展需要,满足一所正在走向新优质的学校持续发展的需要。

第二部分:"六维创优"的内涵与特点

一、"六维创优"的内涵

"六维创优"立足于当代实施素质教育对于学生的发展要求,分别从身心健康素养、行为规范素养、学业素养、读书积淀、社会实践与体验、特长素养等维度,分等第制定标准,培养学生。

1. 七宝实验中学"六维创优"达标考评细则

培育目标:让优秀成为习惯,叫习惯化育人格,用人格主导人生。

"六维创优"达标考评细则见表18。

表18 考评细则表

序号	项目	考评标准	考评者	完成时间
1	健康素养	A档:体质健康检测等第为"优秀"	教导处 体育组 体育教师	学期末
		B档:体质健康检测等第为"良好"		
		C档:体质健康检测等第为"合格"		
		备注:由体育老师给出"体质健康检测"成绩		
2	行规素养	A档:获得校级"行规示范生"称号	德育处 年级组 班主任	学期末
		B档:获得班级"行规优秀生"称号		
		C档:获得班级"行规合格生"称号(无任何违纪)		
		备注:有严重违纪现象,一票否决		
3	学业素养	A档:各基础学科学期总评达80分+其他学科评价获等第"良"及以上	教导处 班主任	学期末
		B档:各基础学科学期总评达70分+其他学科评价获等第"良"及以上		
		C档:各基础学科学期总评达60分+其他学科评价获等第"良"及以上		
		备注:有严重不良学习习惯,一票否决		

续表

序号	项目	考 评 标 准	考评者	完成时间
4	读书修养	A档：完成规定读书量，在相关活动中获表彰	政史地组 班主任辅助	学期末
		B档：完成规定读书量，在图书馆建设中表现突出		
		C档：完成规定读书量		
5	实践素养	A档：参加以下三类活动之一者均可为A档 ① 参加“优秀学生夏令营”活动表现优秀者 ② 参加区镇级以上优秀学生夏/冬令营活动者 ③ 参加各级各类志愿者服务，表现优秀者	德育处 年级组	班主任 学期末
		B档：参加军事夏令营活动，完成科目训练任务		
		C档：积极参加春秋游活动并表现优秀		
6	特长素养	A档：获镇、区级以上各类竞赛等第奖	社团组 教导处	学期末
		B档：获校级、年级主题文化活动等才艺奖		
		C档：积极参加班级各类才艺展示活动		

2. “六维创优”的实施步骤

(1) 新生入学教育，学校宣讲“六维创优”。

(2) 新学期开始前夕（暑假、寒假期间），学生在教师、家长合作参与的前提下，制订属于自己的“六维创优”计划。

(3) 班主任、相关任课教师、学生家长、学生个体，依据所制订的计划开始新学期生活。

(4) 学期结束，年级组评选七宝实验中学优秀学段生（约占全校学生的80%），其中约20%为6A级优秀学段生；学年结束，由学校德育处主评。其结果为评团校学员、三好学生的主要依据。（优秀学段生标准：六个维度均达到C级；6A级优秀学段生标准：六个维度均达到A级。）

(5) 四年学习结束，学校依据学生创优记录评选七宝实验中学优秀毕业生（约占全校学生的80%）。其结果为“推优”以及进入“未来杰出校友名人堂”的主要依据。

(6) 以阶段激励和研讨推动"六维创优"教育的落实。

"六维创优"实施步骤流程图如图 1 所示。

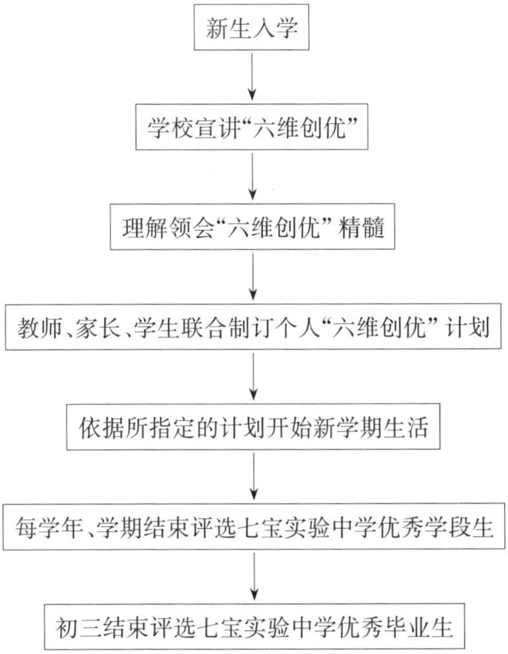

图 1　六维创优实施步骤

二、"六维创优"的特点

"六维创优"是对于当下主要评价的整合与反思基础上的重建。经过近三年的实践,与既往的各种评价方式相比较,其表现出以下特点:

1. 融通教育环节,指向全面发展

"六维创优"避免了以往评价教学与德育"各自为战"的尴尬局面,有机组成的评价机制克服了以往德育与教学相隔离的特点,正确解读并且贯彻了教育教学辩证统一的关系,促成教学回归育人本位。

"六维创优"基于"全面发展的人"这一思想的理解,正确解读了素质教育的本质,合理分解素质教育的要求,在着眼于各维度成长因素评价的基础上归结于均衡发展,有效避免了以往评价可能造成的不均衡发展,多元评价也不再成为学生全面发展的桎梏。

2. 落实赏识教育，关注评价整体

“六维创优”克服了以往评价中“赏识”的只是部分甚至是极少部分的缺憾，是让“赏识”宛如春风化雨一般的教育。基于对义务教育基本责任的解读，其“优秀”的基本标准就是“全面合格（C级）”，换言之，初中阶段是义务教育阶段，学生发展的主要维度全面达成“合格”，即可认定为优秀。这一基础标准，对于正常生长状态下的学生是可以实现的。它区别于以往任何一种形式的评价：大面积受到赏识，就可能产生大面积的激励；在基本得到赏识的前提下，促进学生愉快认知自己成长中的弱点或者增长点，促进学生持续发展。对于极少数（一般为20%～25%）未达成全面优秀的学生而言，限制级的挫折教育并非遥不可及的创优目标（最近发展区内，且实施过程中还可以个性化），都将对该群体的发展产生积极作用。

“六维创优”在落实大面积赏识教育的前提下，还关注学生的成长差异。于是，我们有“6A级优秀学段生”与“优秀学段生”的区别：“优秀学段生”这一较庞大的层次内，也以各维度“A、B、C”出现的频率体现差异。基于“六维创优”，评价还兼容其他传统方式于其中，以体现优秀的程度差异。

3. 透视教育环节，贯穿教育全程

“六维创优”细致分解了学生全面发展的需要，分六个维度用等第或者量化测量学生个体的成长高度，在过程中渗透，分阶段评价，有利于教育者（教师、家长）与受教育者（学生）及时了解成长中的缺点或者增长点，有效避免了以往评价的滞后性，提高了教育评价对于教育对象的诊断、矫正效能，促进了学生的主动发展。

“六维创优”是以“六维创优”为手段实施的“六维教育”，尝试以优秀毕业生贯穿初中学段的全程。初入校门的学生，即了解“六维创优”以及优秀学段生、6A级优秀学段生、优秀毕业生等荣誉。每学期，学生从建立目标起步，在过程中接受“六维教育”，在阶段中接受“六维评价”，在毕业时成为优秀毕业生。在这过程之中，又将团建、三好学生、“推优”等融入其中，既照顾了以往评价等工作的独立性，又维护了“六维创优”的唯一性、权威性，使评价在多样化的基础上归于严密的系统。

第三部分:例说"六维创优"的教育实效

2014 学年,我校绩效评价总评为 87.82 分,位列全区第七位。

4 个维度的情况如图 2、图 3、图 4、图 5 所示。

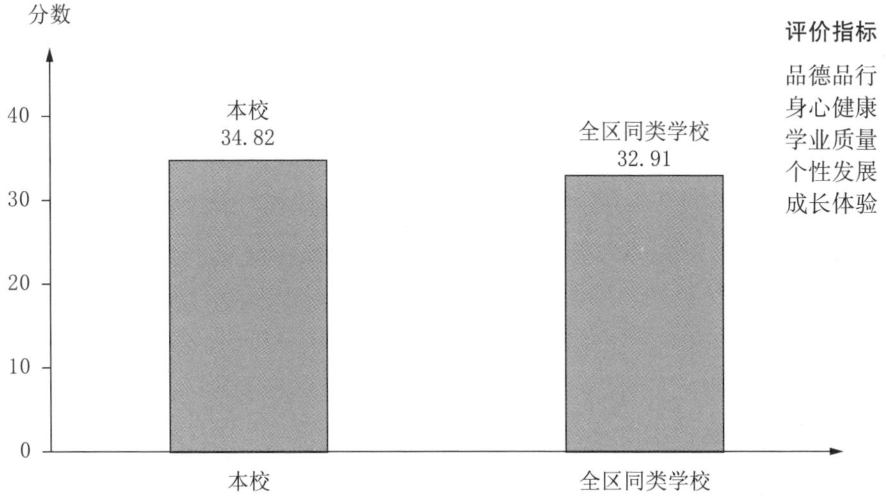

图 2　学生发展情况

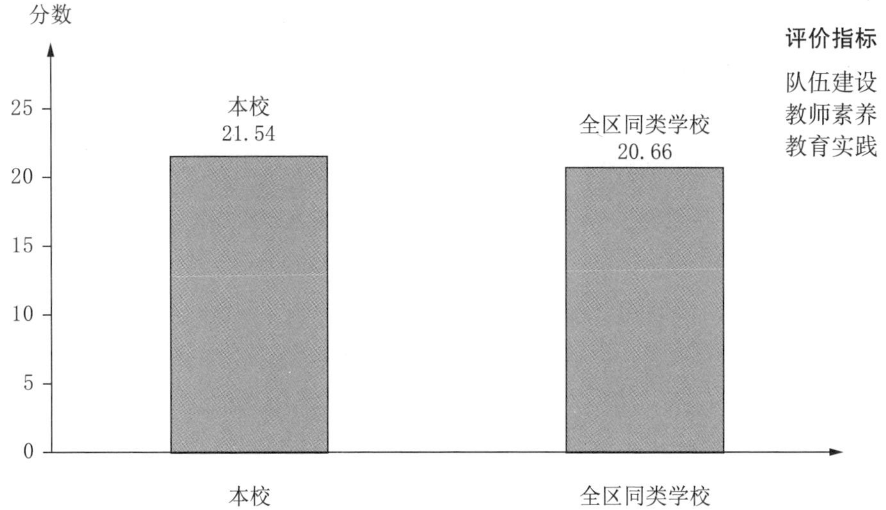

图 3　教师发展情况

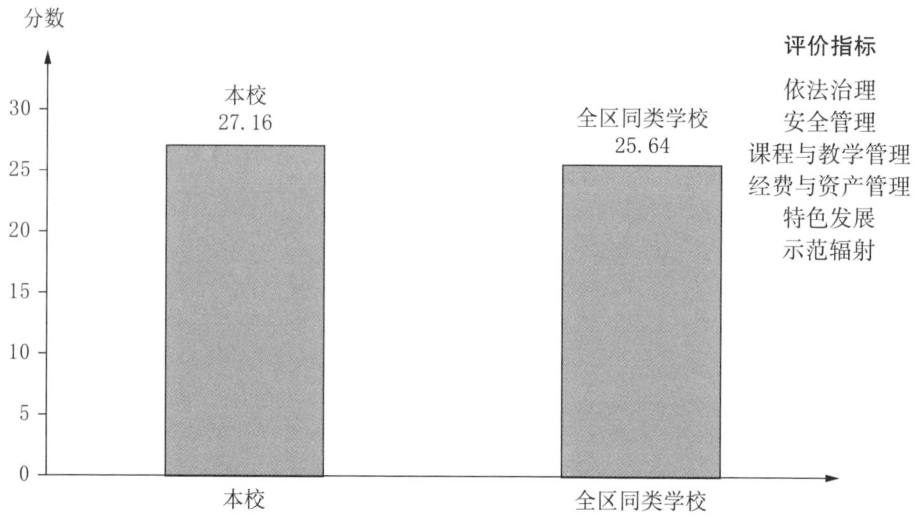

图 4　学校管理情况

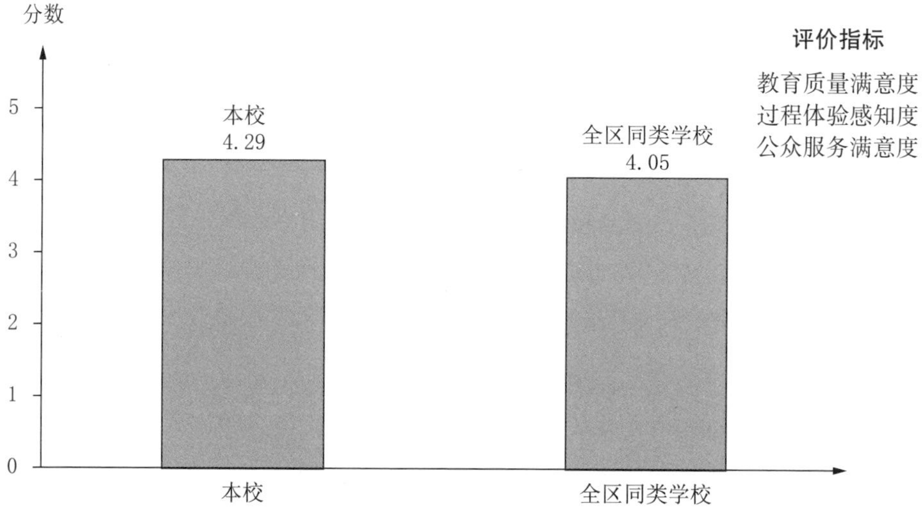

图 5　社会认同情况

第四部分：结　　语

三年前，我们创生了"六维创优"。历经三年的时间，学生综合素质水平在不断地提高，学校也在闵行区首批新优质创建学校中走在了前列。"六维创优"充分体现了对学生的尊重与欣赏，"让教育面向全体"从主张落实到了行动；充分尊重“全面发展的人”的素质教育规律，促进学生全面发展；注重优秀的积淀，体现“走好今天，为明天做最好的准备”的成长原理。因此，“六维创优”深受全体师生和家长的欢迎。

在实践中，我们还要积极地完善这一新的评价制度，以期其更普遍、更自主、更科学、更人文、更具生长的活力，从而成就更多的优秀，成就更美好的生命。

培育核心素养，成就高贵生命

——上海市七宝实验中学的“六维教育”践行路

党的十九大报告指出：“要全面贯彻党的教育方针，落实立德树人根本任务，发展素质教育，推进教育公平，培养德智体美全面发展的社会主义建设者和接班人。”近年来，核心素养成为课程改革的新热点，是实现立德树人的根本要义。“六维教育”，就是上海市七宝实验中学在培养核心素养方面做出的实践探索。

今年暑期档的一部动画电影《哪吒之魔童降世》刷新了中国动画电影的票房纪录。剧中，哪吒阴差阳错成为魔丸转世，从一出生就注定了他多舛的悲剧命运。幸运的是，父母之爱、朋友之爱、恩师之爱，给了哪吒突破命运枷锁的勇气，发出了“我命由我不由天”的怒吼，最终收获了圆满结局。

大幕落下，电影散场，引发的思索却远未停止。如果哪吒能够遇见“六维教育”，是否可以尽早地认清自己、接纳自己，命运从一开始就可能改写？上海市七宝实验中学校长查建生对此展开了深入思考。

如果哪吒能够遇见“六维”，那么他不会遭遇诸多的偏见和歧视，因为“六维教育”的天空很蓝，博大公正，不允许偏见，不贴标签，主张积极主动的改变。

如果哪吒能够遇见“六维”，他不可能离群索居，因为“活力课堂”、校园文化节、社会实践，会让他身边成群地出现太乙真人、敖丙和善良天真的小女孩。

如果哪吒能够遇见“六维”，父亲对他释放的爱的信号会更加清晰和直接地被他捕捉到，父子间的误会将大大减少，故事也不会像电影剧情那样曲折。

如果哪吒能够遇见“六维”，那改变他宿命的就是“六维教育”。“六维教育”会赋予他热爱生活、追求卓越的生活态度，以及“向善”“向上”的教育信念。

是的，如果哪吒能够遇见“六维”，那么他命运的走向从一开始就会被改写。让更多的孩子接受“六维教育”，就是上海市七宝实验中学的教育梦想。该校七年如一日，探究“六维教育”的内核，进行“六维教育”的实践探索。

一、“六维教育”，核心素养内驱

上海市七宝实验中学的前身为上海市市西实验中学，位于七宝镇静安新城。

该校始建于1997年，原属静安区公建配套学校。2009年8月，经七宝镇人民政府、闵行区教育局运筹，学校由七宝中学托管，遂更名为七宝实验中学。2013年，学校被遴选为闵行区首批新优质创建学校，2016年被正式确立为闵行区新优质集群发展基地校。目前基地成员校有航华中学、罗阳中学、纪王学校、龙柏中学。

加入七宝中学教育集团以来，学校先后获得上海市安全文明校园、上海市中小学行为规范示范校、闵行区文明校园、闵行区依法治校示范校等荣誉称号，并连续五年荣膺闵行区义务教育内涵发展优秀二等奖。在全校师生的共同努力下，学校办学实力不断提升，以踏实稳健的步伐进入了闵行区公立初中的上游水平。

七宝实验中学现有中预至初三年级共25个班、728名学生。目前在编教师86人，任课教师82人，任职资格达标率100%，学历达标率100%，其中硕士24人；有1位区级学科带头人，11位区级正选骨干教师，总计有17位区级骨干后备教师，2名区希望之星，2名区闵教论坛教师；中级职称教师总数48人，占58.5%，高级职称教师总数11人，占13.4%。师资力量日渐雄厚，教育教学质量不断提升，社会声誉日益提高。

上海市七宝实验中学对“六维教育”的实践之路始于2013年9月。该校明确了学生素养培育的操作体系，并将其提炼为“六维创优”教育，在全校开始实施。

2014年，教育部印发《关于全面深化课程改革　落实立德树人根本任务的意见》，提出“教育部将组织研究提出各学段学生发展核心素养体系，明确学生应具备的适应终身发展和社会发展需要的必备品格和关键能力”。核心素养成为课程改革的新热点。七宝实验中学据此进一步调整、深化“六维创优”教育，作为持续进行的、在新的课程改革中落实核心素养的培养的实践探索。

2016年9月，中国学生发展核心素养研究成果发布。以培养“全面发展的人”为核心，中国学生发展核心素养分为文化基础、自主发展、社会参与三个方面，综合表现为人文底蕴、科学精神、学会学习、健康生活、责任担当、实践创新等六大素养，具体细化为健全人格、自我管理、国家认同等18个基本要点。各素养之间相互联系、互相补充、相互促进，在不同情境中整合以发挥作用。

如何在新的课程改革中落实核心素养的培养，成为学校教育面临的巨大挑战。在这一背景下，七宝实验中学进一步调整“六维创优”教育，将其教育内核与中国学生发展的六大素养相结合，将“六维教育”系统化、深入化，形成了独具特色的“六维创优”教育体系。

“六维创优”教育体系的构建，亦是为了满足七宝实验中学自身发展的需要。由于历史原因，七宝实验中学的办学水平曾一度跌至低谷。后经不断努力，学校突破办学桎梏，至2013年，在办学绩效评价、社会评价、学生综合素质发展水平、教师发展水平等方面都补齐了历史造成的差距，办学水平逐渐走在了全区公立普通初中的前列。学校的发展对教育提出了更高层次的要求，探索新形势下的学生评价体系成为形势所需。

2013年，七宝实验中学开始了闵行区首批新优质学校的创建工作。这项工作使社会各方面对于一所正处于上升期的学校有了更新、更高的发展要求，意味着该校要重建新形势下的学生评价标准，对教育内容进行重新审视，以科学的评价导向高效的教育。因此，该校提出面向全体学生的“六维创优”教育，以期满足创建新优质环境下学生健康、全面的发展需要，满足学校持续发展的需要。

基于以上原因，加之现行的学生评价已不再适应学生发展的需要，“六维创优”教育的实施成为大势所趋。

基于对中国学生核心素养的理解和对上海市中小学生学业质量绿色指标的解读，秉承“热爱生活，追求卓越”的校训，实现“让优秀成为习惯，叫习惯化育人格，用人格主导人生”的育人目标，并结合该校创建新优质基地学校的发展实际，七宝实验中学校长进一步创造性地设计并提出了契合该校学生发展的提升点——“六维创优”教育，即从健康素养、行规素养、学业素养、读书修养、实践素养、特长素养等方面全面、综合地培养和评价学生。它从六个维度落实了中国学生发展核心素养以培养“全面发展的人”为核心的要求。六个维度的创优教育内容设计分别从不同角度对应落实了人文底蕴、科学精神、学会学习、健康生活、责任担当、实践创新等六大素养。六个维度之间是互相联系、互相补充、互相促进、不可分割的有机统一，对学生发展能起到整体的推动作用。

二、多措并举，素质教育落地

为将“六维创优”教育的内容落到实处，在具体实施过程中，七宝实验中学确立了如下步骤：

（1）新生入学教育，学校宣讲“六维创优”教育。

（2）新学期开始前夕（暑假、寒假期间），学生在教师、家长合作参与的前提下，制订属于自己的“六维创优”计划。

（3）班主任、相关任课教师、学生家长、学生个体共同依据所制订的计划开始新学期生活。

（4）学期结束，年级组评选七宝实验中学优秀学段生（约占全校学生的80%），其中约20%为6A级优秀学段生；学年结束，由学校德育处主评。其结果为评团校学员、三好学生的主要依据。（优秀学段生标准：六个维度均达到C级；6A级优秀学段生标准：六个维度均达到A级。）

（5）四年学习结束，学校依据学生创优记录评选七宝实验中学优秀毕业生（约占全校学生的80%）。其结果为“推优”以及进入“未来杰出校友名人堂”的主要依据。

（6）以阶段激励和研讨推动“六维创优”教育的落实。

德育处每年都会邀请学生家长和区、镇领导一起为六维优秀学段生进行表彰。通过颁发证书及佩戴荣誉标志，鼓励大家争做优秀学段生；每学期举行一次德育研讨活动，围绕“六维创优班级”的特色做法及个案研究，夯实技法、明确目标，不断进行“六维创优”教育的激励和实践探索，培育学生优秀的人格和品行。

经过几年的探索与实践，该校已经形成了一套较为完整的高效率育人体系，让素质教育的主张落地，是贯彻核心素养从理论走向实践的有效探索。“六维创优”教育的评价体系在着眼于各维度成长因素评价的基础上，归结于均衡发展，有效避免了以往评价可能造成的不均衡性发展，多元评价也不再成为学生全面发展的桎梏。该校的学生心声，抒发着自己对于“六维创优”教育的直观感受：

“‘六维创优’不仅使我在学习方面获得提高，还使我超出学习，全方面地发展。这让我懂得了，一个真正的好学生，不只是学习好，各方面都要优秀。”

家长的发言，则体现了“六维教育”在家校共育方面的实施成果：

“‘六维教育’让家长倍感安心。在我们实中，学业成绩并非全部，‘六维教育’为学生们建立目标，规划成长。除了学业成绩，我们还有健康素养来提高体能；特长素养，让孩子各显神通；行规素养，培育绅士和淑女；实践素养，让孩子体味社会责任的重量；读书素养，让孩子们飞到诗意的远方，把我们的孩子们，培育成完善的‘人’。”

三、 特色德育，关注践行体验

“六维教育”的推进，彰显了七宝实验中学对于德育孜孜不倦的探求。秉承“让优秀成为习惯，叫习惯化育人格，用人格主导人生”办学理念，以培育和践行社会主义核心价值观、传承发展中华优秀传统文化为抓手，该校有计划、有层次、创新性地开展了形式多样、富有成效的主题教育实践系列活动。

该校日常开展了“我们的节日”系列主题活动；落实区级“扣好人生第一粒扣子——传承红色基因，缅怀革命先烈”爱国主义教育与传统文化实践系列活动，夯实未成年人思想道德建设，积极创建全国文明城区；认真组织开展经典吟诵主题活动、“上海市中小学生寒假劳动教育”系列活动、“浦航杯”危化品安全知识竞赛活动、中小学生“新时代好少年”主题教育活动《我为祖国点赞》征文演讲比赛活动、非物质文化遗产特色项目展示活动、“君莲杯”传统文化知识大赛和探访活动等。

该校以校园主题文化为载体，重点关注学生的践行与体验。学校以生命教育与民族精神教育为核心，构建学校德育体系，将行为规范教育、感恩教育、诚信教育、基础道德文明教育、心理健康教育、学生自主管理、少年团校、学生社团、学生社会实践、校园七大节日（爱生节、读书节、艺术节、感恩节、体育文化节、班主任节、科技节）、七宝爱心公益等项目纳入德育教育的视野，并精心设计和筹划营造高雅的文化氛围，通过各类载体实施赏识与践行教育行为，为学生营造“让每一个学生都能幸福成长”的乐园。

同时，学校还结合该校的七大节日，培养学生自主活动的能力，以此为载体，培养学生高尚的情操、健全的人格、感恩的心理、向上的精神，提高建立和谐的人际关系的能力；做到一个节日，一个主题，一次教育，一点收获。结合各种社会实践活动，如优秀学生夏令营、暑期军训、七宝爱心公益等，培养学生自理自律自觉自主发展能力，做好七宝实中的形象代言人。

该校以新优质基地校为重点，继续做好校园节日主题文化活动的设计，创新地开展工作，不断形成校园文化特色，指导年级主任、班主任创设教育活动载体，激发学生参与活动及自主活动的主动意识，提升学生自主发展能力，以实现活动育人的宗旨，形成具有实中特色的学生自主发展体系。

加强家庭教育指导工作，提升家、校、社合力育人机制，也是该校德育工作的一部分。具体措施如：完善"校家委会"建设，推动学校指导家庭教育工作的常态化；巩固"家长志愿者"成果，丰富家校联动的内涵，组建"家长课堂"，开展家长课程培训；携手推进"七宝公益"建设，加强学生社区活动、公益活动和社会实践活动；整合资源、培育特色、打造品牌，将家长志愿服务课程化常态化，使其成为推进未成年人思想道德建设的重要抓手和有效实践。如此，方能充分发挥学校家庭教育指导中心的指导功能，进一步调动年级班级家庭教育指导委员会，加强家校联系，有效构建家、校、社"三位一体"的教育网络，充分发挥家长在德育教育管理过程中的重要作用。

四、"活力课堂"，培养自主学能

课程建设是学校办学能力发展的重中之重。根据《上海市教育改革和发展"十三五"规划》要求，深化课程改革，改进教学方法，增强学生的学习能力、实践能力和创新能力，是打造与上海建设社会主义国际化大都市地位相匹配的卓越教育的必要途径。七宝实验中学借助学校多年深入打造的"活力课堂"课堂教学模式，极力构建具有"诗韵、活力、六维、新优质"特质的课程体系，促进学校教育教学秩序的进一步规范，确保办学质量稳步提升，努力培养"热爱生活、善于学习、懂得自省、勇于创造"的优秀实中学子。

该校的课程建设，通过全面加强学校三类课程的建设工作，旨在形成与学校"诗韵校园"特色建设相适应的特色课程，形成与学生全面发展和个性特长培养相配套的课程体系，形成七宝实验中学"课程超市"。

根据七宝实验中学近五年的发展规划，该校在第一阶段的发展目标是严格按照课程计划要求，进行课程的开发工作。要科学化规范化实现三类课程的合理设置，根据校情学情，做好校本课程开发工作。三类课程做到统一布局，合理分配教师资源，实现三类课程立体化建设网络，完成较为完善的课程架构。

在第一阶段目标的基础上，真正实现基础型课程三维目标（知识与技能、过程与方法、情感态度与价值观）的有效落实，促进学生基本素质的形成和发展，形成和制定学生每学段的基础课程学习目标。加强“课程统整”工作,重点研发和建立各学科的校本教案、学案、导学案及校本习题资源库。利用五年时间,力争每个学科都能够形成有质量的校本资源库。

同时,落实基础课程建设,以“活力课堂”为重点着力点,从夯实其外显范式到挖掘其内涵。努力实现教师“五课——备课、开课、听课、说课、评课”研讨流程的日常化,完善“四类课型”即“全员地毯式听课、研讨课、‘活力课堂’能手评比课、骨干教师示范展示课”课堂教学的多元化评价机制,提升教师课堂教学能力,注重评价的多维度。

在第一、二阶段目标的基础上,该校将加强拓展课研究。拓展型课程着眼于培养、激发和发展学生的兴趣爱好,开发学生的潜能,促进学生终身学习意志的养成和学校办学特色的形成。而后,通过强化探究型课程,从学生的兴趣与生活经验或从学科出发,实施主题研究活动,帮助学生掌握和运用研究性学习方式,发现、提出和解决问题,培养学生自主学习与创新精神、研究与实践能力、合作与发展意识。最终,将通过结合“诗韵校园”特色发展理念,立足“活力课堂”和“六维教育”,借助“新优质基地校”的辐射作用,依托校园文化建设,三类课程全方位发挥育人功能,打造几项具有一定区域影响力的学校特色发展标志。

五、 教学提升,回归育人本位

推动学校教育水平的整体提升,教学水平是关键。根据七宝实验中学的“五年规划”,该校将继续结合闵行区推进中小学课堂教学改进以及闵行区“一师一优课”“云录播”“微课”等活动计划的相关要求,进行各项工作的整合。坚持以研兴教,助推“活力课堂”的扎实落实,让教学回归育人的本位。全员继续深入培训“活力课堂”的三维度:维度一,教师的教学内容、学生的学习内容的有机整合;维度二,以解决学生“怎么学”的问题为目的的“学生自主学习”的课堂模式;维度三,以激发学生学习动机、维持可持续学习动力的“量化评价机制”。深入研究实践,在实践中进行总结提炼,通过研究寻找问题的成因以及解决问题的途径。

同时,该校计划通过课堂教学评比活动,举办“七宝实验中学‘活力课堂’教学能手”评比赛,从“常态课”中挑选教学能力强的青年教师参加教学评比活动,选出“七宝实验中学‘活力课堂’教学能手”,借此形成教师中的骨干力量;通过

“骨干教师示范课”“资深教师示范课”“精品课大赛等”活动，不断提升教师的课堂教学水平和能力。

加强教师师德建设，提升教师师德师能。该校通过八校联合教研、集团初中教学联合教研、新优质基地研讨、各学科主题教研、期末智慧分享等，关注教师的专业知识与能力，情感、态度与价值观，还关注教师生命的价值与成长：通过“名师讲坛”、名师大家来校讲学、聘请专家跟进指导、教学研讨、网上互动等方式，提升师德修养，提高教师育德意识和育德能力。

除此之外，该校还借助新优质基地的培训任务和建设要求，继续加强基地的常规建设和特色培育，促进本校教研组建设，充分利用名学校、名教师和优秀教研组的作用，提升本校教师专业化水平，为教师提供更多成长的机会。

该校极力构建具有“诗韵、活力、六维、新优质”特质的教师培训体系，促进学校教育教学秩序的进一步规范，确保办学质量稳步提升，努力建设具有良好思想品德和业务素质的教师队伍，促进师资队伍向“师德高尚、业务精湛、结构合理、充满活力”的高素质专业化方向发展。

最好的教育是成“人”，成就更高贵的生命，让每一个生命闪光。这一目标的达成，需要对学生健康素养、行规素养、学业素养、读书修养、实践素养、特长素养的挖掘培育，如春风化雨，持之以恒，润物无声，将良好的教养根植于学生骨子里，让优秀成为一种积极的生命姿态，将向上的力量与昂扬的精神赋予每个个体，这正是七宝实验中学践行“六维教育”的初衷所在。

教育事业，既纷繁多样，又纯一不杂。既需要一代代教育人勤于耕耘，多方探究，又需要他们不忘初心，乐于奉献。未来路上，七宝实验中学将不懈努力，助力该校学子以昂扬蓬勃的精神面貌，感受生命之路别样的风光。

作者：查建生、贾铮、康健

（原文刊载于《中国教育报》2020 年 1 月 11 日第 4 版）

“六维教育”，还原一个幸福的少年时代

——在2016学年“六维教育”表彰活动上的讲话

“清溪流过碧山头，空水澄鲜一色秋。”经过春的酝酿，夏的灼烤，我们终于迎来了秋高气爽，丹桂飘香。我们在今天这个明媚的日子，举行盛大的颁奖典礼，为一百余名6A级优秀学段生、近三百名优秀学段生颁奖，以表彰你们在过去一个学期的优异表现。这是一个覆盖面很广的优秀群体，占比约80%，表彰不仅仅是对于你们优秀程度的充分肯定，还是一所正在从优秀走向更加优秀的新优质学校内涵的集中体现。优秀的学校，不是为了造就极少数拔尖人才，而是为了在更广的范围内，让优秀成为习惯，叫习惯化育人格，用人格主导人生！

同学们，我们主张“六维创优”，就是为了深入贯彻实施“六维教育”。我们主张身心健康素养，就是为了您拥有健康的体魄和强大的内心，以利于在未来的人生之海上，从容地驾驶您的生命之船；我们主张行为规范素养，就是为了您将习惯强化成品德，做一个纯净的人，做一个高尚的人；我们主张学业素养，就是为了您养成良好的学习习惯，培养学习的能力，强健和丰富您的羽翼，送您到未来的蓝天中飞翔；我们主张读书，是因为我们深知树的生长离不开水的滋润，而贤能的智慧总是深藏在浩瀚的墨香里，嗅着淡淡的墨香，就是在向生命的肌体渗入灵秀的活水；我们主张社会实践与体验，是因为社会本身就是书山，就是方向，就是无边无际的实验室，有着我们无尽的成长资源，而且还是我们最终必须去到的地方；我们主张特长素养的培养，是为了您寻求人生路上异样的风景，为了您的生命活出不一样的优美姿态！“六维教育”就是赏识教育，就是期待教育，就是教您踩着柔软的草径去追逐天际的云朵。唯其柔软而充盈春意，唯其遥远而有勃勃生机！

同学们，我们在“六维创优”的教育路径上已经走过了整整三年。这三年，是我们经历闵行区首批新优质学校创建的三年。这三年，我们七宝实验中学经历了从一般到优秀的蜕变。我们的办学成果、我们的教育生态已经为上级、同行、社会广泛认可，我们成了七宝中学教育集团核心学校，为集团办优质教育提供了成功的鲜明个案。当今教育主张培养学生的核心素养，即社会责任、国家认同、

国际理解、人文底蕴、科学精神、审美情趣、学会学习、身心健康、实践创新九大核心素养。与之比较，我们甚是欣慰，因为，这一次我们走在了前面，尽管我们所主张的素养并不能与九大核心素养一一对应，然而这却是我们真真切切地摸索出的一条清晰的培养路径。沿着这业已成形的路径，我们再审“六维教育”，深化贯彻“六维教育”，在下一个三年里，我们将会有更大的收获。

“山明水净夜来霜，数树深红出浅黄。”我们的人生，一如这个秋季，真个是“横看成岭侧成峰，远近高低各不同”。你们自己，你们的家庭，我们的学校，我们所处的这座城市，我们这个民族、这个国家，甚至这个世界、整个人类，都无限地深切希望你们成长。但是我不希望你们成为被希望压垮的一代，我只是希望你们善意地理解这一切的希望，然后删繁就简，简化成你们必需的、并且可以力所能及地承担的责任，这也是我们要帮助您的最重要内容。就像教育的责任，就是要尽力地引导您成为一个充满善意的人，从而善于经营自己的人生，善于对待他人，善于融入这个世界，最后将我们今天的世界完整地或者说更加完整地交付给我们的后人……这样，我希望你们更加全面、更加深入地理解“六维教育”，更加投入地体会“六维教育”，因为，“六维教育”，将还原给你们一个幸福的少年时代！

优秀是一种积极的生命姿态

——在2017学年“六维教育”表彰大会上的讲话

“今日云景好，水绿秋山明。”首先，我代表全体师生，向2017学年优秀学段生表示热烈的祝贺！向2017学年6A级优秀学段生表示最热烈的祝贺！祝贺你们在过去的一年里，注重身心发展，恪守行为规范，热爱学习，乐于读书，坚持实践体验，执着发展特长，凭着坚定的信念和不懈的努力，站在了今天的领奖台。今天，风都是甜的。

其次，我还要向20%左右，在今天无缘领奖台的同学们说声抱歉！由于你们在过去的一年里，六个维度上的努力存在不同程度的欠缺，同时也由于作为老师的我们还没有足够的智慧和耐心，也许还因为你们的父母没有找到与你们有效沟通的方式方法，导致你们暂时还不够优秀。然而，这没有关系，谁也不能够保证每天都是生活的强者，可是，谁都能够确保每天都拥有走向强者的姿态！最优秀的不是结果，优秀其实是一种积极的生命姿态！这也是我今天宣讲的主题。

优秀是一种积极的生命姿态，这是由结果的复杂成因所决定的。在春天，每一朵花都是英雄，她们铺天盖地，次第开放，美轮美奂！然而，不是每一朵花的陨落都可以换取秋天的一粒果实，可这并不影响花的优秀，花的辉煌。她初长时，星星般地闪烁；她半开时，少女般地羞涩；她绽放时，诗人一般地张扬！花的优秀就是聚树的灵气，神神气气地开，悠悠然然地落，无论她是化作培根的泥，或者是延伸为秋天的果，只管开放，这就是花的使命，花的优秀，花的积极的生命姿态！

优秀是一种积极的生命姿态，这其实是发展的社会赐予我们的至高无上的生命财富，只是我们中的许多人还没有来得及去认知！或许是长长的历史中，无法改变的现实贫穷让我们的前人虚构了很多的明天来激励自己，或者是麻痹自己。可是我们现在已经生活在一个相对不贫穷的世界，我们的确需要更加美好的明天来激励自己，但是，我们已经没有必要用虚拟的明天来麻痹自己！让今天生活得充实、快乐，浸润着正能量，就是优秀，就是为明天做了积极的准备！

优秀是一种积极的生命姿态，归根结底是由生命的特点所决定的！生命的高潮不在于起点也不在于终点，前者太懵懂，后者太无奈！那么，生命的全部精彩就是她的过程。一天一天展开的日子，宛若翻动的书页，宛若展开的花瓣……我更大胆一点地说，把每一天的起止，都看作生命的起止，自信满满，朝向深爱着你们的人所期待的方向，你们这一辈子，该拥有多少个生命……

“何当金络脑，快走踏清秋。”同学们，孩子们，我们主张梦想，而且梦想的方向是天空！她如红日一般，银月一般，映照着我们脚下的路。我希望你们仰望天空，脚踏实地；我希望你们只管播种，不拘收获；我希望你们行即始终，无问西东；我希望你们津津有味地咀嚼着每一天，让整个生命呈现出积极的姿态！那么，你们将有一个灿烂光明的未来！

假如哪吒遇见“六维”

——在2018学年“六维教育”颁奖大会上的讲话

“露浥黄金蕊，风生碧玉枝。”在这桂子飘香的季节，在中华人民共和国成立70周年大庆来临之际，我们迎来了2018学年“六维教育”表彰大会。首先，我代表学校党政班子，代表全体教师，向“六维教育”优秀学段生表示热烈的祝贺！向“六维教育”6A级优秀学段生表示崇高的敬意！祝贺你们在2018学年，在“六维教育”的天地里，取得优异的成绩！

“六维教育”，我们一行六年：贯彻落实党中央关于教育的主张，通过综合系列教育影响，全方位积极提升学生身心健康素养、行为规范素养、学业素养，增加读书积淀，加强实践体验，着力培养特长；让优秀成为习惯，叫习惯化育人格，用人格主导人生。从而成就更多的优秀，成就更高贵的生命。

今天的表彰会，我不致辞，我只是跟大家一起回味暑期最热门的动画电影《哪吒之魔童降世》。我在想，也请你们一起想象：假如哪吒遇见“六维”。

剧中，哪吒一出生就注定命运多舛，因为他是魔丸转世，被认定要祸害生灵。这沉重的标签严重地桎梏了哪吒的生活，不管他怎么做，都无法改变他人的看法。假如哪吒遇见“六维”，命运从一开始就可能被改写，因为“六维教育”天空很蓝，不允许偏见，不贴标签，是主张积极主动改变的教育。我们中的一位朋友，小学时代曾经被认为是另类，他也很厌烦上学，即使上学，也往往闹得鸡犬不宁。来到我们身边才一个来月，他说了心里话：“老师好，同学也好，真想不到上学居然是这么快乐的事情。”最近，喜讯传来，他在一项机器人国际大赛中荣获二等奖。

剧中，哪吒一直鲜有朋友，因为同龄人都受到了大人的蛊惑：哪吒是魔王。没有朋友倾诉的世界是多么悲哀！假如哪吒遇见“六维教育”、“活力课堂”、校园文化节、社会实践，他想离群索居都几乎不可能，他的身边一定会成群地出现太乙真人、敖丙和善良天真的小女孩。有一位已经毕业的同学，就是因为孤独，初二时从外校转入，老师和同学们用热情温暖了他，他津津有味地在充满爱的班级生活了两年，后来以优异的成绩被沪上一所很知名的高中录取。据我所知，他目前努力的方向是哈佛！

剧中，包裹哪吒的亲情被饺子导演成功翻转，他在强调着生灵世界一条永恒的真理：虎毒不食子。也就是说，天下没有不关爱、不呵护子女的父母，即使有些关爱的方式值得商榷！明了这个理，不是为了盲从，更不是为了肆无忌惮地享受爱和挥霍爱，而是为了彼此信任：因为有爱，所以安全；因为有爱，所以生命之花常开常新！假如哪吒遇见“六维”，爱的信号可能更加清晰和直接，误会减少，故事也不会像电影那样曲折。记得四年前，我们的一次校园文化节上，有一家三口联袂登台表演拉丁舞，竟然就此挽救了一个濒临破碎的家庭；记得在去年，我们的一次“让梦想走进现实”，圆了一位女同学希望随时随地可以看到妈妈的梦，因为她生活在一个不完整的家庭。

剧中，哪吒终于有了朋友的关爱，有了老师的指导，有了愿意换命的父爱，更有“我命由我不由天”的坚定信念，才得以翻转既定千年的《封神榜》结局，挣脱了剔骨还父、割肉还母的宿命！假如哪吒遇见“六维”，那改变他宿命的应该就是我们践行的“六维教育”，“我命由我不由天”就是热爱生活、追求卓越的生活态度，就是“吹开幸福的花儿”的教育主张，就是本着“良知”成长的生命走向，就是“向善”“向上”的教育信念。

第五章

CHAPTER 05

带走与放下

相逢既然是一首歌,那一定是一曲优美浪漫的歌;相识既然是个缘,那必定是关注你们万水千山走遍的今生不了缘……

同学们、朋友们,未来的校友甚至杰出校友们,离别的钟声已经频频敲响,请不要把它听成“朝来寒雨晚来风”,请不要“执手相看泪眼,竟无语凝噎”,请将我,将你们的老师,将整个校园对于你们没完没了的思念与牵挂带走,请将你们的微笑留下!

我和你们的母校,对于你们的期望很多很多,但是这很多很多你们都可以放下,你们可以简车轻裘,去经营未来美好而洒脱的生命。但有一点希望,请你们务必带走,那就是:无论远方是平坦还是坎坷,请你们一生只做一个善良的人!

选择在海洋馆向你们话别

——2015 届毕业典礼致辞

玉兰氤氲，夏雨绵绵，凉风习习，欲说还休！你们听着我的声音，走过了四个春夏，而像今天这样，聚集一堂地听我倾诉肺腑，或者可以肯定地说，今生今世，是最后的一次！

选择在海洋馆向你们话别，用柔软的手指掸开岁月的蒙尘：四年前，你们驾驶你们生命的航船进入了七宝实验中学这片热带的海，柔柔的秋风吹拂你们稚嫩的脸庞。那时候，我们的学校如同你们一样，除了一颗年轻的、无所畏惧的心，别无所有！而你们和我们的学校一样，除了扬帆，别无选择！我们唱起水手的歌谣，在岁月的苦难深处向远处航行，面朝大海，春暖花开！

选择在海洋馆向你们话别，用惜别的歌撩拨花季的琴弦：你们第一次在“活力课堂”上举起羞涩的手臂，用清脆的童音表达青涩的思辨；你们第一次在班队会上表演小品，瘦小的身影渐渐长出山一般的信念。爱生节里你们尽情地享受着少年的惬意；体育节里你们绽放着少年的活力；读书节里你们嗅遍了书香；班主任节里你们将年轻的笑靥编织成开满鲜花的小径；感恩节上你们学会了思考人生。你们这样在被爱与爱的轮回中渐渐长大，一年一度的生日祝福中，你们凝神静视，咀嚼着幸福的青春之旅。

选择在海洋馆里向你们话别，用浪漫的诗歌吟诵你们青春的收获：你们从岁月的低谷起步，迈向中游，再登向上游，创造了学校历史上的第一段传奇；“旧时王谢堂前燕，飞入寻常百姓家”，你们收获了上海市初中生各类竞赛的几乎全部奖项，古诗文竞赛、英语竞赛、化学竞赛、物理竞赛更是勇夺上海市一等奖；22 位品学兼优的同学，占全部中考生源几近五分之一，早已被上海市实验性示范高中录取。一切都在朝着计划的方向发展，我们必将兑现我们当初的承诺！亲爱的同学们，一所新优质学校，伴随你们卓越的表现，横空出世！这是你们的骄傲，也是静安新城的骄傲！

选择在海洋馆向你们话别，因为我有着海浪一般绵长起伏的叮咛。即将远航的时刻，别忘了给你们青春增光添彩的老师，老师走向岁月深处的皱纹里沉淀着对你们的思念，斗转星移，你们的名字已经深深烙印在他们的心里！即将远航的时刻，别忘了你们曾经生活过的这一片热带的海洋，你们在这里学会了游泳，学会了冲浪，学会了扬帆，每一点快乐都是幸福的种子，每一点挫折都是岁月的珍珠。常回来看看，我的孩子们！即将远航的时刻，别忘了你们青春岁月许下的成长诺言，热爱生活，追求卓越，让优秀成为习惯，叫习惯化育人格，用人格主导人生！明天开始，七宝实验中学将被你们称为母校，你们要立志成为母校永远的骄傲！

同学们，我的孩子们，感谢你们给我四年的快乐！一路走好！

带走与放下

——2017 届毕业典礼致辞

踏着离别的钟声，我们来到毕业典礼的会场。首先我代表学校，向你们表示热烈的祝贺，祝贺你们历经四年，修业圆满，品学兼优，光荣毕业！还请允许我向获得七宝实验中学 2017 届优秀毕业生荣誉称号的同学们表示由衷的敬意，你们用卓越的表现高度诠释了七宝实验中学的育人理念：让优秀成为习惯，叫习惯化育人格，用人格主导人生！

古人悲秋，有诗为证："林花谢了春红，太匆匆……自是人生长恨水长东。"而我以为，花开花落，川流不息，这正是成长的艺术。今天，我以"带走与放下"为题发表致辞，于惜别时，再送你们一程。

还记得你们的第一次军训，在远郊金山的第一个夜晚，没有欢笑，只有冷冷的月光，以及稚嫩的心对于双亲的依恋……后来，你们在"六维创优"的历练里成长，从不谙世事的少年长得亭亭玉立、长得玉树临风。渐渐地，你们浸润积极乐观的态度，历练锐意进取的精神，体验不拘一格的创造，追求标异领先的唯美，塑造外端内实的气度！所以，请你们把属于年轻的凌云壮志带走，把与年轻的生命不相吻合的胆怯与软弱放下；请你们把属于积极、创造的生命带走，把与积极与创造格格不入的消极、保守放下。就像带走你美丽的躯体一样，一同带走的还有在七宝实验中学历经四年教育春雨洗涤的灵魂！

老师们还记得你们第一次经历"活力课堂"的样子，那可能是你们第一次经历这风格迥异的课堂，在这样的课堂上，更多的时间是让你们自己发表见解。一开始，你们可能是耷拉着脑袋，一筹莫展；渐渐地你们放开了胆子，从慌乱走向了从容；再后来，你们可以在课堂上纵横捭阖，侃侃而谈了。

老师的鼓励与循循善诱就像风，吹皱了一池春水；就像雨，润绿了一畦秧苗……所以，我请你们把学习的精神带走，把拒绝学习的惰性放下，诗和远方只属于具有稳定学习精神的人；我请你们把四年中习得的自主学习的方式与能力带走，把被动学习的积习放下，"弄潮儿向涛头立，手把红旗旗不湿"，当今世界，做一个爱学习、会学习的弄潮儿，才配拥有诗和远方！

你们一定记得，初中四年，你所经历的每一个校园节日：爱生节，大千世界、朗朗乾坤，难以计数的生命与你们同行。有那么一群人，他们犹如父母一般，负有呵护你们成长的使命，他们的名字叫作老师；体育文化节，年轻的生命在充满希望的旷野里奔跑，开放的毛孔排除生命的垃圾，吸收成长的养分，晶莹的汗珠反射着太阳的光辉；读书节，你们深刻地体验着书是人类进步的阶梯，书尽管不可以增加生命的长度，却可以拓宽生命的广度；感恩节，做主题队会，做“七宝公益”，你们明白了感恩是人类高贵的情怀，活在这美好的世界，融进那冗长的历史，你们不是爱的终端，你们有接受爱的权利，同时肩负有传递爱的使命；还有班主任节，还有艺术节……

六大主题文化节串联而成，七宝实中的教育，犹如上下翻飞的彩练，伴随着你轻舞飞扬，锻炼着你年轻的生命！构成生命的时空尽管不完全是节日，就像我们所有的日子不可能全是快乐，但是你们不可以放下追求快乐生活的权利，而且要铭记一个道理：真正的快乐永远属于充实的生命。此刻，你们的校长希望你们带走一切一切关于成长的渴望，带走健康的身心，放下生活的乖戾；带走爱读书的良好习惯，放下无聊的游戏和虚空的幻想；带走理解，带走善良，终身只播种善良的种子，放下隔阂的阴影，铲除仇恨的杂草！

相逢既然是一首歌，那一定是一曲优美浪漫的歌；相识既然是个缘，那必定是关注你们万水千山走遍的今生不了缘……

同学们、朋友们，未来的校友甚至杰出校友们，离别的钟声已经频频敲响，请不要把它听成“朝来寒雨晚来风”，请不要“执手相看泪眼，竟无语凝噎”，请将我，将你们的老师，将整个校园对于你们绵绵的思念与牵挂带走，请将你们的微笑留下！

我和你们的母校，对于你们的期望很多很多，但是这很多很多你们都可以放下，你们可以简车轻装，去经营你们未来美好而洒脱的生命。但有一点希望，请你们务必带走，那就是：无论远方是平坦还是坎坷，请你们一生只做一个善良的人！

带着梦想上路

——2018 届毕业典礼致辞

“客梦方在家，角声已催晓。匆匆行人起，共怨角声早。”像现在这样的团聚，过往的四年里，屡见不鲜；至于今后，也许，再不会有！我祝愿你们带着梦想上路！

记得在奉贤军训营里的初见：你们稚嫩的脸庞写着怯生生的神情，你们弱小的身躯扛不动垂落的汗滴；天空还不停歇地飘雨，分不清是雨水在流，还是泪水在流，直到你们习得了标准的站姿，直到你们踏响了端正的方步。那是意志在歌唱！

记得在“活力课堂”上的历练：你们含混不清的答词也曾引起哄堂大笑，尽力掩饰也遮盖不了满脸的红晕，是老师悄悄的提醒让你们摆脱了窘境，是同学们的鼓励让你们收获了自信，直到你们侃侃而谈，妙语连珠。当你们的名字响彻礼堂的中央，那是自信在歌唱！

记得在“六维教育”里的成长：你们在阳光下奔跑，坚劲了你们的骨骼，强悍了你们的内心；你们在学校大门口迎宾，晨风梳理了鬓发；你们在明亮的教室里学习，有序逐渐覆盖了纷繁；你们在氤氲书香的空间诵读，看得见梦想在开花；你们在实践中历练，静美的花园中有你们弯腰的俯拾；你们在特长的小径行走，路旁树荫陪伴您的生活。那是成长在歌唱！

记得在慈善的天空放飞：你们在烈日下义卖，在太平湖畔吹风。在需要与被需要的轮回里，你们体会了感恩，体会了价值，你领悟到善良就是以自己为原点，由近到远，渐渐散开。那是生命在歌唱！

记得与你们共读岁月诗篇：用她记录风景，“乱条犹未变初黄，倚得东风势便狂”；用她记录思绪，“少年心事当拏云，谁念幽寒坐呜呃”；用她记录亲情，“洛阳亲友如相问，一片冰心在玉壶”；用她记录友谊，“莫愁前路无知己，天下谁人不识君”……

这也许就是你们经历的“诗韵校园”：天青水蓝，草绿花开。冷暖人情，堪堪的温度；拔节生长，淡淡的从容。

昨天的故事即将尘封，好在明天还有梦。希望你们不要忘记梦开始的地方！

过往与未来

——2019届毕业典礼致辞

“数声风笛离亭晚，君向潇湘我向秦。”天下没有不散的筵席，此时此刻，让我们为四年青春盛宴画一个圆满的句号。祝贺你们，祝福你们！

回忆我三十四年的初中教学生涯，从整体看，你们是最接近我教育理想的一届！感谢你们以主动接受教育、融入教育的行为姿态满足我对于教育的憧憬，感谢你们以你们四年不懈的追求丰富七宝实验中学教育的内涵！

在众说纷纭的教育世界里，你们的学校、你们的老师一直致力于为你们营造最优美的教育生态！“活力课堂”，让你们收获合作学习的方式和自主学习的能力；“六维教育”，让你们基于身心健康，体验教育本质，促进全面发展；“诗韵校园”，培养你们的文化气质，提升你们的人生格局，洁净优美着你们的灵魂，呼唤你们：人生旅途，前面就是诗和远方！

同学们、孩子们，令为师者欣喜的是，你们在我们打造的教育环境中，一直朝着我们期待的方向生长！记忆中浮现出你们首次军训时的军姿，瘦小的身子抵抗着烈日的暴晒，你们立如松。这令我想起，最高境界的修养便是：一支部队如同一个人，一个人如同一支部队！记忆里是你们带着你们的父母，随同老师一起，走进深山访贫问苦，献出自己精心准备的礼物，不少同学掏空了自己的口袋。你们体会到助人的快乐，慈善世界韵味无穷。记忆里还有那一个落叶的秋，你们中的一位，不幸在放学途中遭遇一位精神失常者的攻击，但他选择了忍耐宽容。孩子，幸福的人生就是学会智慧地和一个世界达成和解，这和解需要胸怀，有宽阔胸怀的人才有资格成为生活的强者。记忆中还有我一次一次在不同场合为你们点赞，我赞赏你们初三时期的学习姿态，我赞赏你们每一次集体出镜时强大的气场。你们用你们整体优异的表现证实着七宝实验中学所传扬的一条真理：好的教育，就是高年级的同学足以成为学弟学妹们的榜样。榜样，苦在其中；然而，乐亦在其中！赠人玫瑰，手有余香……

“零落梅花过残腊，故园归去又新年。”时光不会因为我们的格外偏爱而作特殊的停留，此时此刻，我把我的欣赏甚至于崇敬毫无保留地献给你们。同样，你们也一定会把你们的厚爱与感恩回馈给你们的老师和即将成为母校的七宝实验中学。不仅仅因为他们把你们的成绩带得出类拔萃，更因为在这份美好的追求中，你们获得了美好的品质！时间会流逝，但是，走好了过往，就分明预示着一个光辉灿烂的未来。今天，学校以你们为傲，明天，母校将一如既往地以你们为荣！

再见了，亲爱的 2019 届全体同学，祝你们在人生之路上，一路走好！

七宝实验中学2019届毕业典礼暨少先队离队仪式活动方案

一、活动宗旨

为引导初三学子合理规划暑期生活，以积极的心态展望未来，同时为初三的同学、老师以及学校搭建情谊互动的平台，给四年的初中生活画上完美的句号，更为了让队员们珍爱少先队、向往共青团，特开展初三年级毕业典礼暨少先队离队仪式活动。

二、活动主题

青春作伴，木兰花开——初三年级毕业典礼暨少先队离队仪式。

三、活动时间

2019年6月27日9:00—11:00。

四、活动地点

月湖雕塑公园。

五、参加对象

初三年级全体师生、家长代表、学校领导及德育处老师等。

六、组委会成员

1. 组委会

查建生、杨秀英、康健、王乃彬、贾铮、张瑜、李晓芳、王晓珏、王文静、陈妍、陈书娟、刘超子、许琤庆、家长代表等。

2. 工作小组

贾铮、张瑜、李晓芳、王晓珏、王文静、陈妍、陈书娟、刘超子、家长代表等。

七、 相关要求

（1）毕业典礼是初三学子离校前的美好回忆，组委会成员及工作人员必须明确责任，落实到人，认真做好各项相关工作，确保活动的顺利进行。

（2）活动当天，学生统一穿校服，佩戴红领巾，8:00 准时发车，请自带午餐。

（3）活动期间，请自觉遵守会场纪律及园方要求，举止文明，有礼貌。

（4）班级活动以小组为单位，如有问题，及时联系班主任及德育老师。

（5）毕业典礼后，做好会场的清理工作。

八、 活动筹备

（1）德育处、团队室部署毕业典礼方案，动员及宣传活动内容并精心组织，鼓励人人参与；落实车辆及场地安排，确保活动往返安全有序，落实活动场地的布置及电脑等设备支持；对出旗、退旗学生进行培训，准备出旗曲、退旗曲以及《中国少年先锋队队歌》的播放；准备队旗、优秀毕业生奖牌及其他颁奖所需物品等。

（2）年级主任统筹协调本年级节目安排，选择主持人，确定主持稿以及活动的彩排等；各班级利用中考后时间积极准备节目，要求节目体现积极向上、青春活力和励志进取的精神。

九、 具体安排

1. 开场语
2. 出旗（播放出旗曲，全体队员敬礼）
3. 唱队歌
4. 朗诵、演唱《我们，在这里起航》——初三（3）班
5. 演唱《喊出我的名字》——初三（1）班
6. 朗诵《青春为诗》——初三（4）班
7. 学生发言——初三（3）班
8. 小品《暑假》——初三（3）班干浩然同学
9. 空竹表演《炫舞彩铃》——初三（4）班

10. 老师寄语——初三年级主任李晓芳老师

11. 颁奖——优秀毕业生

12. 演唱《放心去飞》——初三(5)班

13. 家长寄语——初三(5)班全梓帆同学家长

14. 情景剧《聚会》——初三(2)班

15. 领导寄语——查建生校长

16. 退旗(退旗曲，全体队员敬礼)

17. 结束语

关心人类与关心自己

——2020 届毕业典礼致辞

“岁月不居，时节如流。”今天这个日子，有几多甜蜜，也混同着几分忧愁。所以甜蜜，是因为你们终于挥别了少年季节。从此，前路遥遥，山长水阔！所以忧愁，是因为同窗四年，情义融融；陪伴数载，师恩如山。怎一声离别了得！

“工欲善其事，必先利其器。”我们同行的四年，你们逐渐地充实和饱满。学校教育要为学生的一生发展奠基：在“活力课堂”，你们学会学习，学会共处；在“六维教育”，你们成长身体，历练品行，养成学规，浸润书香，经历实践，初学特长；在“诗韵校园”，你们一路吟唱，身处芝兰之室，耳濡目染，渐而不拘于眼前的苟且，拥有了诗和远方。明天，你们将有一个故乡叫作母校！母校的校训是：热爱生活，追求卓越！明天，你们将有一种深刻叫作母校！母校的育人理念是：让优秀成为习惯，叫习惯化育人格，用人格主导人生！“德不孤，必有邻。”“莫愁前路无知己，天下谁人不识君。”

“士不可以不弘毅，任重而道远。”先贤曾子告诫我们，作为一个君子，必须具备宽广的胸怀和坚韧的品质。今天，我把这句名言作为最珍贵的礼物赠送给你们！明代著名的心学家王阳明在幼年时与他的老师讨论为什么读书，他以为“科举并非第一等要紧事”，天下最要紧的是读书做一个圣贤的人，是“为天地立心，为生民立命，为往圣继绝学，为万世开太平”。他不把读书做官当成人生最紧要的事，而是把做好自己、造福人类当作最紧要的事，但这并不妨碍他学富五车，成为一代大儒！尤其为其时与后世所称道的是，他历经劫难，胸襟开阔，学以致用，功勋卓著，为国为民，鞠躬尽瘁，死而后已！还有一个更为我们耳熟能详的名字——中华人民共和国第一任国务院总理周恩来，他的故事广为流传，“为中华民族之崛起而读书”更是穿透岁月，声震乾坤！“大江歌罢掉头东，邃密群科济世穷。面壁十年图破壁，难酬蹈海亦英雄。”令人敬爱的周总理一生兢兢业业，披肝沥胆，以人民为重，践诺了少时的誓言，连骨灰都撒在了波澜壮阔的大海。

“见贤思齐焉，见不贤而内自省也”的意思是，我们发现别人的优点，就自觉向他们学习；我们发现别人的缺点，就自觉反省自己，如果有同样的存在，就立即加以改正。王阳明、周恩来都是我们终生学习的榜样，哪怕你们只把自己定位于一个普通人。一花一世界，一叶一菩提。一花一叶虽然渺小，却连接着整个世界，由小及大，蕴含着无限的道理。作为人，也许是大千世界芸芸众生中的主角，尽管我们生之寿命大都不过百年，但是，我们也是人类种群绵长历史中一个不可或缺的接力环！你们的一生，甚至于你们的一言一行，都会对人类产生影响；同时，人类的责任与温暖也可以为你们的奋斗源源不断地提供支撑！

智者上善若水，海纳百川；仁者高山仰止，厚德载物。在今天，我把对你们的临别赠言定位在“关心人类与关心自己”。突然想起了一种时尚，就是研究“星座”，你们和我们都乐此不疲而且信以为真。遗憾的是，我们很少有人去思考，古人之所以引导我们将生命与星星建立联系，其实是让我们走出自己生命的小圈子，在脚踏实地时，不忘记仰望天空！闪亮的星星与浩瀚的宇宙，会让我们思考积极的人生意义。泱泱世界，朗朗乾坤，虽然我们只是天涯过客，但是，人类和世界也正由世世代代的我们而组成！是以，天下兴亡，我的责任！

半年多前，突如其来的新冠疫情就严肃地拷问着人类，拷问着我们每一个人！在这一场严峻的考试中，中国人民以高度的生命自觉给出了一份高分答卷！曾经一时间最具风险的中国，因为全党全国人民高度自觉地履行人类责任，至今已成为世界上最安全的地区之一！这就是在关心自己，关心人类。这就是构建人类命运共同体的表现和崇高实践！

学习，在过往和将来，都是你们生活中最重要的内容，甚至也是我们这些成年人生活中最重要的内容。学习是艰苦的，艰苦学习的目的只有一个，就是习得坚韧的品质；学习是快乐的，快乐学习的目的只有一个，就是学会在学习中享受人生；学习是跌宕起伏、扑朔迷离的，我们一方面要从自身和眼前寻找答案，但更重要的是抬起头，正视前方，前方辽阔而深远，总有一条路径适合你。做一个用心生活的人，一个懂得关心人类和关心自己的人！

“海内存知己，天涯若比邻。”亲爱的同学们，是告别的时候了！祝愿你们永远做一个懂得关心人类，懂得关心自己的人！这样，无论将来贫穷与富贵，你们都是上海市七宝实验中学最优秀的毕业生！

第六章

CHAPTER 06

养一颗宁静的教育心

“身是菩提树，心如明镜台。”你我非圣人，不可能进入化境，不因眼前的人、事而变化心情的人只能是植物人。我们鲜活着，因此，有点喜怒哀乐恰恰是我们为师的活力，不需要自责。然而，作为教师，我们的喜怒哀乐又必须通过理智和责任的筛选和“拂拭”，达成不染浮躁的“尘埃”才能化作面部肌肉的颤动！

我们微小，我们只能独守我们自己的宁静心。

让爱在闲逸中从容

在考场上，无意间瞥见一位考生的座位上，放着一块没有时间刻度的手表。手表外形普通，颜色是女孩儿惯用的粉红色，然而，这表却因为没有刻度，在我的眼里便显得那样的独特。考试结束，我问了这表的主人，诗一般的女孩儿微笑着说："何必计较刻度，让时间过得从容些。"

好一个让时间过得从容些！

对照这位女孩，我还真感到惭愧。从 20 世纪 80 年代初第一次跨入真正意义上的考场开始，我就铭记着要带一块时间精准的表上考场。高考前夕，父亲花光了两个月的工资买了当年流行的"宝石花"，这还不算，每次在我进考场的前夜，父亲都要反复地对广播上的"北京时间"，仿佛那表越精准，就越能挽住时间。一梦醒来，才知道时间并不因为计算得精准而能被挽留，相反地，我却多次因为过于关注那精准的刻度而搁浅了思路，甚至因为指针无情地跨越着刻度而恐慌。

突然发现，这款表最初的设计者真堪称心理大师。而眼前这位女孩，冷静地从容着，这份从容使女孩儿平添了几分优雅和高贵。

当代都市的节奏有些疯狂！林立的高楼，最醒目的正上方，每每赫然镶嵌着巨大的钟表，由于那些钟表往往出身豪门，便有若干年只误差若干分之一秒的神话。可怜的我们匆匆地被钟表催赶着走路：我们手上佩着表，腰间揣着"表"（手机），离方向盘几公分的地方也多半会有一块表；候车候机候船有表，购物用餐喝咖啡有表；睡觉的时候，表就在枕边"亲密"着，滴滴答答地切割着夜……天上有微云，地上有微风，但我们可能无心凝望或倾听，因为精确的表的刻度，我们错过了太多的风景。

古人也惜寸阴、分阴，但古人并没有表，日出而作、日落而息，太阳和月亮周而复始地轮回，这让我想到那位女孩的表。真羡慕古人，绿绿的几乎是原生态的密林没有扬起的尘土，蜿蜒的小路也全无千百年之后的喧嚣，骑一纵白马，在思绪的草场信马由缰，花香草气濡湿了马蹄……

古人在这样的意境里叙说着故事。宋代诗人赵师秀写过一首绝句："黄梅时节家家雨，青草池塘处处蛙。有约不来过夜半，闲敲棋子落灯花。"遍读唐宋诗词，我情有独钟的就莫过于此了。也喜欢《春江花月夜》，不缺少闲逸，但那思念的渴望，毕竟搅扰了读的悠闲；也喜欢《登幽州台歌》，但自觉一凡夫俗子，担不得那么大的责任，读来便有些沉重。唯有赵师秀，换在今天就堪称“圣人”了，你想想，约好了客人，一等就“过夜半”了，也没有半句责难，只孤独而优美地敲着棋子，落几点燃尽的灯花。想来也是，朋友嘛，偶尔爽一次约，宽容会使友情开成自由的花，少几分羁绊，多几分优美。就为了这份优美，赵诗人即便生活在今天，也定然不至于将手机打爆。其实再想想，不就是一盘棋嘛！

《红楼梦》里有个凤姐儿，是少奶奶们中的另类。《红楼梦》那个时代，钟表是西洋进口的稀罕物，凤姐的绣房里有无钟表，已不太记得，但有一点可以肯定——凤姐儿心中有钟表，整个贾府属她忙，走路追风似的。可惜的是她的匆忙忽视了身边的贾琏，一个本可以圆满的家就此破碎；可惜她的匆忙拨快了心的节奏，花样的年华竟然香消玉殒；可惜她拼却性命却依然阻止不了吞噬贾府的熊熊烈火。唯有妙玉是个可人儿，款款地走在积雪的庭院，撮起梅花香蕊挽留的雪瓣，化了，泡一杯香茗……总疑心妙玉便是藏在作品中的曹先生，这样才可以解释高鹗为何让这奇香消失在出现了几个蒙面人的夜——多阴毒的招式。

我们盯着钟表的刻度生活，紧张得神经兮兮的。说是放松点吧，可是房子、车子、孩子、位子，这些刻度般深刻的概念，已经深嵌入我们生命的钟，将鲜活的生命切割得支离破碎！我们为生而来，却因为许多的功利而忘了生命本身。当我们一个刻度一个刻度地熬过去时，却发现这世界已经不稀罕我们这些客人……

珍惜着不要太在意，计较着不要太小气，看山，看水，看草地鲜花；听风，听雨，听人间情话。时光在闲逸中宽余。拥一次美丽的生，真爱时间的人，并不拘泥于生命的每一个刻度。就像那位女孩的表，不因为没有刻度而驻足或狂飙，相反地，那走姿因为不功利而优雅得很。

真爱时间，从怜惜你自己做起。让爱在闲逸中从容，不要太苛刻了时间，宽容一些，像对你的爱人。

笔下留情

——浅谈班主任评语艺术

青少年学生的心理特点决定了教师的感染力。班主任作为教师的代表,在青少年学生的心目中更具备权威性,因而其感染力表现得尤为突出。班主任评语,以其评价的正式性、权威性、全面性的特点成为班主任感染力的重要载体,在学校教育活动中占有举足轻重的地位。它不仅应该是客观的、公正的,还应该充满科学和情感的力量,闪烁着艺术的光芒,为稚子的人生跋涉提供温暖和光明。

首先,评语应该是真实的。

真实性是班主任评语的基础。真实的东西胜过一切虚情假意,它是最经得起时间考验的。拥有了真实性才能有效地避免误导学生。班主任要实现评语的真实性,首先要多渠道地了解学生,谨记"兼听则明,偏信则暗"的古训;还应该具备一定的透过现象看本质的能力。此外,班主任应该襟怀坦白,敢于向学生反馈真实的信息。

诺贝尔化学奖获得者奥托·瓦拉赫在选择文学的时候,他的班主任写过这样的评语:"瓦拉赫很用功,但过分拘泥。这样的人即使有完美的品德,也绝不可能在文学上发挥出来。"瓦拉赫于是改攻绘画,他的又一位班主任甚至作出这样的评语:"你在绘画艺术方面是不可造就的人才。"两则评语都真实地反映了瓦拉赫在形象思维方面的欠缺。瓦拉赫正确地吸收了评语反馈的信息,最后选择了自然科学的化学为主攻方向,发奋图强,终成大器,荣膺诺贝尔化学奖。在这里,班主任的感染力通过真实的评语在瓦拉赫身上得到了充分的体现,引导他正确地对待了生活中的困难与挫折,重新定位,再塑人生。不难想象,假使当初瓦拉赫的班主任没有作出这样真实的评语,那么,历史上也许会多一位只能算平庸的作家或者是画家,而少了一位足以载入史册的化学界巨人。

其次,评语应该是有个性的。

所谓评语的个性,是指教师写评语时应该根据学生不同的个性气质特点艺术性地组织语言,以提高学生对评语所反馈信息的接受率。

我曾经调查过某校一个初中班级的评语。该班班主任在第一学期的 10 份评语中给出“该生不遵守纪律，希望今后改正”的评价。以后几个学期，此类评价在相同学生的评语中反复出现。直到初中毕业鉴定，这 10 名学生中仍然有 8 人获得“不遵守纪律”的评价。这些评语应是源自真实，然而，是什么原因使得神圣的教育在这里显得那样无可奈何？这位班主任如果明了因材施教的道理，明了评语“诊断”与“治疗”的功能，仔细斟酌符合学生个性气质特点的艺术性语言，加之班主任有效的常规管理，结果可能就是两样了。

子贡脾气有点“倔”，他在孔子的门徒中可谓贤人，孔子对他是寄予厚望的，也时时点拨。请看孔子与子贡的师徒对话：

子谓子贡曰：“女(汝)与回也孰愈？”

对曰：“赐(子贡)也何敢望回(颜回)？回也闻一以知十，赐也闻一以知二。”

子曰：“弗如也，吾与女弗如也。”(孔子自贬，以达到与子贡默契，激励子贡上进)

孔子的话语看似平淡实则艺术。对子贡的导向作用自不必说，我们还可以揣测，这则师徒对话对孔子又一位高足——颜回的激励作用。可谓匠心独运，花开并蒂。

合理地运用部分学生容易产生的逆反心理下评语有时也会收到奇效。曾经有一名学生因为屡次犯错屡次挨批而对他的班主任产生强烈的逆反心理，中途转到我的门下。学期结束，我给他下了这样的评语：(以下引文括号中文字为笔者现注)

“你活跃的思维使你弱于自律，于是你不能像众多你本可以与之比肩者那样优秀。”(肯定优点，指出缺点，隐含期望)

“你知道树要高大，离不开枝叶的代谢或修剪——人也如此。”(以比喻启示发现)

“老师希望每一位学生成才——退一步说，给‘敌人’最好的‘回击’是将成功的鲜花奉献在他面前。”(利用该生对其前任班主任的逆反心理，明确要求)

如今，这位学生已经小有成就，每与我提及这段往事，总有万千感慨。

我结合自己多年班主任工作积累的经验，研究了一些名家的史事，调查了十余名分获各级“优秀班主任”荣誉称号的班主任评语及其成功的教育实际，根据巴甫洛夫及苏联一些心理学家的高级神经活动类型与气质类型的理论，作出了

以下归纳(见表19):

表19 不同类型教师评价风格特点

神经类型	气质类型	褒奖性评价风格特点	批评性评价风格特点
兴奋型	胆汁质	蜻蜓点水式,以保持正常激奋水平	逆向指出或启示发现,表现信任态度
活泼型	多血质	直接反馈,明确期望值	直接反馈,明确态度和改正途径
安静型	黏液质	彰扬,以提高激奋水平	暗示
抑制型	抑郁质	彰扬与启示发现相结合,力求学生本人认同	娓娓道出,充分体现爱护心和信任感

第三,维护和培养学生的自尊心是评语的归宿。

根据马斯洛的需求层次理论,人的自我实现的需要是建立在人的尊重的需要的基础之上的。苏霍姆林斯基这样认为:自尊心是青少年最敏感的角落,是学生前进的潜在力量,是前进的动力,是向上的能源,它是高尚纯洁的心理品质。

人们常说:“树怕伤皮,人怕伤心。”一个丧失了自尊心的人是不堪设想的。班主任工作的中心是维护和培养学生树立恰当的自尊心,从而使学生获得更多“向上的能源”。作为班主任感染力的重要载体,评语最能引起学生的自尊体验,最具备维护和培养学生自尊心的功能。

阅读教育大师的评语可以得到启迪。孔子评价颜回时曾说:“贤哉,回也!一箪食,一瓢饮,在陋巷,人不堪其忧,回也不改其乐。贤哉,回也!”对他的赞扬、尊重、喜爱之情沛然乎其中。颜回也必定是从先生多次直言不讳的赞赏声中汲取了许多精神营养,以至成为孔子三千弟子七十二贤人中的佼佼者。颜回的不幸早殒,几使圣人痛不欲生。

前文提到的奥托·瓦拉赫的评语,同样表现了班主任对他的尊重。第一则中有对奥托·瓦拉赫的肯定(很用功)与准肯定(即使有完美的品德),在此基础上提出缺点(过分拘泥,在文学上不能发挥),隐含暗示(改变学业方向);第二则看似尖锐,但同样是维护和激励了瓦拉赫的自尊心,天资聪颖的瓦拉赫不会接收不到这样的暗示:“在绘画艺术方面”“不可造就”,尽快选择其他方面为主攻方向,是有成功可能的。

我有幸在中学时代接受过一条也许是改变了我一生的评语。那是在“文革”

后拨乱反正时期，班上勤奋好学、“攻书莫畏难”者有之，浑浑噩噩、“山中无甲子，寒尽不知年”者有之，我介于二者之间，表现极不稳定，有时竟违反校规。岁末，班主任给我下了这样一句评语：“我简直不能相信你也会那样（指各种不良表现）！”我准确地捕捉到了评语暗示的信息：老师不允许我“那样”；老师其实是肯定我的人品和学品的；老师对我是寄予厚望的。这样，我迷失的自尊被老师找回来了，便发誓决不“那样”，以后也的确没有过“那样”。时至今日，班主任的那句评语还不时响在我的耳际。

应当指出的是，班主任以评语维护和培养学生的自尊心，切不可以牺牲真实性为代价去迎合少数学生畸形心理发展的需要。上海师范大学燕国材教授曾就此问题作过如下分析（见表 20）：

表 20　不同评价类型的特点及影响

评价类型	基本特点	对学生的影响
过高评价	多优点，少缺点	产生唯我独尊的心理，以至于盲目自大，甚至狂妄
过低评价	多缺点，少优点	自轻自贱，自暴自弃
模糊评价	不清楚	心态不稳定，娇弱，虚荣，并力求外界尊重
适当评价	既有优点，也有缺点	产生恰当的自尊心，能正确对待声誉成就与地位

因此班主任评语应该以真实性为基础，结合学生个性实际，艺术性地组织语言，进行适当的评价，以培养学生产生恰当的自尊心并加以维护，从而使自尊心真正成为学生脚下的基石、远方的灯塔。

班主任评语应该是科学、艺术、饱蘸深情与希望的。要做到这些，班主任就必须从实际出发，深入了解学生，掌握学生个性特点，寻找艺术的语言外壳，真正成为“克服人类无知和恶习的大机构中一个活跃而积极的成员”（乌申斯基语）。

（本文曾公开发表于《基础教育研究》）

留几分美丽给岁月

许多的偶然与必然，使我们搭上生命这趟车，于是我们开始了庄严的生！

生活之路，尽是未开垦的处女地，也许被您拖在身后的有成功的快乐和失利的疲惫。然而，抬起头，看您的身前，纯然一片白色的宁静，任您着色。

播种冷漠，收获的是阴霾；播种热情，收获的是火红；播种仇恨，收获的是敌人；播种友谊，收获的是朋友；播种杂草，收获的是荒芜；播种事业，收获的是喜悦！您不能左右一个世界，甚至无力去改写昨天，但是您正在写着您的今天，正在酝酿着您的明天，您完全有权利、有能力，让您的今天盛满幸福，叫您的明天四溅着幸福的浪花！

每一个日子都是岁月的分水岭，每一天用一个深情的回眸，祭奠昨天，眺望明天。于是，在三月，这个盛满柔情诗意的时刻，我们晒一晒精心的收藏，交流生活的情趣；我们比一比手工，在日益现代的社会嗅嗅女红的陈香；我们晾一晾三笔书法，诠释一次工作中的美丽；我们秀一秀课堂上的风采，叫岁月聚焦我们今天的美丽；我们试一试也许遭受岁月磨损的歌喉，发现岁月带不走的不只有歌声。

不让美丽总在岁月深处独自寂寞，留几分美丽给岁月，织几个故事给回忆。一直走下去，一直织下去，一直美丽着。有一天我们真的会老，然而，我们很充实，因为我们美丽过，而且，我们因为工作着而美丽过。

我等待什么

——旧文再现　寄语青年

而立之年，未具写“传”的资历，而掸开记忆的尘封却是常有的。伴我度夜的钟摆，蓦然间撞起心灵一点火花：我生也淡泊，但能安于淡泊的原因，在于等待。

自记事起就有了等待。儿时十分崇拜着成年，等在旷野里催着黄昏的风，眼望夕阳一点一点落到山的那边；立在墙边踮起脚尖，发现一道新痕高于旧迹就按捺不住心中一阵的狂喜。

我在等待中成年了，成年的我却不失未成年的那份天真。相反的，我对于等待更加虔诚。日子过得真平常，总希望明天会出现一个奇迹。明知奇迹不是冥冥中落下的金苹果，而我信守那份虔诚恰如信守一句承诺。我从不把奇迹的不至归于命运多舛，我更不视希望如漫天飘舞的奖券，因为我相信真诚的希望绝不可无土栽培。如果等待如旅，我该为之跋涉；如果等待如歌，我该为之谱曲；如果等待如雏，我该用嫩黄的嘴尖奋力啄破那隔绝外界的蛋壳。如果某一天我真的有了什么收获，是因为我曾经这样地奋斗过。

我从不掩饰我对于生活的渴求，因为我曾经怀着敬意读过许多古人和今人的作品：“衣带渐宽终不悔，为伊消得人憔悴”，那种等待有些狭隘和凄婉，但那份真情却能使石人落泪；“安得广厦千万间，大庇天下寒士俱欢颜”，杜工部此言之不朽在于超越了自我；而“王师北定中原日，家祭无忘告乃翁”与“后死诸君多努力，捷报飞来当纸钱”如出一辙，如明珠击盘，如石破天惊，民族大厦的飞檐不坠，不正是因为有了这无私的等待做了坚实的柱梁么？纵使等待伴着渐露的华发，更有不测的风雨将吹送给你人类共同的死亡悲哀，你却依然痴情地等待，是因为生命可以阻隔，而灵魂却因为无私的等待而永恒！

对等待的深层理解伴着我继续成熟。我知道我很平凡，我便在平凡中寻觅着崇高；我安于淡泊，羡慕成功却不嫉妒成功，因为我深知我的等待纵使不是成柱成梁，作为一砖一石总是可能的。是的，等待永远地伴随着奉献，我们深知生之旅的艰难，在等待中奉献，此生无愧于他人更无愧于自己，无愧于一个世界，不恰恰是一个凡夫俗子所终生等待的奇迹吗？

（本文曾公开发表于《铜陵日报》）

蒲溪的故事

蒲溪仿佛已经很老，一艘有些斑驳的画舫，从远古的河道里悠然摇来，波浪和着橹的节奏轻轻漾开，意味深长地拍打着两岸的石壁，溅起星星点点的溪水，滋润着岸上的垂柳，古镇的春天就这样悠悠走来。

一位年轻的女老师，领着一群花一般的孩子，走在青石板铺就的河边道上。老师的脚步轻轻的、柔柔的，像是怕惊扰了孩子们的梦。她时而挽一挽靠近岸的孩子，像是怕溪水泼湿孩子的衣衫。

夏日，蒲溪的垂柳已然碧绿成荫，春天里路过的孩子，一定长高了不少，寺院里传来悠长的钟声，报告着一方土地的幸福平安。太阳渐渐地热了，照在人家屋顶，青瓦白墙，水墨画一般的清新；最美的去处是远近闻名的体育公园，亭台轩榭，曲桥流水，春天的花朵长成青涩的故事，藏在树间向游人频频颔首。

最热闹的地方是孩子的所在。我们居住的这个城市，历来不缺乏新鲜的话题，劲吹的世博风，吹绿了教育的一池清水，师生们有很多要做的事情。看吧，又一位老师，熬红了双眼，是为了修改孩子们的一份世博小策划，还是在考虑着孩子们明天的游园……

蒲溪的柳枝在凉风中婆娑，蒲溪的水还是那么一汪碧绿，倒映着蓝天白云，倒映着桥上观景的游人。南方的秋天一点儿也不显颓势，只是稍稍地卸却了夏天的一些繁重，似乎是为收藏专门腾出了空间。与古镇相映成趣的是林立的楼宇，还有颇具生态美的新商务区。知道了，知道了，这座小镇，经过春的播种、夏的匆忙，正在收获一个沉甸甸的秋啊！

偶尔响起一阵喜庆的鞭炮声，在春天依偎着老师路过蒲溪的孩子，正踏上通往未来的路。人杰地灵的古镇，走出一群别着名牌大学校徽的孩子，也算不上稀奇。稀奇的是，谁家的孩子，戴着硕士帽、博士帽，没有选择远离，而是回到小镇，做了老师、村官，做了白领、公务员。这是小镇的智慧，为了明天，精心地收藏起种子。

冬的蒲溪没有肃杀的风，石板街上依然游人如织；柳们吐出了最后的一丝绿，像年迈的母亲一样安详；春天里带着孩子的女老师，或许鬓际新增了几丝白发，眼角也长出了几条鱼尾纹，为了一份被称为教师的事业，一年一年，那样的匆忙，像极了蒲溪的垂柳，拼却了一身的绿色，只为给挚爱的土地增光添彩！

小镇的冬天亲切得很，偶尔也下雪，但不是因为严寒，只是为了添几分喜庆，和谐而飘逸地下着。最快乐的当然是孩子，他们在忙着打雪仗、堆雪人。在一个幸福的国度，在这个传说般的小镇，孩子们有理由这样幸福恣意地生活着，因为不远处，有目光在呵护，那是他们的祖辈父辈，还有像小镇一样代代不断的老师。

打开一扇窗，这边风景独好！文化大镇、经济强镇、教育重镇正在形成；开启一扇门，七宝四季都在上演着精彩的故事，续写千年美丽的传奇，诠释小镇的时代尊严！

——美哉七宝，任凭您深情地阅读！

学校是每一位师生的令名

凄风冷雨送猪去,缓歌缦舞迎鼠来。在辞旧迎新之际,学校教务处策划,以音乐会的形式,来表达实中人的喜悦。在此,我代表学校党政工领导班子,感谢相关干部、老师、同学们的精心准备!我借此机会,向全体同学家长,向全体师生致以节日的问候:祝你们新年快乐!万事如意!

我们的学校已经走到了第23年,不少当年的妙龄少女已经步入中年。作为更名后的七宝实验中学,也已经走在了第11年,像我一样彼时的壮年,已经走向职业阶段的尾声。然而,这11年来,实中人的共同经历,周边社会有目共睹:2009年伊始,我们以“同心圆建设”凝聚全体实中人的追求;2010年伊始,我们以“人人都是德育工作者”来为七宝实中重塑形象;2011年伊始,我们以“吹开幸福的花儿——关爱学困生”的教育教学艺术着手更新一所学校的办学内涵,着手研发“活力课堂”,提升教学效率,进而让教学回归育人本位;2013年伊始,我们首创“六维教育”体系,把教育删繁就简,让教育回归成人本源;2017年,我们再次创生“让梦想走进现实”项目,把教育的阳光洒向每一个孩子的心田。义务教育,每一个孩子都是百分之百!也许我们还没有深入做到,但是我们的确百分之百地做到了关爱每一个孩子!谢谢全体老师!

“诗韵校园”,就是从容宁静,脚步轻轻,少一点功利,多几分情怀;有执着的追求,但是不焦躁、不盲从,也不慵懒,更不会自暴自弃。路还在,明天还在!为了今天,我们每一位实中人都走过了一路充实而且值得骄傲的昨天,明天的路、未来的路,我希望我们一直这么幸福地走下去!为师者心生光明,学生就心生光明,学校就心生光明,教育才心生光明!

习近平同志提出构建人类命运共同体,七宝实中,便是我们每一位实中人的命运共同体!我们倍加珍爱,因为学校是每一位师生的令名!

最好的家教是陪伴

家庭教育是无可替代的，因为亲情无可替代。家庭教育是传扬家风的漫长过程，血浓于水的亲情通过这个漫长的过程而被强化、被深刻、被烙印。它不止于教育的过程与方法，更是生活的本身！

最好的家教是陪伴。我以为，孩子的学段，决定了我们以什么方式进行陪伴。

小学是生活习惯的养成阶段，决定了这一阶段是生活细节陪伴。我们借生活细节为教育载体，潜移默化孩子的生活习惯，并切实关注其生活兴趣培养，酝酿孩子对于生活的热爱，对于生命的敬畏。

我不赞成“愉快”“天性”的标签。是的，我们需要情绪愉快，合理释放天性，但是这不是教育的本质，教育的本质是热爱生活，敬畏生命！我更不赞成把父母异化成为“家庭教师”，那岂不是变相地让孩子失去了温馨的家？

初中是青春期最为潮湿泥泞的路段。孩子走在这一人生的路段，最大的敌人是孤单。这一特点决定了我们的陪伴是同学式的陪伴和朋友式的陪伴。可以以共同学习为生活内容，因为对于绝大多数的现任该年段父母，是具备同学式陪伴的能力的；也可以以共同的兴趣爱好为内容，就更加容易让朋友式的陪伴成为现实，读书、打球、下棋、跑步、旅游……陪伴的境界，影响生命的境界。

我不赞成以“孝道”为借口的家长至上的教育方式，犹如不赞成在家里划出一道父与子的鸿沟！我更不赞成主张个性发展的放任，犹如不赞成在青春的赛车上撤下刹车和方向盘的零部件。

高中是长成阶段，长成阶段同样离不开陪伴。只不过，这个时段，平淡的、重复的语言，已经无力陪伴一个新鲜的灵魂，一切的过往渐渐褪色。以人格唤醒人格，以人格塑造人格，才是这一时段的必须。这一时段，需要的是人格陪伴。你希望孩子是热爱学习的人，就要做出一个热爱学习的榜样。你希望孩子是一个有追求、有担当的人，就要为他做一串追求、担当的示范……

我不赞成过早地放手，因为即使是成人，也离不开亲人间友善的制约！我更不赞成父母动辄训斥，因为孩子长大了，有些道理已经明白了，简单的训斥不仅不利于教育，还会付出亲情殆失的代价。

最后，我要强调的是：无论如何，孩子都是一个家庭最宝贵、最有保障的财富！孩子的未来，真正地决定着我们余生的幸福与否！假如足够幸运，在未来某一个日落的黄昏，你的孩子愿意用你曾经的陪伴来陪伴你……这就是成功！这才是成功！

每一个孩子都可以拥有一座名校，那就是家！首席老师就是父母！

是以："衣带渐宽终不悔，为伊消得人憔悴。"

六载风雨忆鹞山

故乡铜陵是座山城，要说“环城皆山”，铜陵尤甚。仁者乐山，山是铜陵的永恒主角，最初的城市群在山的缝隙间画出一个代表虔诚的十字，这十字，孕育着铜陵人的性格和品德，同时，也滋养着一代代铜陵教育人的灵魂。

铜官山巍峨挺拔，螺丝山俊秀飘逸，笔架山绵延逶迤，五松山诗意盎然；目极市郊，狮子山嶙峋雄壮，凤凰山秀美传奇……比起这些有史据可循的名山，鹞山似乎仅仅是一个平平无奇的存在，早些年，更是一个不为大多数铜陵人熟知的名词。

而鹞山自有鹞山的风格，其坐落在城市的西南方向。山城的白天从鹞山开始，每天，一俟太阳爬过斜对面的铜官山顶，鹞山就绯红一片；山城的白天也是从鹞山结束的，橙红的太阳滑落在峭楞楞的树杈，低调却不失壮观……山，不在高！十二中就在鹞山脚下。

1995 年 11 月 7 日，我受铜陵市教委委派，作为准理校者（校长助理兼教务主任）进入十二中。那一天，天有些阴沉。其时，十二中已经进入开办的第三年，先前两年在第一职高借办，至 1995 年暑期才搬至半是工地、半是校舍的十二中新址。校长、副校长、处室主任们都挤在一个大教室办公。我首先见到的是徐世宽校长及王光全、叶显杰副校长。徐校长憨厚真诚，叶校长诙谐乐观，王校长豁达（作为被我接任者，他已经调离），这一切，消释了我的些许陌生感，一茶一烟一席话间，我们成了一家人。这种气氛和环境，也就成为学校初期最典型的人际环境，是最有利于创业的环境。

在建的校园十分泥泞，老校长徐世宽就领着我们在泥泞中跋涉。记得那年入冬很早，约莫 11 月底就寒意甚浓了。作为班主任早起惯了的我，六点半左右就到了学校，却总是发现老校长已经徘徊在校园里思索问题了。这让刚过而立之年的我有些汗颜，老校长已经 55 岁了呀！老校长却不以为然，憨憨一笑：“年轻人，多睡会儿，养养精神……”

学校里年轻人特多，32 岁的我居然是年龄最小的十人之一。东升、厚平、光银、小雯、炳友、百树、文彬、根远、俊萍、友萍、吴英、小红、文利、肖军、学军、竹之、拥军、何娟、小娟、肖娟、晓明、浩子、锦忠等等一班年轻人互相帮助，仅有几位稍稍年长的老师（像物理组长吴俊明老师、王淑珍英语老师、邦俊校长、晓凤老师等等）会不失时机地示范教学。生源问题是新开办公立初中的普遍性问题，不妨事，生源不好不耽搁我们热爱生活，追求卓越。自然环境也不好，一开始甚至连实验室都没有，所谓操场就是半山腰上的一个“悬挂式”的篮球场。每到下班时刻，我们就踩着颤颤巍巍的竹梯，到那里去释放年轻人的激情。偶尔一个高抛球出界，球就一直滚落下来，我们中最年轻的那位就屁颠屁颠地跑下竹梯去捡。

我们从来没有敢公开宣言某一天将要与十中、一中初中部（后来的十五中）平齐。但是我相信，当时的我们一次次地在心中憧憬过，憧憬过某一天享有那些优质学校同样的尊严！憧憬着某一天我们的学生——尤其是优秀学生不再集体流失！现在想来，当时的梦想真的像鹞山一样低调而壮观，甚至有些悲壮！我们就为这样简单朴素的梦想而艰苦充实着！对于办学资源，徐校长几乎是计算到每一张印刷用纸的，因为新建的学校需要置办的“家当”实在太多。刚开始实施的一节课一元的课时费，不知激动过多少人。学校还没有公车，我们谨遵徐校长的要求，把“的票”的尾巴剪掉（那时的票十元一张，面值是从上往下递增的）。而对于教育教学，徐校长很放权。我初期作为校长助理兼教务主任（1997 年元月转正为副校长），徐校长要求我什么都管，放开手干，出了问题他负责，只是不让我去管钱。他告诉我，年轻干部离钱远点好，这真使我受益至今——领导干部贪恋上钱，等于给一个集体的翅膀上系上了黄金，毁灭的不仅仅是个人！

1996 年 6 月，我们平稳地送走了第一届初三。暑期，我们开始了进一步的思索。对于新的年级，我们施行军训制度；对于在校学生，我们开设夏令营，带他们走向大城市，去体验、去感悟、去采集生命的正能量；对于毕业班，我们实施分层教学。第一个优秀的群体是炳友老师担任年级主任兼班主任的班级，似乎东升等一批任课教师也都是班主任，他们将铺天盖地的爱投射给毕业班的百余号孩子。就是这些简简单单，甚至有些“先天不足”的孩子，居然在 1997 年中考中总体成绩位列全市第二……一所优秀的校园，恰是从这里起步的。

过去几近 20 年，也许有过的很少的不快都随岁月的风去了，我只是真切地怀念曾经生活过的那片土地！怀念那片土地上荡漾的笑声，哪怕是泪水都弥足珍贵！夜访之后，10 点、11 点了，我们四方围开，来两局“八十分”慰劳自己；让优秀的教师走过红地毯，怀抱一束代表全校师生感激的鲜花；师生一同在暑期踢球，一记香蕉球从中线直飞对方球门，定格着我们曾经拥有过的青春；让学生们走上讲台，阐述自己的见解；关心问题学生，帮助学困生，实施“大班格局的小班化教学”，实施“班级工作量化管理”；“城乡接合部学校巩固九年制义务教育的行动研究”“初中生生理与心理同步发展的行动研究”“政治学科案例教学探究”等等较早的省级科研课题光光彩彩地飞入这样一所普通初中……很多教育教学思想与主张直至今日还不失鲜活。不落下游靠的是干劲，力争上游还是要依赖智慧呀！

2001 年开始，我进入了生命的第二次漂流，免不了有失落的时候。往往恰在那时，关于鹞山、关于十二中的记忆便不失时机地纷至沓来——那样艰苦的日子尚且那样的快乐，那还有什么可以阻碍快乐呢？鹞山啊，您的六载风雨，对于漂泊在异乡的我，是永不消失的青春。衷心感谢这一片虽不肥沃，却崭露异样活力的土地，是您，孕育了我永远向上的性格！

之后的日子，二“杨”开泰，几近二十余载，低调地把学校打造成为国家级均衡楷模！我要说的是，所有共事过的或者素未谋面的十二中人，几乎无一不见老徐校长那勤恳、低调、务实的影子！不华丽，但这正是教育的体现！

山不在高，有仙则名；校不在大，务实则灵！白马湖畔的灵光四射，深深得益于曾经在春晖中学为师的朱自清、李叔同、丰子恺等等现代大儒所践行的教育！作为一座走出过国务院副总理的山城，鹞山的知名度越来越高——其中，无可争议的是，十二中，我的母校，以 20 年的积淀，演绎成鹞山风格，于无形中垫起了山的高度！

遥祝母校师生充实、平安、幸福！

温润如碧忆金华

2017 年 11 月 20 日至 21 日，我与王建梅校长在中国台北市立金华中学学习。20 日晨，金华中学俞玲琍校长便带着学务部黄主任，自驾车到我们下榻的酒店来接我们。空际飘着些细雨，握着手，两岸校长的体温在迅速传递。“相融不怕路堵”，说话间，我们已经抵达。

台北市立金华中学位于大安区新生南路二段 32 号。绵亘在路对面的是大安森林公园；往北不远是信义路，那是一条连接到校园背后永康大市场的商业街；往南走，有两座台北地标建筑——天主教圣家堂和台北清真寺，走过地标，便是和平东路。

走入大门，正门口矗立的是一座雕像，底座上赫然写着“民族救星”，对于一所校史 80 年的学校而言，这应该不属什么稀奇，相反地，在统一与分裂成为民族最主要矛盾的今天，这点儿历史争议倒是古怪精灵地透露出一份亲切感。俞校长与我四目相对，会心地一笑。

进得楼来，醒目地竖立着一面牌，上书“欢迎上海校长查建生、王建梅莅临指导”，俞校长张罗着和我们合了影……其实，这样书写欢迎莅临指导的场面我见得很多，它在文化层面上渗透了礼，中华民族文化是最注重礼数的。它又折射出教育的一项核心内容，即学会尊重。于一伸手一舒袖之间，赠我以玫瑰，回馈以余香；最可心的还是，两岸虽有水的阻隔，呼吸却如隔岸来风，浑然一体……

俞校长根在大陆，江西籍，68 年前共知的那个原因，父亲母亲跟着人流被裹到台湾，匆忙间丢下了大女儿，于台北安顿好家，过了几年有了她。攀谈起来，我们还属半个老乡，我的故乡安徽安庆与江西隔了条扬子江……心，自然就近了起来，俞校长的热情都写在溢满笑意的脸上。

俞校长跟我们讲起了学校的历史——80 年了；又跟我们说起了学校的规模，82 个班，其中 1 个学困班、1 个资源班、3 个美术班、2 个特教班、3 个体育班，共有学生 2242 人；学校设置有教务、学务、总务、辅导、人事、会计 6 个部，部设主任一名，行政人员若干名，相比大陆，略显庞大；一班一导师，特教班双导师，年级有级长，还有各类组长，与大陆类似，责任与经济是挂钩的，其授课课时因直接教学外职责小大而递减，直至归零。了解中，也有不少“领导”因为不舍得放弃专业，主动多带课的。

金华中学历史上学生多，又处于台北市中心地带，前身是女子中学，20 世纪 80 年代才开始招男生，影像中，蒋经国先生也莅临过。拥“粉”无数的周杰伦也是该校校友，但墙上找不到周杰伦的影子，俞校长也只是不经意地提及了一次，长长的介绍中，她说周杰伦是大众学生！这让我有些耳目一新的感觉！是啊，需要公共教育成就的是千千万万的孩子，当千千万万的孩子走出一所校园，于灵魂深处带走了一所学校的文化烙印，才是一所学校的骄傲。反之，念叨于少数几个、一群偶然成功的特例，显然是教育的不自信！这一份深度的自信，写在 65 岁的俞玲琍校长盈盈的笑意间。

第一天中午，我们有幸被邀请参加由学校家长会组织的七年级亲师联谊餐会。七年级全体导师是被邀请的主要对象，出席的有学校家长会会长和三位副会长，还有各班两位家长代表，俞校长自然也被邀请了。形式很简单，自助式，内涵却丰富，十几个托盘长长地摆在课桌上。校长先是致了感谢词，然后又与我俩分享着这一项教育行动的喜悦：一是沟通，促进大家的彼此了解；二是传递，把彼此关于孩子的信息以及教育策略，于祥和气氛中进行交流；三是借此承传尊师重教的传统……

下午，俞校长带我们走向美术班、体育班、图书馆。在美术班，我感受到了俞校长受学生欢迎的程度。我甚至这么想，什么检查，什么评价，您简单地冷不丁地随学生在学生中走一圈，测量一下问校长好的声音分贝，兴许就是一所学校的幸福值！听得出来，体育是俞校长的骄傲！俞校长领着我们看了细雨中的篮球课、排球课，又带着我们去往体育馆看桌球（乒乓球），指点着挤出了陈列柜的各类奖杯，幸福之情溢于言表……

第二天上午是第一天上午的继续。第一天下午，校长特意领我们看了特教班，那些被上帝留下重重吻痕的孩子或是自主地，或是在老师启发下，口齿含糊却很执着地问着校长好、老师好……第二天整个上午，校长召集一班人开“台北市国教辅导团国中特教班辅导小组 106 学年度第一学期第四次团务会议”，校长是资深导师，我是在膜拜中噙着泪听的……关于人生，关于教育，锦上添花的不计其数，雪中送炭的却往往屈指可数，那么，就让我像俞玲琍校长一样，乐于做一个雪中送炭的人！

两天的时光过得很快，说话间又到了分手的时光。台北细雨流连，印象里的金华温润如碧。她一头背负着信义路、永康街的躁动与繁华，一头朝向圣家堂、清真寺的思考与宁静，对面吹来的是森林公园凉爽的风。

耳闻目睹台湾教育

台湾，作为中国的一个省份，由于共知的原因，我们一直对它缺乏深度了解。2017 年 11 月 12 日至 26 日，我们一行 16 人(14 位校长和两位上海市师资培训中心领导)被委派到台湾学习，亲临其境，耳闻目睹台湾教育，很有收获。

一、 高密度学习：海派扎实的工作作风与台湾教育的默契对接

海派文化所决定的海派扎实的工作作风，在教育界是颇具口碑的。我们此行，行程上安排得十分周密。其中，第一周(13 日—17 日)，以在台湾师范大学听取讲座为主，17 日(周五)上午和下午分别到了忠孝国中和樟树职中参观访问、实地听取报告。第二周周一至周四连续在两所学校进行沉入式学习，我与王建梅校长被编为第 6 组，20 日—21 日在金华中学学习，22 日—23 日在天母中学学习；24 日(周五)上午和下午，集中听取两场报告。

学习的日子很充实，每天雷打不动的上午 3 小时、下午 3 小时，我们在倾听，在观察，在体会。讲座中，给我留下最深刻记忆的算是戴建耘博士和林腾蛟博士。戴建耘博士在整个第一周以我们的学习为重要生活内容，感觉中就好像是班主任一般，背着一个标志性的双肩包，如影相随。这份责任感让我们动容。林腾蛟博士是台湾“教育部次长”，他的授课安排在 14 日上午 9 点—12 点。9 点 10 分左右，一个高高大大的身影匆忙地进入教室，嘴里不停地说着抱歉——原来是他的“部长”召集了会议。他的身后，没有一个“跟班”。他“不可思议”地将讲座时间延长到了 12 点 15 分。下课后，他很殷勤地签字和合影，并且流露出似乎是受宠若惊的表情。

第二周周一至周四我们分别到 6 所学校做“影子校长”。俞玲琍和林美云校长对“影子”的理解和执行太到位：整整三天半(21 日俞玲琍校长到台北市“议会”公干)，我们就是两位校长拖长的两个影子，她们跟我们讲学校，带着我们观校园，领着我们听课堂……尤其在天母国中，林美云校长自己说，还让我们说自己的学校，随后安排学务处辅导处等处室主任、家长会主席轮番上阵，与我们讲解他们的工作。令我们很是叹服的是，他们的讲解是专门针对我们的需要

的,拿林美云校长的话说:“我到过很多次大陆,尤其是上海,知道你们很需要我们的什么。”

二、 带着笑容工作:台湾教师自我身份认同度较高

台北的房价,教师、校长们的工资,较之于我们上海,也就在伯仲之间。我们没有机会了解其他职业的行情,印象最深刻的就是台北的快餐盒饭和牛肉面,这些东西的价格一般是我们沪上的两倍以上。由此看来,作为教师的他们与作为教师的我们,就政府的物质尊重度来看,似乎略逊于沪上。但是,他们工作着,是面上含笑的!

比之于沪上,他们的工作量是重的。一般老师是每周 18 节课,艺术体育类老师 19 节,语文老师由于批改作文工作量大,为每周 12 节,班级导师(相当于班主任)每周减少 4 节,有相应津贴,教师编行政人员按照职级以及学校规模可减少课量和增发职级津贴。他们班级额定在 36 位学生,一般不能有随意增减。不要误以为他们没有应试压力,多种迹象表明,他们的应试压力比之于沪上,一点也不少。用他们的话说:有华人的地方,就有特别的应试压力。他们甚至允许家长会利用节假日和周末组织补课,单节课时费不足人民币百元。万家灯火的时刻,也有教室灯火通明——那是九年级毕业班!

催生我那篇《温润如碧忆金华》的,是教师们工作时的笑意。工作时的他们,就像是春风细雨里耕耘、播种的使者一般,嗅着新翻的泥土的气息,面前却能想象出碧绿的秧苗,璀璨的果实!是的,我能感觉出他们对于自己教师身份的认同!

在金华,我问了几位老师:“公务员,教师,警察,您选择做什么?”几位老师不约而同地略显诧异:“教师呀,这可是百里挑一的职业!”在天母,我听了一节心理课,不单单是欣赏了课的内容与艺术,尤其欣赏的是,一个时而微笑,时而大笑,时而掩面而笑的老师,引领着一群少年制造着课堂的笑浪,催动成长的帆船……只有认同自己,才可能酝酿源源不断的快乐的种子,才可能有积极向上生长的教育。

我没有机会,也没有能力去追根溯源,研究他们较高的教师职业认同度的成因,单从他们身处的物质环境看,我们其实颇具补足的可能!而且很有必要补

足！因为，自信且对世界胸怀感恩的教师，才是教育最弥足珍贵的财富！没有之一！

两周，其行匆匆，收获却是满满的！例如台湾学校教育对于学生心理健康的格外关注；依法办学，规避风险；建立生涯档案，重视人生规划；实做家长会，共同践行教育责任，等等，对我均很有启发，产生了一些“拿来”的冲动！

两周，必将成为人生记忆中的珠贝！我们一行16人，几位带队的领导恪尽职守，为大家服务；大家回报以服从、积极、认真、和谐！我想，我们也就是默契着，用这一份值得珍藏的记忆，回报着市教委师培中心对我们这份特别的关爱！

那些花儿要继续开放

上周某一天，某年级主任与班主任火速约我准备家访。原来有一位女孩，疫情长休期间沉迷于游戏，5 月开学之后返校，发觉自己与他人拉开了差距，于是不能接纳自己，采取了极端躲避方式——拒绝上学。

的确十万火急！我熟悉这个孩子，她是半年前曾经随大队与我一起去往穷困山村访贫问苦的、爱心盈盈的优秀孩子！

经过一周的酝酿，我陪着两位主任进行了一次特别的家访。孩子妈妈开了门，她笑吟吟地迎了我们，眼中有点泪影，更有掩饰不住的希望。孩子爸爸在轻轻叩响女儿紧闭的房门……

回答以无声！任双亲在房门外焦急地踯躅……

我坐在了沙发上，两位主任亦端坐两侧，孩子的爸爸妈妈一边张罗着茶水，一边和我们攀谈起来。我说："我认识你，半年前你带孩子和我一起参加过慈善冬令营。"于是，话题在十分愉快的气氛中展开，说到孩子的一贯优秀，说到孩子强烈的责任心，说到孩子一贯的要强，说到孩子的漫画才能，说到今天（父母）只能轮流请假守护孩子……

聪颖的班主任从孩子房间门下的缝隙间发现有影子在晃动，转头示意我。

我说："全校学生我能叫上名字的并不算多，而×××是其中之一！她曾经的优秀给我留下了深刻的印象！我承认，我们目前的大一化教育的确有不足之处，但是放眼望去，不是不可以改变，而且正在改变。孩子目前有三条路可以选择……但是唯一不能选择把自己关在家里。连一株植物都要在户外晒阳光，人的心扉更要打开。放阳光进来，才有生长的能量；放空气进来，才可以呼吸，才可以生存！"

门缝里的影子有些晃动，紧闭的门居然被弄出一点点声音——这是孩子在暗示！我想。

妈妈，开门去！孩子妈妈试探性地把钥匙插入锁孔，居然可以扭动，里面的保险打开了。妈妈试着推门，感觉里面还有一张背抵着门。我示意孩子妈妈不要用力。

我说:“没关系,我希望能看看你,听说你不是一直喜欢我崇拜我吗?我知道你会走出来!”

门渐渐启开,走出一个清秀美丽的女孩子!我耐心地说:

“如果你因为失去太阳而流泪,那么你也将失去群星了!

“如果你左边口袋里的钱被小偷偷走了,你是不是傻到把右边口袋里的钱拱手送给小偷?

“美丽是需要别人用眼睛鉴赏的,才能是需要用社会来证明的!青春不是用来关在家里,关在房间的!

“小作怡情!大作伤心!作到让天下最爱自己的人悲伤欲绝,便是作孽了!

“父爱母爱是用来享用的,不是供人绑架的。

“联系我校第十一届感恩节,当时的主题是‘感恩,从珍爱生命做起’。”

……

随后,我们试探性地抛出一个一个话题,就怕“药力”太强,呛着了孩子!孩子牵着我的手,依在我的身边,频频颔首,时不时呼应一两个短句。

“我希望明天在校园看到你,但也不强求,因为你有三项有效选择,但唯一不可选择的是继续在家离群索居!”

临末,我站起身,对着孩子说:“可以拥抱一下吗?”孩子迅速地依在我怀里!孩子又拥抱了她的两位老师……看着女孩与班主任长长的拥抱,孩子妈妈热泪盈眶!

教育如果能够改变一点点,那么就一点点改变!因为,那些花儿要继续开放!

孩子,期待你的明天!

云淡风轻，还教育一个美好（后记）

多数人是著书，但我更加确信我是在“做书”。书不凝重，却可穿越逾十年。力求云淡风轻，还教育一个美好。

为师从教35年整，我经历过的四所学校，均可以一说。

第一所学校是安徽省铜陵市第十中学（1985—1995），历时十年。学校从同城最次等发展成为最优等。其时，我们的锐器是“刻苦学习”，不客气地说就是“应试”！

第二所学校是安徽省铜陵市第十二中学（1995—2001），历时六年。学校再次从同城最次等发展成为最优等。其时，我们的锐器不再桎梏于“刻苦学习”，我们还注重了全面发展，注重了用理想的远方来唤醒今天的少年。

第三所学校是蜚声沪上的上海市七宝中学（2001—2009）。我任教于其旗下的民办文来初中。我借其至优至良的教育环境，落地实证我1998年至2001年在华东师范大学潜心攻硕的积累，并师从一代教育大家仇忠海先生，继续实践和探索教育的真谛。

第四所学校便是上海市七宝实验中学（2009年至今），历时逾十年。该校从一所薄弱学校起步，发展成为一所新优质基地校，成为同城区优质公办初中之一。其间我的所为，更为关注人的本身，关注现在与未来的融通，强调“走好了今天，便是为明天做了最好的准备”。砥砺十年，凝结《躬耕》。

有一个遥远的声音：“再不好好干活，明天就不让你上学！”那是母亲的声音，声音里却折射出“上学”之于一个少年的美好！

有一个遥远的声音：“小么小二郎，背着那书包上学堂……”就算有“太阳晒”，就算有“风雨狂”，就算是有“学问”的压力，先生的“打”，爹娘的责难，却依然挡不住少年在田埂上，朝向学校一阵欢快地小跑，笑得浪花浸透了整个岁月……

我尝疑：教育被功利的黄金钳制了飞翔的翅膀！于是乎，十余年来，我力图删繁就简，去伪存真，卸脱教育的一些负担，让教育云淡风轻，还其一个美好！我自知，做得不是最好；而自鸣得意的是：我一直在用心做。

掩卷而思，最该感谢的是我的师傅陈儒俊老局长、仇忠海校长，研究生导师熊川武教授，你们教我知行！最该感谢的是我的同仁和我的学生们，十余年，从卑微到大气，"有作为才有地位"的信念引导你们，纵有风雨如晦，也教岁月如歌！最该感谢的是闵行区教育局、七宝镇人民政府、七宝中学教育集团，你们给了七宝实验中学不尽的指导与支持和耐心的等待。局属与镇属教育发展促进会，还直接关怀到《躬耕》的出版面世！

让畅快上学的儿歌总是萦绕在耳际，你行我行，教育回归云淡风轻、质朴美好！

图书在版编目（CIP）数据

躬耕：智汇十年，从平凡走向新优质 / 查建生著.
— 上海：上海教育出版社，2020.12
ISBN 978-7-5720-0430-8

Ⅰ.①躬… Ⅱ.①查… Ⅲ.①中学－校长－学校管理－文集 Ⅳ.①G637.1-53

中国版本图书馆CIP数据核字(2020)第229151号

责任编辑　曹婷婷　董龙凯
封面设计　周　吉

躬耕：智汇十年，从平凡走向新优质
查建生　著

出版发行　上海教育出版社有限公司
官　　网　www.seph.com.cn
地　　址　上海市永福路123号
邮　　编　200031
印　　刷　上海龙腾印务有限公司
开　　本　700 × 1000　1/16　印张 24.5
字　　数　387 千字
版　　次　2020年12月第1版
印　　次　2020年12月第1次印刷
书　　号　ISBN 978-7-5720-0430-8/G · 0318
定　　价　79.80 元

如发现质量问题，读者可向本社调换　电话：021-64377165